Michèle Liussi
Katharina Spangler



# Täglich grüßt das SCHULD-GEFÜHL

humboldt

# INHALT

## Gebrauchsanleitung für dieses Buch

Dieses Buch wird dir dabei helfen, mit dem täglichen Strudel aus Schuldgefühlen, den das Mama-Sein auslöst, besser klarzukommen. **Dafür ist es wichtig, dass du zuerst das Kapitel → „Das schlechte Gewissen" liest.** Es wird dir dabei helfen, zu verstehen, wie Schuldgefühle entstehen und wie du sie einordnen kannst.

**Dort lernst du zwei Figuren kennen, die dich durch das ganze Buch begleiten:**

- Deine innere Kritikerin „InKrit"
- Deine innere Freundin „VERA"

Wir verweisen immer wieder auf die beiden und am Ende jedes Kapitels diskutieren sie miteinander. Das erkennst du an den Sprechblasen, die diese inneren Gespräche kennzeichnen. VERA liefert dir in diesen Dialogen wertvolle Argumente und Formulierungshilfen, mit denen du deiner inneren Kritikerin und auch der Kritik von außen souverän begegnen kannst.

**Danach kannst du dieses Buch kapitelweise und in beliebiger Reihenfolge lesen**, je nachdem, welche Schuldgefühle bei dir gerade drücken. Die Themenauswahl, die wir getroffen haben, deckt wahrscheinlich nicht alle Bereiche ab, die bei dir ein schlechtes Gewissen auslösen – aber die gängigsten. VERA und das Abschlusskapitel → „Selbstmitgefühl als Schlüssel" helfen dir aber bei allen Schuldgefühlen.

In jedem Kapitel findest du Übungen und Tipps (mit entsprechenden Icons gekennzeichnet), in manchen auch einen Gastbeitrag von Expert*innen.

Du brauchst Stift und Papier.

Übungen und praktische Tipps

Ergänzendes Download-Material findest du über die QR-Codes im Text, die dich zu unserer Website https://www.mamafuersorge.com führen. Am Ende des Buches haben wir weiterführende Literatur und die Studien aufgeführt, auf die wir uns im Buch beziehen.

**HINWEIS**

Die klassische Kleinfamilie ist das vorherrschende Familienmodell im deutschsprachigen Raum – andere Modelle nehmen immer mehr zu. Wenn wir im Folgenden von deinem Partner sprechen, dann ist also nicht nur die typische Frau-Mann-Kind-Beziehung gemeint, sondern alle denkbaren Konstellationen: gleichgeschlechtliche Partnerschaften, polyamore Beziehungen, Co-Parenting, Patchwork-Familien, usw. Auch als Alleinerziehende kannst du das Buch prima nutzen.

# DAS SCHLECHTE GEWISSEN

*Jede von uns kennt sie: Schuldgefühle und Gewissensbisse. Aber wie entstehen sie eigentlich? Zum Einstieg erklären wir dir, was Schuldgefühle ausmacht, woher sie kommen und vor allem, warum sie uns Mütter so hartnäckig verfolgen. Diese Hintergründe sind sehr hilfreich, wenn wir dann im Rest des Buches mit dir zusammen daran arbeiten, die Schuldgefühle aufzulösen oder zu nutzen. Wir präsentieren dir also: dein schlechtes Gewissen!*

Eltern haben im Durchschnitt 23-mal pro Woche ein schlechtes Gewissen. Also mindestens **dreimal täglich**! Wie ist es bei dir? Hast du schon mal mitgezählt? Vermutlich nicht. Man gewöhnt sich nämlich ziemlich schnell daran und lebt irgendwie damit. Da du aber zu diesem Buch gegriffen hast, nervt es dich vermutlich genauso sehr wie uns.

Die Erziehungswissenschaftlerin Margrit Stamm hat in Studien herausgefunden, dass 70 % aller Frauen verunsichert sind und ein schlechtes Gewissen haben. Schuldgefühle gehören also zum Alltag der meisten Mütter. Wir haben ständig ein schlechtes Gewissen, obwohl wir keines haben müssten. Das ist bei dir sicher nicht anders. Diese ungerechtfertigten Schuldgefühle führen dann zu noch mehr Druck und Stress und schaden deinem Selbstwertgefühl. Gute Gründe, sich einmal genauer damit zu beschäftigen.

## Schuldgefühle und schlechtes Gewissen

Schuldgefühle und schlechtes Gewissen – ein und derselbe unangenehme Zustand. Aber wie genau lässt er sich beschreiben? Er quält dich immer dann, wenn du glaubst, dass du fremden oder eigenen Erwartungen nicht entsprichst. Oder wenn du meinst, jemandem Schaden zugefügt und Schuld auf dich geladen zu haben. Kurz: Wenn du das Gefühl hast, nicht das getan oder gelassen zu haben, was angebracht gewesen wäre, was du hättest tun sollen. Und da liegt schon der Hase im Pfeffer: Was „sollen" wir denn tun? Was ist „angebracht" oder „erwartbar", was ist „richtig" und was „falsch"? Und ist es nicht sogar gut, dass du dich für dein Verhalten verantwortlich fühlst?

Um das „schlechte Gewissen" besser zu verstehen, fangen wir am besten von vorne an. Denn es gibt zwei ganz unterschiedliche Arten von Schuldgefühlen:

### Angebrachte Schuldgefühle

Angebrachte Schuldgefühle treten auf, wenn du wirklich Schuld auf dich geladen hast. Im elterlichen Kontext könnte das zum Beispiel der Fall sein, wenn du deinem Kind absichtlich wehgetan hast. Das können wir auch nicht schönreden, das ist schlicht und ergreifend nicht okay. Ein **echtes** schlechtes Gewissen tritt also auf, wenn du bewusst etwas getan (oder unterlassen) hast, was einem anderen Menschen Schaden zufügt. Wenn du eine Wahl hattest. Die dann entstehenden Schuldgefühle sind wichtig für das Überleben und Zusammenleben aller Menschen. Nur so können wir in Gemeinschaften existieren: weil wir Rücksicht aufeinander nehmen und uns in der Regel nicht schaden wollen.

Das schlechte Gewissen ist also eine Art Polizei. Du möchtest vermeiden, dass es dich bestraft (durch negative Gefühle) und hältst dich im Miteinander an bestimmte Regeln. Nicht immer geht es dabei um schwerwiegende Vergehen. Gerade aus kleinen Fehlern lernst du viel für dein zukünftiges Verhalten. Du reflektierst dich und dein Verhalten, versuchst, dich in andere einzufühlen und wirst motiviert, etwas zu verändern.

Das schlechte Gewissen, das dich täglich begleitet und wie ein Tinnitus permanent an deinen Nerven sägt, ist ein anderes. Es ist komplexer und besteht aus gelernten Schuldgefühlen. Um diese Art von Schuldgefühlen geht es in diesem Buch.

### Trügerische Schuldgefühle

Gelernte, trügerische Schuldgefühle entstehen dann, wenn du nicht wirklich Schuld an etwas hast, es sich aber so anfühlt. Dahinter stecken verinnerlichte Glaubenssätze, viele davon schon aus deiner Kindheit, gegen die du ohne ein Bewusstsein dafür nur schwer ankommst. Oder gesellschaftliche Erwartungen, die gerade auf uns Mütter von allen Seiten einprasseln. Sie sind trügerisch!

Ein Beispiel aus deinem Mama-Alltag: Du hast ein schlechtes Gewissen, weil du mit deinem Kind heute nicht auf dem Spielplatz warst, sondern stattdessen eine Freundin besucht hast. Eigentlich hattest du einen tollen Nachmittag, aber du fühlst dich dennoch schlecht, weil du der Meinung bist, die Bedürfnisse deines Kindes (nach Bewegung und Spaß) seien wichtiger als deine (nach sozialem Austausch und Entspannung). Aber: **Die Bedürfnisse aller Familienmitglieder sind immer gleich wichtig, nur manchmal unterschiedlich dringend.** Natürlich ist es völlig okay und sogar besonders wichtig, dass auch deine Bedürfnisse gehört und erfüllt werden – und nicht immer nur die deines Kindes. Du kannst es nur (noch) nicht fühlen.

Diese trügerischen Schuldgefühle schwingen dein ganzes Leben lang mit und machen sich oft in solch banalen Situationen bemerkbar.

Das Fatale an ihnen: Sie machen dich traurig, kratzen an deinem Selbstwert und sind verdammt ungesund. Sie drehen ihre Grübelkreise in deinem Kopf und halten dich sogar vom Schlafen ab. Und im Gegensatz zu den angebrachten Schuldgefühlen haben sie keinerlei nützliche Funktionen. Sie helfen dir nicht, dich zu verändern, sondern bremsen dich aus und lassen dich erstarren. Warum? **Weil du durch dieses schlechte Gewissen nicht nur dein Verhalten verurteilst, sondern dein Wesen, das, was dich als Mensch ausmacht.** Selbstkritik ist nicht verkehrt, sich selbst abzuwerten aber schon. Leichter gesagt als getan. Wir werden im Verlauf dieses Buches mit dir üben, wie du gegen die trügerischen Gefühle ankommst.

## So entsteht dein schlechtes Gewissen

Es ist hoffentlich klar geworden, dass niemand von uns mit diesem großen Rucksack aus schlechtem Gewissen auf die Welt kommt, auch du nicht. Es bildet sich im Laufe deines Lebens und ist abhängig von

- deiner Kindheit,
- deinem Umfeld,
- deinem Wertesystem,
- der Kultur, in die du hineinwächst,
- deinen Bezugspersonen und auch
- deinen Persönlichkeitsmerkmalen.

**Deine Schuldgefühle entstehen immer nach dem gleichen Muster:**

1. Du willst etwas tun oder lassen (meist aufgrund eines Bedürfnisses): *„Ich will (nicht) …“*
2. Diesem Wunsch entgegen steht ein bestimmtes Ge- oder Verbot: *„Ich soll (nicht) … / Ich darf (nicht) … / Man tut (nicht) …“*
3. Du hast Angst, gegen dieses Ge- oder Verbot zu verstoßen, weil du unangenehme Folgen befürchtest. Hauptsächlich ist es die Angst, aus einer Gruppe ausgeschlossen zu werden.

→ Dein Wunsch, etwas zu tun, steht also im Konflikt mit deiner Angst vor negativen Auswirkungen dieser Handlung. Du lässt es deshalb entweder bleiben oder tust es trotzdem – aber mit einem schlechten Gewissen.

Ein konkretes Beispiel:

1. Du möchtest dich gerne am Nachmittag mit deiner Freundin treffen, weil du dich nach Austausch und erwachsener Gesellschaft sehnst. (Wunsch/Bedürfnis/Handlungsabsicht)
2. Dieser Absicht steht aber dein inneres Gebot im Weg: *„Die Bedürfnisse anderer, im speziellen meines Kindes, sind immer wichtiger als meine eigenen.“* (Ge-/Verbot)
3. Du hast Angst, dass du deinem Kind nicht gerecht wirst, eine schlechte Mutter bist und das eurer Beziehung oder seiner Entwicklung schadet. Und dass du deshalb von anderen schräg angeschaut wirst. (Angst vor unangenehmen Folgen)

→ Entweder gehst du also doch auf den Spielplatz – oder du triffst deine Freundin, aber mit schlechtem Gewissen.

Du merkst schon, wie irrational dieses Schuldgefühl ist. Aber es ist da. Und zwar unterbewusst. Das liegt daran, dass du oft keinen Zugang zu den Quellen deiner Schuldgefühle hast und diese manchmal nicht einmal als Schuldgefühle erkennst. Denn sie sind fest in dir verankert und in einer Ecke deines Gehirns versteckt, auf die du kaum gedanklichen Zugriff hast.

# Die Quellen deiner Schuldgefühle

Die Ursachen für trügerische Schuldgefühle sind vielfältig, sie speisen sich aber vorwiegend aus drei Quellen.

## Deine Glaubenssätze

In deiner Kindheit hast du eine Menge verschiedener Annahmen über dich selbst verinnerlicht. Du hast von deinen Eltern gelernt, dass bestimmtes Verhalten unerwünscht ist, und deshalb versucht, es zu unterlassen. Weil du die Beziehung zu deinen Eltern nicht aufs Spiel setzen wolltest. Hat das nicht geklappt, hast du Schuldgefühle entwickelt.

Sind immer wieder Bemerkungen gefallen, die dir das Gefühl gaben, dein Handeln sei falsch, schlecht, nervig und nicht erwünscht? Dann hast du das wahrscheinlich irgendwann auf dich selbst übertragen. Du hast dich als Person „falsch“ und im schlechtesten Falle für deine bloße Existenz schuldig gefühlt. Gleichzeitig versuchst du vermutlich weiterhin, es allen recht zu machen. Dieses Basisschuldgefühl, wie es der Psychoanalytiker Matthias Hirsch nennt, begleitet viele Menschen von Kindheit an ein ganzes Leben: das Gefühl, im Weg zu sein, nicht gewollt, eine Last und so weiter.

Aber auch wenn du nicht gleich dein ganzes Selbst infrage stellst, hast du Glaubenssätze aus deiner Kindheit mitgenommen: *„Ich bin nie gut genug“*, *„Meine Bedürfnisse sind nicht wichtig“* und *„Ich bin verantwortlich, dass es den Menschen um mich herum gut geht“* sind Beispiele dafür. Wenn deine Mutter immer wieder zu dir gesagt hat, *„Wenn du dies und das tust, werde ich traurig“*, dann verinnerlichst du diesen Zusammenhang.

**WARUM TUN WIR DAS?**

Natürlich wussten im Grunde auch deine Eltern, dass das Unsinn ist. Du warst und bist nicht für die Gefühle deines erwachsenen Umfelds zuständig – wir alle sind selbst für unsere Gefühle verantwortlich. Eltern machen das in den allerwenigsten Fällen mit Absicht! Sie – und auch wir – erzeugen diese Schuldgefühle und Glaubenssätze in Kindern aus Ängstlichkeit und Überforderung. Weil es einfacher ist, als dem Kind auf Augenhöhe zu begegnen und Bedürfnisse auszuhandeln. Oder, weil wir nicht gelernt haben, wie eine gelingende Eltern-Kind-Kommunikation aussehen kann.

Du sollst dir auf keinen Fall ein noch größeres schlechtes Gewissen machen, wenn du solche oder ähnliche Sätze schon mal zu deinem Kind gesagt hast. Denn: Niemand ist perfekt und gelegentliche Ausrutscher werden dein Kind nicht für immer „verderben".

## Die Erwartungen an dich

Genauso wie deine kindlichen Prägungen wirken auch gesellschaftliche Erwartungen auf dich ein und erzeugen unzählige Schuldgefühle. In den letzten Jahrzehnten sogar noch einmal deutlich mehr, weil Leistung und Pflicht immer wichtiger werden. In unserer Gesellschaft gibt es immer etwas zu tun, zu beachten, zu verbessern, zu erreichen – sodass wir nur selten das Gefühl bekommen, irgendwem zu genügen.

Im Laufe deines Lebens begegnet dir diese Maxime, immer besser sein zu müssen, immer mehr leisten zu wollen, so oft, dass du sie in deine Glaubenssätze aufnimmst und genau das von dir selbst erwartest. Und zwar für alle deine Rollen: Du willst deinen Eltern das perfekte Kind sein, im Job glänzen, deinen Partner glücklich machen, eine gute Freundin sein und irgendwann eben auch die perfekte, immer geduldige und verfügbare Mutter, die stets etwas mehr gibt als ihr Bestes (➔ „Hilfe, bin ich jetzt nur noch Mutter?!“).

An dieser Stelle wird es für uns Mütter dreifach kritisch. Dieser Leistungsgedanke an sich ist schon ungesund, das Streben nach einem Ideal, das niemand erreichen kann, ebenfalls. Aber es kommt noch etwas anderes hinzu: Wir bekommen so viele Ratschläge, Informationen und Hinweise, wie man eine richtig gute Mutter ist, dass wir uns gar nicht mehr zurechtfinden. Denn neben der bloßen Menge, die man gar nicht verarbeiten kann, widersprechen sich viele davon auch noch: Stillen ist gut für sechs Monate oder zwei Jahre oder gar noch länger. Das Familienbett ist gefährlich – oder aber DIE Lösung. Außer-Haus-Betreuung unter drei Jahren schadet dem Kind – oder sie fördert es ungemein. Wieder arbeiten zu gehen ist erwünscht – aber gleichzeitig sollst du auch maximal für dein Kind da sein, ...

Viele dieser Ansichten prasseln ungefragt auf dich ein. Gleichzeitig versuchst du, dich in diesem Dschungel an Informationen zurechtzufinden und kommst vom Hundertsten ins Tausendste. Wir kennen eine Menge Mütter, die Stunden ihres Lebens damit zugebracht haben, herauszufinden, welches die beste Sonnencreme für ihr Baby ist, die beste Flaschennahrung oder das ökologisch unbedenklichste Spielzeug. Der reinste Recherche-Irrsinn! Information ist gut, Über-Information ist eine böse Falle für alle Mütter.

**DIE ROLLE DER MEDIEN**

Eine wichtige Rolle spielen dabei leider die Medien: Jeden Tag sehen wir Bilder perfekt eingerichteter und aufgeräumter Wohnungen, dreistöckiger Geburtstagstorten und Kinder im Partnerlook – mit Klamotten ohne jeden Makel. Von Müttern, die drei Tage nach der Geburt lächelnd in ihrer perfekt geputzten Küche stehen, den Hintern in der Vor-Schwangerschaftsjeans, und mit dem Baby auf dem Arm den Besuch erwarten. Du weißt, dass das nicht die Realität ist. Aber durch die Flut dieser gestellten und oft bearbeiteten Bilder setzt sich dieser Gedanke in deinem Kopf fest, dass es so auch sein könnte, vielleicht sogar sollte. So fühlst du dich unzulänglich und einsam in deinem alltäglichen Chaos.

## Deine Risikofaktoren

Als wären Erwartungen und Glaubenssätze nicht genug, gibt es einige Eigenschaften, die dich besonders empfänglich machen für Schuldgefühle. Ein Teil davon ist sicher genetisch geprägt, viele Wesenszüge, die wir jetzt nennen, haben sich aber, genauso wie deine Glaubenssätze, im Laufe deines Lebens herausgebildet. Und genauso wie an deinen negativen Glaubenssätzen kannst du auch an ihnen arbeiten.

Folgende Menschen neigen stärker zu Schuldgefühlen und einem schlechten Gewissen als andere:

- Perfektionist*innen,
- Menschen mit einem geringen Selbstwert,
- besonders sensible oder empathische Menschen,
- alle mit einem hohen Verantwortungsgefühl,

- Menschen, die sich vielem verpflichtet fühlen und schlecht Nein sagen können,
- all diejenigen, die keinen besonders guten Umgang mit Stress gelernt haben und
- Frauen.

## Kriegsschauplatz Krabbelgruppe

Obendrauf macht dir der „Krieg“ unter Müttern das Leben schwerer, als es eh schon ist. Er hat viele Namen (Mom Bashing, Mom Shaming, Mom Wars) und ist eine der größten Quellen für Schuldgefühle.

Unter Mom Bashing versteht man das unsolidarische Verhalten unter Müttern: Wir greifen gegenseitig unseren Erziehungsstil an, indirekt oder direkt. Hinter interessierten Fragen versteckt sich Kritik, die einen nagenden Zweifel in dir auslöst. *„Dein Kind bleibt also Einzelkind?“ „Ein ganz schöner Wonneproppen. Du stillst nicht?“*

So ganz ist vermutlich keine von uns davor gefeit, den Weg einer anderen zu hinterfragen oder den eigenen damit zu vergleichen. Und ein überraschtes *„Ach wirklich, so machst du das?“* ist uns wahrscheinlich auch allen schon rausgerutscht. Was das Bashing so verführerisch macht, ist Folgendes: Man wertet sich selbst auf, indem man andere abwertet. So einfach.

Nein. So einfach ist es natürlich nicht. Denn das Ganze hat System. Ein System, in dem deine Sorgearbeit nicht wertgeschätzt wird. Ein System, das auch dich glauben lässt, du allein seist verantwortlich für die Entwicklung deines Kindes. Das erschafft eine heikle Verknüpfung: Deine Tätigkeit als Mutter ist nichts wert, wie sich dein Kind entwickelt hingegen schon. Das wiederum heißt, du kannst dir über die Entwicklung deines Kindes Anerkennung verschaffen.

### Brich das Tabu

Die Suche nach Anerkennung treibt uns in diesen Krieg, in dem es keine Gewinnerinnen geben kann. Weil es kein Richtig und Falsch gibt, wenn es um Mutterschaft und Erziehung geht. Viele von uns sprechen trotzdem nur über das, was ihnen gelingt, und blenden die negativen Seiten der Mutterschaft aus. Statt uns zu unterstützen, machen wir uns gegenseitig fertig. Deshalb unsere Bitte: **Brich mit uns das Tabu**, sprich über deine Sorgen, Ängste und Unsicherheiten. Wir haben die Erfahrung gemacht, dass auch andere Mütter sich dann öffnen und sehr dankbar sind. Den aktuellen Ansprüchen an eine Mama wird eh keine gerecht – das haben wir gemeinsam. Das macht das ewige Vergleichen unter Müttern überflüssig. Schenke anderen Müttern und dir selbst Mitgefühl und Unterstützung, um dem Krieg unter Müttern ein Ende zu bereiten.

## Die Folgen deines schlechten Gewissens

Das schlechte Gewissen nervt furchtbar, so viel ist klar. Es ist aber auch noch aus anderen Gründen ziemlich schlecht.

- Es macht dich unzufrieden, unglücklich und im schlimmsten Fall krank! Die quälenden Gedanken, immer alles falsch zu machen und nicht zu genügen, führen in erster Linie zu einem schlechten Grundgefühl. Du bist traurig oder wütend, fühlst dich einsam und unverstanden und stellst – und das ist so fatal – dich und deinen Wert infrage. Du verlierst dadurch dein Selbstbewusstsein und den Glauben in deine Fähigkeiten, deine Kompetenz und an deine guten Eigenschaften.
- Außerdem raubt dir ein anhaltendes schlechtes Gewissen viel Energie. Ständiges Grübeln und Im-Kreis-Denken ist anstrengend und zieht Ressourcen ab, die du für die Bewältigung des Familienalltags dringend brauchst. Bei einigen Menschen machen sich Schuldgefühle sogar in körperlichen Symptomen bemerkbar.

- Gleichzeitig führen die Schuldgefühle dazu, dass du besonders anfällig für Kritik wirst und diese persönlicher nimmst und für wichtiger erachtest, als sie ist. Du wirst zur Zielscheibe und halst dir noch mehr auf als sowieso schon.
- Das führt oft dazu, dass du ungute Mechanismen entwickelst, um mit Schuldgefühlen umzugehen: Du suchst beispielsweise die Schuld dann bei anderen und gibst, aufgrund deiner Belastung, genau die Gefühle weiter, die dir so zu schaffen machen. Das bringt kurzfristig Entlastung, aber die nächsten Schuldgefühle stehen bereits Schlange.

Du siehst also, das schlechte Gewissen nervt nicht nur, es tut dir wirklich nicht gut! Als Mutter bist du besonders davon betroffen. Zum einen, weil die Erwartungen an Mütter einfach unerreichbar sind, zum anderen aber auch, weil Schuldgefühle intensiver werden, je enger eine Beziehung ist. Wie die zwischen dir und deinem Kind. Es liegt dir so am Herzen, dass jede gefühlte Schuld doppelt wiegt.

### Schuldgefühle gehören dazu

Es ist gar nicht nötig oder wünschenswert, dass Schuldgefühle komplett verschwinden. Sie haben ihre Berechtigung, wenn sie uns auf wirkliche Fehler hinweisen. Nur den trügerischen Schuldgefühlen wollen wir gemeinsam an den Kragen. Damit sie dich nicht mehr ständig begleiten und du dich selbst wieder mehr schätzen lernst. Dabei ist es wichtig, die Schuldgefühle erst einmal zu erkennen. Mit einem **gestärkten Selbstwert** und einer gesunden Eigenverantwortung wirst du dir mehr zutrauen und kleine Fehler leichter verzeihen. Im Verlauf des Buches werden wir die verschiedenen Bereiche deines Lebens als Mama bearbeiten, in denen es immer wieder und vermehrt zu Schuldgefühlen kommt, und du wirst viele Tipps an die Hand bekommen, um besser damit umzugehen. Bevor es aber ans Eingemachte geht, lernst du jetzt InKrit und VERA kennen, die dich durch dieses Buch begleiten.

## InKrit und VERA

InKrit und VERA sind zwei Figuren, die für Anteile deiner Persönlichkeit stehen. Für den Teil in dir, der dich permanent kritisiert und kein gutes Haar an dir lässt, und für den, der nachsichtiger mit dir ist und dich gern hat. Sie begegnen dir innerhalb der einzelnen Kapitel und liefern sich jeweils am Ende einen Schlagabtausch, aus dem du dir hilfreiche Argumente und Formulierungen von VERA mitnehmen kannst. Nicht nur, wenn du selbst mit InKrit diskutierst, sondern auch für alle Kritiker*innen, die um dich herum sind und dir mit ungebetenen Ratschlägen auf die Nerven gehen oder dich offen tadeln.

### InKrit – deine innere Kritikerin

Da ist zum einen InKrit, deine innere Kritikerin. Sie stichelt und piesackt und gibt dir immer wieder das Gefühl, nicht gut genug zu sein oder dich nicht ausreichend zu bemühen. Gefüttert wird sie von den hochgezogenen Augenbrauen anderer Mütter im Babymassagekurs, vom Augenrollen deiner (Schwieger-)Mutter, von Instagram-Profilen, von persönlichen, partnerschaftlichen oder gesellschaftlichen Erwartungen. Kurz, von den → „Quellen deiner Schuldgefühle“.

Was sie hauptsächlich tut, ist, dich davon abzuhalten, deinen Weg als Mama zu finden. Den Weg, auf dem zählt, was du willst und kannst, nicht was andere von dir erwarten. Eigentlich will sie dich nur vor Fehlern schützen, aber dabei übertreibt sie oft maßlos. Weil sie sich viel zu sehr von außen beeinflussen lässt und sich keine Mühe gibt, dich wirklich zu verstehen.

## VERA – deine innere Freundin

Zum anderen hast du VERA, deine innere Freundin. Sie ist dir gegenüber wertschätzend, gnädig und fühlt mit dir mit. Sie kennt dich und deine Wünsche und Bedürfnisse sehr gut und beschützt dich vor deiner inneren Kritikerin – wenn du sie lässt. In diesem Buch wirst du ihr näherkommen und nach und nach lernen, wie sie zu denken. Du wirst dir im Zusammenhang mit deinen Schuldgefühlen Fragen stellen, die VERA gut beantworten kann.

Jeder Buchstabe von VERAs Name repräsentiert eine dieser Fragen, eine Kategorie, anhand derer du abwägen kannst, ob das schlechte Gewissen, welches dich gerade umtreibt, angebracht ist und näherer Betrachtung bedarf, oder ob du es getrost beiseiteschieben darfst. Unterschiedliche Situationen benötigen unterschiedliche Betrachtungen, du musst daher nicht für jedes Schuldgefühl alle Fragen durchgehen. (Der Buchstabe, dessen Frage gerade im Vordergrund steht, ist im Text gefettet.)

**V** → Trägst oder trugst du die (alleinige) **VERANTWORTUNG**?
**E** → Hast oder hattest du überhaupt **EINFLUSS** auf das Geschehen?
**R** → Sind dramatische **RESULTATE** eingetreten oder zu erwarten?
**A** → Misst du dein Handeln an falschen **ANSPRÜCHEN** (anderer)?

Unter https://mamafuersorge.com/download findest du das VERA-Lesezeichen zum Ausdrucken, das dich durchs Buch begleiten kann.

**V** wie **Verantwortung**. Es ist unbestritten, dass du für dein Kind verantwortlich bist. Doch die alleinige Verantwortung trägst du so gut wie nie. Es gibt meist mindestens einen weiteren Menschen, der ebenfalls verantwortlich ist: den Vater. Darüber hinaus weitere Personen, die Verantwortung übernehmen: Großeltern, Betreuungspersonal, Lehrer*innen und so weiter. Wenn du nicht allein verantwortlich bist, dann kannst du auch nicht allein Schuld an etwas sein.

**E** wie **Einfluss**, denn wir Mütter machen uns gerne auch mal Vorwürfe für Dinge, die wir gar nicht beeinflussen konnten, die wir nicht unter unserer Kontrolle hatten. Dein Kind wurde in der Kita mit Windpocken angesteckt und leidet tagelang unter dem Juckreiz? Mist. Aber ein schlechtes Gewissen haben, weil du das Kind in die Betreuung gegeben und somit dieser Krankheit „ausgesetzt" hast? Nein, das geht zu weit. Ohne Kristallkugel, die dir einen Blick in die Zukunft ermöglicht, kannst du das nicht ahnen. Ebenfalls unkontrollierbar sind globale Ereignisse (Kriege, Fluchtbewegungen, Pandemien), die meisten politischen Entscheidungen, Naturkatastrophen, massive Umweltverschmutzung durch Großkonzerne, eine Vielzahl an Erkrankungen und körperlichen Einschränkungen, Unfälle und Zufälle.

**R** wie **Resultate**. Die Frage dahinter ist meist leicht zu beantworten und kann dir deshalb auch schnell Erleichterung bringen. Wurde jemand verletzt oder in Gefahr gebracht, gab es dramatische Folgen, weil du etwas getan oder unterlassen hast? Dein Kind hat mehr Süßes gegessen als geplant? Zu viel ferngesehen? Du hast eine Pause gemacht. Kein Drama! Nichts passiert. Wenn das Resultat von etwas, was du getan oder gelassen hast, niemandem schadet, kannst du erstmal durchschnaufen.

A wie „**Ansprüche**". Hier wird's tricky. Du selbst stellst Ansprüche an dich, aber auch dein Umfeld. Direkt und indirekt. Und es ist meist nicht so genau festzulegen, ob du gegen etwas verstoßen hast, was dir wirklich wichtig ist, oder nur gegen Erwartungen, hinter denen du gar nicht stehst. Du hast ja keinen Katalog, der deine Werte exakt auflistet. Trotzdem möchten wir dich dazu einladen, dich beim Reflektieren deines schlechten Gewissens immer wieder zu fragen: Ist dir das überhaupt wichtig oder ist das der Anspruch, den andere an dich haben? Oder steckt ein falscher Glaubenssatz dahinter, der durch solche Ansprüche in dir gewachsen ist?

**Immer, wenn du Schuldgefühle hast, kontaktiere deine innere Freundin VERA.** Ganz häufig wird dir danach schon leichter ums Herz sein. Weil du jetzt greifbare Maßstäbe hast, die du heranziehen kannst, um dein Handeln zu beurteilen. Weil sie dir die Fragen stellt, die trügerische Schuldgefühle entlarven. Vielleicht sogar schon bevor sie richtig Fuß fassen können.

In den folgenden Kapiteln schauen wir uns jetzt einzelne Bereiche genauer an, die Müttern immer wieder ein schlechtes Gewissen machen. Täglich grüßt das Schuldgefühl – und InKrit! Ab jetzt grüßt du zurück, Hand in Hand mit VERA. Wir liefern dir dafür noch viele stichhaltige Fakten, die dich beruhigen werden, und vor allem viele kleine Übungen und Tipps, die du im konkreten Fall anwenden kannst. Auf geht's!

# EURE GESUNDHEIT

*Es ist eine deiner größten Sorgen: Deine Familie soll gesund bleiben. Dafür tust du alles, was in deiner Macht steht. Trotzdem plagen dich oft Schuldgefühle. Dein Kind ist krank, es will nicht essen, es fällt auch mal vom Stuhl und leckt am Fußabstreifer. Das alles ist nicht deine Schuld! Genauso wenig, dass sich dein Körper verändert hat. Wenn du dieses Kapitel gelesen hast, wirst du wissen, dass es Dinge gibt, die du nicht beeinflussen kannst, und dass viele der Gesundheitsthemen heißer gekocht als gegessen werden.*

Sobald du schwanger bist, verbringst du wahrscheinlich mehr Zeit in Arztpraxen als vorher. Wenn das Kind erst da ist, geht das weiter so. Das ist eine gute Sache: Unser Vorsorgesystem für Kinder, auch für ungeborene, ist top und viele Menschen achten mit dir gemeinsam darauf, dass ihr nichts überseht. Trotzdem kann es auch verunsichern, wenn der Fokus so oft auf den körperlichen Dingen liegt, die NICHT funktionieren. Du fühlst sowieso schon eine so große Verantwortung dafür, dass dein Kind gesund aufwachsen kann. Wenn du dann auch noch immer wieder daran erinnert wirst, was du alles falsch machen kannst, wird deine innere Kritikerin InKrit begeistert auf den Zug aufspringen. Wir wollen dir dabei helfen, etwas gelassener an das Thema Gesundheit heranzugehen – der deines Kindes, aber auch deiner eigenen.

# Hilfe, die Geburt lief nicht wie geplant!

An irgendeinem Punkt entgleiste dein Geburtsplan und nichts lief mehr, wie du es erwartet hattest? Die Schmerzen waren schlimmer als gedacht, obwohl du dich doch für eine PDA entschieden hast? Es kam zu einem Notkaiserschnitt und du hast die ersten Momente mit deinem Kind verpasst? Ganz egal, wie die Geburt verlief, viele Mütter plagt in der Rückschau ein schlechtes Gewissen, denn sogar bei der Geburt konnte InKrit nicht ihren Mund halten.

Geburtsvorbereitung hin oder her, auf das, was während der Geburt passiert, kannst du dich nicht vollends vorbereiten. Lass dich von VERA trösten, denn eine Geburt ist kein durch und durch kontrollierbares Ereignis. Es ist nur eingeschränkt möglich, den Verlauf zu beeinflussen. Jede Gebärende ist individuell, jedes Baby einzigartig, jede Konstellation einmalig. Hinzu kommt, dass die meisten Vorbereitungskurse wie auch die Erzählungen der Freundinnen und Bekannten da aufhören, wo es unbequem wird. Niemand möchte Schwangeren Angst machen. Weicht dann die Realität von den schönen Geburtsberichten ab, ist das Futter für InKrit. Dann hast du im Nachhinein ein schlechtes Gewissen, weil du Schmerzmittel wolltest, den Partner oder die Geburtshelfer*innen angeschrien hast, weil ein Kaiserschnitt notwendig oder geplant wurde oder weil der Stillanfang nicht reibungslos klappen wollte. Ganz schön viel, nicht? Lass uns das gemeinsam auflösen.

## Keine Geburt ist wie die andere

Sogar bei der vermeintlich (!) natürlichsten Sache der Welt – der Geburt eines Kindes – zeigt sich unsere Leistungsgesellschaft, unser eigenes Leistungsstreben. Du hast vermutlich einen Vorbereitungskurs besucht, gelernt „richtig“ zu atmen und deinen Körper mit Übungen,

Nadeln und Hypnosetechniken darauf vorbereitet, sein Bestes zu geben. Die Entwicklung deines Kindes und die Veränderungen deines Körpers wurden genau beobachtet und über die Gewichts- und Größenkurven hast du Buch geführt. All das angetrieben von der Hoffnung, wenn du alles nur perfekt vorbereitest, dann muss die Geburt doch wie geplant klappen. Dieser Wunsch ist mehr als verständlich. Denn eine gute Vorbereitung gibt dir das Gefühl von Sicherheit.

Gleichzeitig erleben Frauen allzu oft einen **„das hätte ich gern früher gewusst"-Moment**, wenn sie im Kreißsaal die Kontrolle über ihren Körper verlieren, sich der Darm entleert oder sie zu keifenden Furien werden. Wenn es zum Kaiserschnitt kommt und die Arme fixiert werden. Denn eine Geburt ist nicht komplett planbar. Du hast nicht alles unter Kontrolle, das haben andere, die sich mit dir die Verantwortung teilen. *„Das medizinische Personal zum Beispiel"*, wirft VERA ein. Was also tun? Noch mehr vorbereiten, noch mehr Informationen sammeln? Jein.

Es wäre zum Beispiel wichtig, dass in Vorbereitungskursen, bei Hebammen- und Anmeldegesprächen in der Klinik mehr über den Kaiserschnitt gesprochen wird. Was dabei passiert, sollte wirklich für keine Frau vollkommen überraschend kommen. Aber noch mehr Leistungsanforderungen können nicht die Lösung sein. Im Gegenteil. Ein wichtiger Schritt wäre, dass wir alle von der Vorstellung einer perfekten Geburt wegkommen. Nur 6 % der Geburten in Deutschland laufen komplett ohne medizinische Intervention ab, nur 6 %! Jedes dritte Kind kommt per Kaiserschnitt zur Welt und 25 bis 30 % der Geburten werden eingeleitet. Du siehst also: Ein Eingreifen in den Geburtsprozess ist die Regel, nicht die Ausnahme. Das gehört zu dieser „natürlichsten Sache der Welt" dazu!

### Baby-Bonding

Ein nagendes schlechtes Gewissen plagt Mütter, die die ersten magischen Momente mit ihrem Kind verpasst haben, weil sie zum Beispiel noch in Narkose lagen, oder weil sie nach der Geburt zu erschöpft und kraftlos waren. Gehörst du auch zu den Mamas, die sich einer großen Chance beraubt fühlen oder sich Vorwürfe machen, weil sie selbst dem Kind diesen Kontakt „verwehrt“ haben? Das liegt vor allem daran, dass so viel über die Bedeutung des ersten Hautkontakts und Stillversuchs nach der Geburt gesprochen wird. Es ist aber nicht so dramatisch, wie es sich vielleicht anfühlt, beruhigt dich VERA.

Denn dieses Bonding kann nachgeholt werden:

- durch intensiven Hautkontakt (z. B. durch ein hebammenbegleitetes Bonding-Bad),
- viele Berührungen und (Schmetterlings-)Massagen,
- kuscheln und tragen sowie
- viel Liebe und Feinfühligkeit.

## Versöhne dich mit der Geburt

Du kannst nicht an die Geburt denken oder von ihr erzählen, ohne dass dich ein schlechtes Gewissen überkommt oder dich Vorwürfe quälen? Du lädst dir selbst die ganze Verantwortung für den Geburtsprozess auf, weil es dir schwerfällt, alle Puzzleteile zusammenzusetzen? Oder nachzuvollziehen, warum wann was mit dir gemacht wurde? In der Hektik konntest du vielleicht nicht allen Erklärungen des medizinischen Teams folgen – oder es gab gar keine. Dann kannst du innerhalb von 10 Jahren nach der Geburt deinen Geburtsbericht anfordern. Möglicherweise kann es dir helfen, **Verantwortung im Nachhinein abzugeben**, wenn du besser verstehen kannst, warum die beteiligten Menschen so gehandelt haben. Sie haben sich in diesem Moment ebenso für euer Wohlergehen verantwortlich gefühlt, wie du dich jetzt. Du kannst den Bericht lesen, du kannst Personen, die dabei waren, um Besprechung bitten oder du kannst ihn dir von deiner Nachsorge-Hebamme erklären lassen.

### Schreibe einen Brief

Zusätzlich oder als Alternative kannst du einen Brief schreiben. An dein vergangenes Ich, dass du ihm verzeihst, weil du weißt, dass es sein Bestes gegeben hat. An dein zukünftiges Ich, um es um Nachsicht zu bitten, weil du dein Bestes gegeben hast. An dein Kind, darüber, dass es dir leidtut, wie alles gelaufen ist, du gleichzeitig dein Bestes gegeben hast und immer geben wirst. Alle Gefühle dürfen in diesen Brief. Schreib sie auf,

- ohne abzusetzen,
- ohne einzugreifen,
- ohne zu korrigieren.

Lass es einfach fließen. Es kann sehr wohltuend sein, wenn deine Gefühle alle einen Raum bekommen, in dem sie sein dürfen und akzeptiert werden. Im Anschluss darfst du den Brief auch gern zerreißen, ganz wie es sich für dich richtig anfühlt.

### TRAUMATISCHE GEBURT

Massive Schuldgefühle können auch eine Traumafolge sein. Eine Geburt kann ein sehr stressreiches Ereignis sein, welches mit großer Angst, Gefühlen der Hilflosigkeit und der Ohnmacht einhergeht. Sind in diesem Moment, in dem die Gefühle über uns hereinbrechen, die in uns verankerten Reaktionsmöglichkeiten (Kampf oder Flucht) blockiert, kann dieses Erleben als traumatisch empfunden werden. Neben den drei Hauptsymptomen der Traumareaktion

- Wiedererleben,
- Vermeidung und
- Übererregung

sind auch Schuldgefühle eine häufige Reaktion.

Diese Schuldgefühle sind oft ein Versuch, dem Gefühl des Ausgeliefertseins eine Selbstverantwortung und Selbstwirksamkeit entgegenzustellen. *„Ich hätte doch ..."* oder *„wäre ich doch ..."* begleitet die Gedanken an das Erlebte.

Spürst du in dir quälende Schuldgefühle dieser Art, einen großen Leidensdruck und weitere Trauma-charakteristische Symptome (Flashbacks, Erinnerungslücken, Vermeidungsverhalten, unverhältnismäßige Erregung in Auslösesituationen), dann such dir bitte unbedingt professionelle Hilfe. Anlaufstellen findest du auf unserer Website https://www.mamafuersorge.com/hilfe.

Wenn dich rund um deinen Körper größere Schuldgefühle plagen, lies auch nochmal ausführlicher in unserem entsprechenden Kapitel nach (→ „Hilfe, mein Körper verändert sich!"). Dort findest du auch eine Dankbarkeitsübung für deinen Körper.

## Sei nachsichtig mit dir im Wochenbett

Geschafft. Wieder daheim, jetzt mit einem Familienmitglied mehr. Und InKrit in Höchstform auf deiner Schulter: *„Das mit dem Stillen, das funktioniert aber nicht so gut, deine Freundin hatte damit nicht solche Schwierigkeiten!" oder „Na, wie sieht es denn hier aus? So kann das nicht bleiben, wenn jetzt gleich der Baby-Besuch kommt!"* Sie krittelt an dir herum und löst so Schuld- und Schamgefühle am laufenden Band aus. Und was noch schlimmer ist: Sie löst Stress aus. Den könnt ihr als Familie gerade wirklich nicht brauchen.

**Schau auf dich, schau auf euch.** Wichtig ist, was euch jetzt guttut. Sei nachsichtig mit dir und deinem Körper. Ein Kind zu bekommen, ist ein kritisches Lebensereignis. Du musst dich an deine neue Situation erst anpassen, du hast aber auch die Chance, daran zu wachsen.

Dein Körper heilt und bildet sich zurück – und das tut er in seinem ganz eigenen Tempo und nicht im Schnelldurchlauf, wie es uns Promis und Hochglanzmagazine vorgaukeln.

Auch die märchenhafte, allumfassende Mutterliebe stellt sich nicht immer direkt ein, nicht einmal dann, wenn alles nach Plan verlief und auf eine selbstbestimmte Geburt ein wunderschönes Baby-Bonding folgte. Das kann bitter sein, war es doch die Vorfreude auf diesen Liebesrausch, der dir Kraft gegeben hat.

### Wenn die Liebe auf sich warten lässt

Die Gründe dafür, dass sich die Liebe nicht immer direkt einstellt, sind vielfältig und können bis in deine Kindheit, ja sogar bis zur eigenen Geburt zurückreichen. Kommst du psychisch an deine Grenzen, schaltet dein Körper, insbesondere das Gehirn, in den Überlebensmodus. Das schützt dich vor weiterer Überlastung. Dann kann es sein, dass dein gesamtes System nur etwas Ruhe braucht, bis diese intensiven Gefühle sich Bahn brechen können. Auch die massive Hormonumstellung nach der Geburt kann ursächlich dafür sein, dass du emotional erst mal ins Chaos gestürzt wirst, Stichwort „Baby Blues". Diesen zeigen immerhin bis zu 80 % der Mütter völlig unabhängig von Geburtsmodus, Geburtsverlauf und Kultur. Also nicht gleich ungeduldig werden und enttäuscht sein. Auch Liebe, die sich erst entwickelt, ist Liebe. Mutterliebe beginnt bei dir, also sei lieb zu dir selbst. Wir vertiefen dieses Thema im Kapitel → „Mutterschaft".

## InKrit und VERA

Im Folgenden liest du das erste innere Streitgespräch von InKrit und VERA. Nimm dir VERAs Formulierungen mit in den Alltag – für dich selbst, aber auch, um auf Kritik von außen gelassen, aber bestimmt antworten zu können.

**InKrit:** Das hat sie ja ganz schön vermasselt. Ein Kaiserschnitt!

**VERA:** Lass sie in Frieden! Gar nichts hat sie vermasselt. Ein gesundes Kind hat sie geboren.

**InKrit:** Nicht geboren. Aus sich raus operieren lassen.

**VERA:** Als wenn nur der „richtige" Geburtsmodus eine Frau zur Mutter machen würde! Zählt der Rest denn gar nichts?

**InKrit:** Was denn? Ihr Gejammer in der Schwangerschaft oder das verkrampfte Stillen, welche Glanzleistung meinst du?

**VERA:** Ich meine, dass es eine gewaltige Veränderung ist, ein Kind auszutragen. Und ich meine, dass Stillen überraschenderweise nichts ist, was einfach so funktioniert.

**InKrit:** Das ist aber kein Grund, so verlottert auszusehen, wie sie. Schau sie dir an. Sie muss sich mal wieder ein bisschen zurecht machen, ein paar Leute einladen. Andere wollen das Baby vielleicht auch mal sehen.

**VERA:** Sie brauchen als Familie Zeit, anzukommen und sich kennenzulernen. Das ist okay. Die anderen werden Geduld haben müssen. Das hat jetzt Priorität.

**InKrit:** Das Baby hat Priorität. Sie nicht.

**VERA:** Nein, das ist so nicht richtig und auch nicht gesund. Sie wird gut für sich sorgen und für das Baby. Weil alle wichtig sind.

## Hilfe, mein Körper verändert sich!

Im Wochenbett hast du vermutlich auch das erste Mal deinen Körper eingehend betrachtet, nachdem der sich ganz schön verändert hat. Bist du erschrocken, wie viel Bauch noch übrig war, obwohl das Kind draußen war? Hast du bedauernd deine Schwangerschaftsstreifen begutachtet? Hat dich InKrit unter Druck gesetzt? Viele von uns machen sich tatsächlich deutlich mehr Gedanken darum, ob unser Körper den gängigen Schönheitsidealen entspricht, statt darum, ob es ihm gut geht. Es ist ein Phänomen unserer Zeit, dass Diäten wichtiger scheinen als Vorsorgeuntersuchungen und Optik mehr zählt als ein gutes Körpergefühl.

Dein Körper vollbringt in der Schwangerschaft, bei der Geburt und im Wochenbett Höchstleistungen. Anstatt diese zu würdigen, werden sogenannte „Mom-Bods", Mama-Körper, als abschreckendes Beispiel dargestellt: Körper von Müttern seien per se altbacken, unsexy, verbraucht und das Ergebnis der Tatsache, dass Mütter sich „nicht um ihren Körper" kümmern. Das vermeintlich positive Gegenstück ist die MILF, die „mother I'd like to f***". Dieser Begriff und der Gedanke dahinter, Mütter müssten f***bar bleiben, wird immer populärer – bitte streiche ihn aus deinem Wortschatz! Solche Botschaften vergiften dein Selbstbild. Da ist es kein Wunder, wenn du mit deinem Körper hart ins Gericht gehst und ein schlechtes Gewissen hast, weil du nicht den Ansprüchen genügst. Ungesunden und falschen Ansprüchen, wie VERA meint. Deine Mutterschaft macht dich nicht weniger oder mehr zu einer Frau, als du es vorher warst.

### Veränderung gehört dazu

Dein Körper verändert sich, wenn du Mutter wirst. Alles andere wäre auch seltsam. Monatelang hast du einen neuen Menschen in dir wachsen lassen. Das ist ein Wunder, das seine Spuren hinterlässt.

Bei der einen mehr, bei der anderen weniger. (Kleine Erinnerung von VERA: Zu welcher Gruppe du gehörst, kannst du quasi nicht beeinflussen, denn das ist einfach eine Frage der Genetik.) Die Haut am Bauch dehnt sich, vielleicht reißt sogar das Unterhautgewebe. Deine Brüste werden größer und irgendwann wieder kleiner. Eventuell hast du Narben zurückbehalten, durch Geburtsverletzungen oder einen Kaiserschnitt. Sogar die Farbe deiner Haut oder die Beschaffenheit deiner Haare können sich unter dem starken Hormoneinfluss ändern. Dazu kommen äußere Einflüsse: Du ernährst dich anders als zuvor, schläfst vermutlich weniger, hast eventuell keine Zeit mehr für regelmäßigen Sport.

### BECKENBODEN-TRAINING STATT DIÄTEN

Dein Körper verändert sich nicht nur äußerlich, sondern auch innerlich. Schwangerschaft und Geburt belasten deinen Beckenboden stark. Das ist eine Muskelplatte, die den Bauchraum von unten abschließt. Sie stützt die inneren Organe und ermöglicht dir eine aufrechte Haltung. Durch den monatelangen Druck kann dein Beckenboden an Stärke verlieren. Du merkst das vielleicht, wenn du den Urin nicht mehr halten kannst wie gewohnt (zum Beispiel beim Niesen) oder auch Schmerzen beziehungsweise ein Druckgefühl nach unten verspürst oder dich in der Mitte nicht mehr stabil fühlst.

Außerdem weichen deine geraden Bauchmuskeln auseinander, um Platz für das Baby zu machen. Es bildet sich ein Spalt, die Rektusdiastase, dein Bauch ist weniger stabil und dadurch wird der Druck auf den Beckenboden zusätzlich erhöht.

Das sind körperliche Veränderungen, die dir, vor allem mit dem Alter, tatsächlich gesundheitliche Probleme bereiten können, und die du angehen solltest. Durch geeignete Rückbildung hier wieder Stärke und Stabilität zu schaffen ist aus medizinischer Sicht sehr viel wichtiger, als rasch an Gewicht zu verlieren.

Hab kein schlechtes Gewissen, wenn du die Rückbildung hast schleifen lassen. Mit dem Beckenbodentraining kann man jederzeit beginnen und auch Jahre nach der Geburt eines Kindes noch eine Verbesserung erreichen. Im Idealfall beginnst du gleich nach dem Wochenbett damit, aber dein Körper wird es dir auch später noch danken.

Ein schwacher Beckenboden oder eine große Rektusdiastase sind kein unabänderliches Schicksal und nichts, wofür du dich schämen müsstest. Weißt du nicht, wie du damit starten sollst? Dann frage beispielsweise in deiner gynäkologischen Praxis nach oder sprich deine Hebamme darauf an.

Als würde es nicht reichen, dass du dich mit teils recht krassen Veränderungen anfreunden musst, steht auch InKrit mit vor dem Spiegel: *„Die Pfunde müssten jetzt aber wirklich mal weg sein. Andere schaffen das doch auch. Du bemühst dich nicht richtig!“* Das ist genau der Punkt, an dem deine Schuldgefühle beginnen: Du fühlst dich verantwortlich dafür, was mit deinem Körper passiert ist und passieren wird, obwohl das nur bedingt in deiner Macht steht. Erholt er sich nicht schnell genug von Schwangerschaft und Geburt, passt er nicht nach spätestens neun Monaten wieder in deine alten Hosen, dann fühlst du dich wie eine Versagerin. Gefüttert wird dein schlechtes Gewissen von entsprechenden Kommentaren wie *„Da sind aber noch ein paar Schwangerschaftskilos übrig*!“ und Vergleichen: *„Ich passe ja schon wieder in meine Jeans.*“

Vielleicht geht es dir genauso, vielleicht erwartest du auch von dir, dass dein Körper wieder „wie vorher“ sein muss, perfekt, adrett, den Erwartungen entsprechend. Lass dir von VERA gesagt sein: *„Du hast diese Ansprüche nicht erfunden, sondern übernommen.“* Weil du überall mit vermeintlich perfekten, retuschierten und ins rechte Licht gesetzten Frauenkörpern konfrontiert wirst. Oft sogar mit kosmetisch oder operativ veränderten. In der Werbung, auf Social

Media, aber beispielsweise auch in den gängigen Eltern-Zeitschriften. Kaum jemand zeigt sich ungefiltert. Schlank, ebenmäßige Haut, strahlender Teint – wir müssen hier wahrscheinlich nicht mehr die gängigen Schönheitsideale wiederholen. Du wirst sie genau wie wir verinnerlicht haben, weil du damit aufgewachsen bist.

### SCHÖNHEITSIDEALE UNTERLIEGEN DER MODE

Jedes Schönheitsideal ist einfach nur eine Mode. Das wird einem klar, wenn man sich mit der Geschichte der Körperbilder befasst. Schaut man nur 100 Jahre in die Vergangenheit, hat man einen Wechsel von möglichst gerader Figur ohne Taille und am besten flacher Brust in den 1920ern, über die Sanduhrfigur in den 1950ern, Twiggy-Look in den 1960ern und durchtrainiert und groß in den 1980ern und so weiter. Es ist also einfach Glück, wenn die eigenen Gene zum aktuellen Schönheitsideal passen, nichts was du direkt beeinflussen kannst. Kein Grund, dich selbst fertigzumachen, da ist VERA sich sicher. Natürlich kannst du mit Bewegung und gesunder Ernährung Einfluss auf das Gewicht nehmen, aber nur in einem gewissen Rahmen.

Die Mischung aus unrealistischen Idealen, geschönten Bildern und hohem Leistungsdruck sorgt dafür, dass du dein gesundes Körpergefühl immer mehr verlierst. Obwohl das völlig unabhängig von Erwartungen und Idealen ist. Denn darum geht es doch eigentlich: dass du dich in und mit deinem Körper wohl und gesund fühlst. Übungen zur Körperwahrnehmung helfen dir dabei, dieses Gefühl Stück für Stück wiederzufinden. Dadurch lernst du nicht nur deinen (vielleicht veränderten) Körper wieder besser kennen und seine Signale wieder zu deuten. Diese Übungen reduzieren auch Stress und sorgen für Entspannung. Sie stärken dich nicht nur physisch, sondern auch mental, und fokussieren dich.

### Der Body-Scan

Der Body-Scan ist eine Meditationsübung, bei der du deine Aufmerksamkeit auf verschiedene Bereiche deines Körpers legst. Es geht darum, während eines langsamen Scannens, das heißt gedanklichen Abtastens, deine verschiedenen Körperregionen bewusst wahrzunehmen. Ebenso wie deine Gedanken und Gefühle, ohne sie zu bewerten.

Du kannst die Übung im Sitzen oder Liegen durchführen, Hauptsache du hast es bequem. Nimm dir eventuell eine Decke dazu, damit du nicht frierst und bleibe wach und aufmerksam.

- Deine Arme ruhen bequem neben dir oder auf deinen Oberschenkeln.
- Schließe deine Augen und atme ruhig und regelmäßig.
- Wenn du merkst, dass du gedanklich abschweifst, fokussiere dich neu. Rüge dich nicht dafür, bring deine Aufmerksamkeit immer wieder zurück zu deinem Körper in diesem Moment.
- Beginne mit deinen Füßen. Spüre sie bewusst: An welchen Stellen berühren sie die Unterlage? Geh alle Teile deiner Füße durch: Fersen, Spann, Fußrücken und Zehen.
- Dann wandere weiter: von den Unterschenkeln, über die Knie, die Oberschenkel und so weiter. Es folgen Bauch, Rücken, Schultern, Arme, Hände, Finger ...
- Achte immer wieder darauf, wo und wie du deine Unterlage (Stuhl, Bett, Matte ...) berührst.
- Am Ende ist dein Kopf dran: Entspanne dort alle Muskeln. Auch die Zunge, die Augenlider und den Kiefer. Wandere schließlich bis zu deinem Scheitel und entspanne die Kopfhaut.
- Bleibe kurz in dieser entspannten, aufmerksamen Verfassung und achte auf deinen Atem.
- Wenn du die Übung abschließen willst, öffne mit einer Ausatmung deine Augen, räkle und strecke dich und komme so wieder im Außen an.

Wenn dir diese Wahrnehmungsübung noch schwerfällt, kannst du dir zusätzlich vorstellen, wie Wärme durch die entsprechenden Körperregionen fließt. Einige starten damit auch in der Herz- oder Bauchregion.

### Dem Körper danken

Du verbringst vermutlich viel Lebenszeit damit, deinen Körper zu kritisieren: zu schwach, zu dick, zu dünn, zu krank und so weiter. Nur selten bist du aktiv dankbar dafür, was dein Körper alles für dich tut.

Folgende Übung hilft dir, einmal einen Überblick darüber zu bekommen und dann vielleicht auch häufiger daran zu denken.

- Male einen Körper auf ein großes Blatt Papier – es muss keine Mona Lisa sein, ein etwas detaillierteres Strichmännchen reicht. Es sollte nur nicht zu klein sein.
- Geh dann Körperteil für Körperteil durch, überlege, was es alles jeden Tag tut, und schreibe es daneben: Deine Füße tragen dich durch die Welt, deine Arme tragen dein Kind, helfen dir bei nahezu allen Tätigkeiten, deine Hände können streicheln und Musik machen, dein Bauch verdaut dein Essen und so weiter. Je kleinteiliger du wirst, desto aufschlussreicher ist die Übung.
- Dann nimm vielleicht eine andere Farbe, um außergewöhnliche, nicht alltägliche Leistungen zu notieren. Dein Bauch hat ein oder mehrere Kinder getragen, dein Schoß hat sie zur Welt gebracht. Dein Kopf hat dich zu einem Schulabschluss gebracht. Deine Beine dir vielleicht Urkunden im Sport. Und so weiter.
- Bewahre dir diese Zeichnung auf für Momente, in denen du sehr kritisch und streng mit deinem Körper bist. Oder auch, wenn er beispielsweise aufgrund von Krankheit mal nicht so funktioniert, wie du es gewohnt bist. Schau sie dir dann an und mache dir bewusst, was für ein Wunderwerk er ist und was er schon alles für dich getan hat.

Trotzdem ist es für viele Frauen und Mütter ein langer Weg, sich im eigenen Körper wohlzufühlen. Schließlich müssen wir Jahre und Jahrzehnte unserer Sozialisation hinterfragen und Glaubenssätze wie *„Ich muss attraktiv für andere sein“*, *„Nur ein schlanker Körper ist ein schöner Körper“* oder sogar *„Nur ein schlanker Körper ist ein gesunder Körper“* hinter uns lassen. Eventuell kann es dir helfen, aktiv etwas Gutes für deinen Körper zu tun.

## So sorgst du für deinen Körper

Du kannst deinen Körper für die Herausforderungen stärken, die er im Alltag zu meistern hat. Bei den folgenden Tipps bleiben wir absichtlich sehr allgemein, weil wir dir nicht noch mehr Druck machen möchten!

### Iss und trink genug

Dein Körper braucht Nahrung und Flüssigkeit, um genügend Energie produzieren zu können. Selbst wenn du es noch gar nicht bemerkst, kann er schon auf Sparflamme fahren. Achte darauf, dass du satt bist und vor allem genug trinkst. Vielleicht hilft es dir im stressigen Alltag, immer eine Wasserflasche bei der Hand zu haben und für den Notfall eine Handvoll Nüsse. Du sollst dich nicht nur von Snacks ernähren, ganz klar, aber manchmal muss es eben auch schnell gehen.

### Achte auf ausreichend Schlaf

Wir nennen hier bewusst keine Zahlen, weil das Schlafbedürfnis zum einen individuell unterschiedlich ist und es zum anderen mit kleinen Kindern nicht realistisch ist, immer seine Wohlfühl-Dauer zu erreichen. Wenn du aber merkst, dass massiv Schlaf fehlt, musst du in jedem Fall gegensteuern. Geh früh schlafen. Wechsle dich mit dem Vater oder deinem Partner ab, wenn er bei euch wohnt. Außerdem ist es gut, wenn du auf ein Netz an potenziellen Babysitter*innen zurückgreifen kannst, die dir ganz gezielt freie Zeit zum Schlafen schaffen können. Alles andere darf dann warten, es hat Vorrang, dass dein Körper sich erholen kann.

### Bewege dich

Es muss kein regelmäßiger Sportkurs sein, du musst nicht zig Kilometer die Woche laufen oder regelmäßig Yoga machen. Das ist alles im richtigen Maß gesund. Aber wichtig ist einfach nur, dass du dich überhaupt bewegst. Am besten sogar an der frischen Luft. Das tut nicht nur deinem Körper gut, sondern sorgt auch für seelischen Ausgleich.

### Nimm Vorsorgeuntersuchungen wahr

Haut- und Brustkrebsvorsorge, der regelmäßige Abstrich bei deinem Gynäkologen bzw. deiner Gynäkologin und die Kariesvorsorge sind keine schönen Termine. Aber sie sind wichtig! Lass diese Untersuchungen nicht ausfallen. Sie sind genauso relevant wie die Vorsorgeuntersuchungen deiner Kinder.

### VORSICHTIG MIT DIÄTEN WÄHREND DER STILLZEIT

Einige Mütter nehmen beim Stillen automatisch ab, andere würden gerne abnehmen. Dieser Wunsch ist nicht verboten, aber auf radikale Diäten solltest du verzichten. Bei schlechter Versorgung greift dein Körper für die Muttermilch auf deine Reserven zurück. Das heißt, die Qualität der Muttermilch leidet nicht, aber du! Denn der Mangel an Nährstoffen etc. macht sich dann bei dir bemerkbar.

Nicht sinnvoll sind:

- Radikale Diäten,
- Fastentage,
- Trennkost (führt zu Blutzuckerschwankungen),
- eine tägliche Kalorienzufuhr unter 1.800 kcal und
- eine Gewichtsabnahme von mehr als 2 kg pro Monat.

Abnehmen während des Stillens ist unbedenklich, wenn

- das Stillen sich eingespielt hat (also möglichst nicht in den ersten beiden Lebensmonaten deines Babys),
- das Kind nach Bedarf gestillt wird,
- du nicht untergewichtig bist.

## PMS – Der Endgegner in Sachen Körpergefühl

Diese fiesen Tage vor der Periode. Schlechte Haut, Krämpfe, aufgeblähter Bauch und schmerzende Brüste. Kennst du? Dann leidest du, wie 75 % der Frauen, unter dem Prämenstruellen Syndrom (PMS). Etwa 2 bis 8 % der betroffenen Frauen leiden besonders stark darunter. Die Symptome beeinträchtigen den privaten Alltag und auch das Berufsleben stark. Man spricht dann von einer „prämenstruell dysphorischen Störung“ (PMDS), die behandlungsbedürftig ist.

Neben den körperlichen Beschwerden fährt in dieser Zeit deine Stimmung Achterbahn. Traurigkeit, depressive Verstimmung, Weltschmerz, Reizbarkeit, Aggressivität – wehe jemand schaut dich schief an. Keine Sorge, damit bist du nicht allein. Und ein schlechtes Gewissen brauchst du deswegen auch nicht zu haben. **VERA** möchte, dass du weißt: Machen dir deine Hormone das Leben schwer, ist das kaum beeinflussbar. Somit kann man dich dafür auch nicht wirklich verantwortlich machen und dramatische Auswirkungen und Resultate sind auch nicht zu erwarten. InKrit sollte sich eher über die Evolution ärgern, die sich diesen und andere Haken der weiblichen Fortpflanzung hat einfallen lassen.

PMS-Symptome treten oft erstmals nach einer Schwangerschaft auf oder verschlimmern sich, vor allem die psychischen. Die Ursachen hierfür sind nicht vollends geklärt, aber das Hormonchaos dürfte eine Rolle spielen.

Für ein gutes Körpergefühl ist diese Kombination nicht gerade förderlich. Deine Schuldgefühle, nicht genug für dich zu tun und nicht zu genügen, quälen dich in dieser Phase vielleicht besonders stark. Zudem brauchen viele Frauen in dieser Zeit mehr Ruhe und sind weniger leistungsfähig. Gute Vorsätze sind dann noch schwieriger umzusetzen, weil die Energie fehlt. Deshalb raten wir dir, falls du stark von PMS betroffen bist, gerade in dieser Zeit besonders gnädig und nachsichtig mit dir und deinem Körper zu sein.

### Ruhe und Erholung

Versuche nicht, gegen deinen Körper zu arbeiten, der die Ruhe einfordert. Gönn sie dir, wann immer möglich, bzw. schaffe dir Möglichkeiten. Wenn du genau weißt, an welchen Tagen es bei dir am schlimmsten ist, versuche schon vorsorglich weniger zu planen und auch in den Tagen zuvor Kraft zu tanken.

### Vorwarnen

Dabei ist es enorm hilfreich, dein Umfeld darüber zu informieren, wann es so weit ist bzw. was PMS mit dir macht. Vor allem deinen Partner. Wenn er weiß, dass die Hormone dich so fest im Griff haben, verzeiht er eine patzige Antwort sicher schneller oder bietet dir von sich aus mehr Hilfe an. Aber auch deinem Kind kannst du mit einfacheren Worten nahebringen, dass es Tage gibt, an denen es dir nicht so gut geht.

### Ernährung

Studien zeigten, dass eine kalziumreiche Ernährung die PMS-Belastung um bis zu 30 % senkt. Kalzium findet sich unter anderem in Kürbissen, Mandeln und Haselnüssen. Vitamin B-haltige Nahrungsmittel, wie Roggenbrot, Haferflocken, Hülsenfrüchte und Bananen, heben die Stimmung merklich. Außerdem enthalten einige dieser Lebensmittel Omega-3, was vor Depressionen schützt.

### Mönchspfeffer

Ein pflanzliches Präparat, das sowohl körperliche als auch psychische Beschwerden bei PMS lindern kann, ist agnus castus, der Mönchspfeffer. Sprich mit deinem Gynäkologen bzw. deiner Gynäkologin darüber, welche Dosierung und Darreichungsform für dich geeignet ist.

## InKrit und VERA

**InKrit:** Schau, jetzt steht Schwabbelchen wieder vor dem Spiegel und passt immer noch nicht in ihre alten Jeans! Sie lässt sich aber auch echt gehen, seit sie Mama geworden ist.

**VERA:** Was ist denn das für eine komische Sichtweise? Ihre Jeans sind doch egal, wichtig ist, dass sie sich wohlfühlt. Ihr Körper war ganz schön beschäftigt in den letzten Monaten und Jahren. Dafür sind wir ihm dankbar.

**InKrit:** Aber etwas Sport könnte sie schon wieder machen. Was soll denn ihr Mann denken, wenn er sie so sieht?

**VERA:** Ja was soll er schon denken? Er sieht auch nicht mehr exakt so aus wie vor zehn Jahren. Körper verändern sich eben. Und sie muss doch kein Model sein. Sie ist da niemandem etwas schuldig.

**InKrit:** Die andere Mama aus der Krabbelgruppe hat das aber ganz gut hinbekommen, oder nicht? Die ist ein ganz schön heißer Feger. Es ist also machbar.

**VERA:** Dann schweb mal rüber und nerv die mit deinen Kritteleien. Sie ist eben mit einem besseren Bindegewebe gesegnet.

**InKrit:** Oh, ganz schön empfindlich heute! Kriegt sie wieder ihre Tage?

**VERA:** Ja, das weißt du genau, und wir haben dich extra vorgewarnt, dass sie momentan Ruhe braucht und keine blöden Sprüche von dir.

**InKrit:** Also wieder nichts mit Sport heute?

**VERA:** Sie macht Sport, wenn sie Kraft, Zeit und Lust dazu hat. Nicht, weil du ihr ein schlechtes Gewissen einredest.

## Hilfe, ich ernähre mein Kind falsch!

Schon in der Schwangerschaft hast du dein Kind ernährt – aber da ging das noch ganz von allein. Dein Körper ist ein wahres Wunderwerk und hat dein Baby über die Nabelschnur und die Plazenta mit allem versorgt, was es brauchte. Ist das Kind dann geboren, bist du, seid ihr für seine Ernährung verantwortlich. Was anfangs gar nicht so komplex klingt, wird für viele Mütter und Väter leider oft zu einer der größten Quellen von Schuldgefühlen. Weil die Ratschläge zum Thema Stillen, Beikost und Familientisch derart zahlreich – und häufig widersprüchlich – sind, dass die Verunsicherung nicht lange auf sich warten lässt. Wir räumen mit einigen Mythen auf und zeigen dir, wie ihr gemeinsam ein entspanntes Verhältnis zum Essen entwickeln könnt.

### Ob Brust oder Flasche: Wichtig ist Milch

Zu Beginn seines Lebens braucht dein Baby ausschließlich Milch – Muttermilch oder Flaschenmilch. Das sagen wir so klar, weil beide Möglichkeiten, ein Baby zu füttern, legitim und gesund sind. Du musst kein schlechtes Gewissen haben, wenn du nicht stillen willst oder kannst! Ja, Stillen ist sehr gut und auch wir empfehlen es wie alle Fachleute dieser Welt. (Die WHO empfiehlt ausschließliches Stillen in den ersten sechs Lebensmonaten.) Aber: Es gibt zahlreiche und sehr individuelle Gründe, aus denen Mütter sich gegen das Stillen entscheiden – und sie alle haben ihre Berechtigung. Es ist dein Kind, es ist dein Körper. Du entscheidest, mit welcher Option du dich wohler fühlst. Ein Glück, dass wir in einer Zeit und in einer Welt leben, in der es Flaschennahrung in einer so guten Qualität gibt. In der Stillprobleme zwar immer noch eine Belastung für Mütter darstellen können, sie sich aber keine Sorgen mehr machen müssen, dass ihr Kind nicht mit allem Notwendigen versorgt wird.

## MUTTERMILCH ODER FLASCHENMILCH?

Die Vorteile der Muttermilch sind dir vermutlich bekannt: Sie ist individuell und auf das Lebensalter des Kindes abgestimmt, stärkt das kindliche Immunsystem und ist 100 % natürlich. Außerdem ist Stillen, wenn es gut klappt, einfach, angenehm, praktisch und kostengünstig. Aber auch Flaschennahrung schadet deinem Baby nicht, im Gegenteil: Sie hat die richtige Zusammensetzung und die richtigen Inhaltsstoffe für Säuglinge, wird streng kontrolliert und sättigt dein Kind ebenso wie Muttermilch. Und dein Baby kann, wenn das für euch passt, auch abgepumpte Muttermilch trinken.

Stillen ist viel mehr als reine Nahrungsaufnahme. Viele Mamas genießen das innige Beisammensein mit ihrem Baby, während es an der Brust trinkt. Und die Kinder umgekehrt natürlich genauso. Stillen bedeutet Nähe und Verbindung. Deshalb haben Mütter, die sich gegen das Stillen entscheiden (müssen), oft von Anfang an ein schlechtes Gewissen. Auch dir sitzt vielleicht InKrit auf der Schulter, während du deinem Baby die Flasche gibst, schaut vorwurfsvoll und sagt: *„So wirst du keine gute Bindung zu deinem Kind aufbauen können. Du Rabenmutter."* Sollte das bei dir der Fall sein, liefern wir dir auf der nächsten Seite gute Argumente, die InKrit zum Schweigen bringen können.

### BINDUNG AUFBAUEN BEIM FÜTTERN MIT DER FLASCHE

Die Rahmenbedingungen beim Füttern tragen zur Entstehung der Mutter-Kind-Bindung bei, nicht die Art der Milch! Auch Flaschenbabys können gut und sicher an ihre Mama gebunden sein. Das Füttern ist beim Bindungsaufbau auch nur einer von vielen Aspekten.

Hier einige Tipps, wie du die Flasche so geben kannst, dass ihr eine ebenso innige gemeinsame Zeit beim Füttern habt, wie Stillkinder und ihre Mütter.

- Nimm dir Zeit. Füttere in Ruhe, ohne Störfaktoren. Vor allem in der ersten Zeit.
- Kommuniziere mit deinem Baby. Schau ihm in die Augen, berühre es, sprich mit ihm. Halte es so, dass es dir während des Fütterns in die Augen sehen kann.
- Bleibt in Kontakt. Hautkontakt ist nicht nur beim Stillen möglich.
- Füttere nach Bedarf. Das gilt nicht nur fürs Stillen. Gib deinem Baby die Flasche, wenn es hungrig ist und beende das Füttern, wenn es signalisiert, dass es satt ist.

Du hast immer noch ein schlechtes Gewissen, weil du nicht stillst? InKrit behauptet, Flaschenkinder wären kränklicher oder dümmer als Stillkinder? Vielleicht bist du auch einem der vielen weiteren Mythen rund ums Stillen begegnet. Einige Annahmen, die die Wissenschaft zu diesem Thema in den Raum gestellt hat, sind nämlich gar nicht so eindeutig, wie es uns viele Ratgeber*innen weismachen wollen.

**Schützt Stillen vor Allergien?** Man geht davon aus, ist sich aber nicht hundertprozentig sicher. In jedem Fall bedeutet das nicht, dass dein Flaschenkind zwingend Allergiker*in wird! Muttermilch schützt wahrscheinlich davor, aber Flaschenmilch fördert das nicht. (Für Flaschenkinder mit einer familiären Neigung zu Allergien gibt es übrigens spezielle HA-Nahrung. Besprich dich dazu mit deinem Kinderarzt oder deiner Kinderärztin.)

**Sind Stillkinder intelligenter?** Lange Zeit ging man davon aus. Einige Studien legen aber mittlerweile nahe, dass es sich hierbei um einen Fehlschluss handelt: Intelligenz korreliert mit dem Stillen, ist aber nicht kausal. Das heißt im Klartext: Stillkinder sind im Schnitt (!) zwar klüger als Flaschenkinder, das liegt aber nicht am Stillen, sondern vermutlich an anderen Faktoren. Beispielsweise stillen Frauen mit einem höheren Bildungsgrad häufiger als Frauen mit einem niedrigeren Bildungsgrad. In einer bekannten Studie wurden Geschwister verglichen, bei denen ein Kind mit der Flasche gefüttert wurde, das andere gestillt. Das heißt, die Voraussetzungen waren sehr ähnlich: gleicher Genpool, gleiches Umfeld und so weiter. Das für viele überraschende Ergebnis: Im Alter von 4 bis 14 Jahren zeigten die Geschwister, trotz unterschiedlicher Ernährung im Säuglingsalter, keine körperlichen oder geistigen Unterschiede! Gute Nachrichten also für dich und alle anderen Mütter. Brust oder Flasche macht keinen Unterschied, was die Intelligenz deines Kindes angeht!

**Sind Stillkinder gesünder?** Tatsächlich belegt ist, dass gestillte Kinder in den ersten Lebensmonaten etwas weniger häufig krank werden. Das heißt aber im Umkehrschluss nicht, dass du dir Sorgen um dein Flaschenkind machen musst. Es ist deshalb nicht zwangsläufig ständig krank. Hier spielen viele verschiedene Punkte eine Rolle, wie das angeborene Immunsystem und zum Beispiel die Tatsache, ob der Säugling ältere Geschwister hat, die mehr Kinderkrankheiten in die Familie tragen. Das sind alles Dinge, auf die du keinen Einfluss hast, erinnert dich VERA! Stillen bietet hier einen gewissen Schutz, aber auch Flaschenkinder bauen mit der Zeit ein gutes Immunsystem auf. Auch die Tatsache, dass Stillkinder seltener am plötzlichen Kindstod versterben, ist erwiesen. Aber auch hier spielen viele Ursachen mit rein und du kannst das gut ausgleichen, indem du zum Beispiel für die richtige Schlafumgebung sorgst.

### PLÖTZLICHER KINDSTOD

Der plötzliche Kindstod tritt für gewöhnlich im Schlaf bei Kindern unter einem Jahr auf. Die Zahlen für dieses tragische Ereignis sind rückläufig, was die aktuell geltenden Schlaf-Empfehlungen bestätigt. Diese sehen wie folgt aus:

- Lege das Kind zum Schlafen auf den Rücken.
- Verzichte (am besten ganz oder zumindest unbedingt im Schlafzimmer) auf das Rauchen.
- Stelle das Babybett ins Elternschlafzimmer oder an das Elternbett.
- Verwende wenig Bettzeug: Schlafsack statt Decke, kein Kopfkissen, wenige Stofftiere und keine Bänder.
- Kleide das Kind weder zu warm noch zu kalt. Im Haus braucht es normalerweise weder Mütze noch Wärmflasche oder Felle im Bett.

Die Bundeszentrale für gesundheitliche Aufklärung fasst dies als **„3-R-Faustregel"** zusammen: **Rückenlage – Rauchfrei – Richtig gebettet.**

### Wenn es mit dem Stillen nicht klappt

Was, wenn du stillen willst, aber es nicht klappt? Oftmals ist das richtige Anlegen gerade im Krankenhaus, kurz nach der Geburt, gar nicht so einfach. Du bist noch recht erschöpft, das Baby vielleicht ebenfalls, dazu die fremde Umgebung. Bleib ruhig, auch wenn es am Anfang nicht rund läuft. Das ist häufig so. Stillen braucht Übung! Im Idealfall hast du in den ersten Tagen in der Klinik oder zu Hause jemanden, der dir damit hilft, zum Beispiel eine Hebamme. Es kann dauern, bis du dich mit deinem Kind eingegroovt hast.

### HILFE DURCH STILLBERATUNG

Ein stressfreier Alltag erleichtert dir das Stillen, denn Stress ist ein häufiger Grund für Milchstau oder verringerten Milchfluss. Darum raten wir nicht zu großen Wochenbettbesuchen. Wenn du trotzdem noch Schmerzen hast, dich unwohl fühlst oder das Gefühl hast, dein Baby trinkt nicht richtig: Scheue dich nicht, eine Stillberaterin zu kontaktieren. Adressen und Kontaktdaten findest du zum Beispiel unter https://www.lalecheliga.de/. Nicht immer ist das Krankenhauspersonal ausreichend geschult, gleichzeitig fehlt uns meist die Einbettung in eine Großfamilie. Viele Frauen haben nie gesehen, wie stillen eigentlich „funktioniert". Und genauso viele sind überrascht, dass es nicht „anlegen, fertig, los"-klappt. Deshalb ist diese professionelle Stillberatung oft eine sehr große Hilfe.

Und wenn das alles nicht hilft? Oder wenn dir die Geduld ausgeht? Auch in Ordnung. Niemand muss blutige Brustwarzen ertragen oder sich zu etwas zwingen, was sich – vielleicht entgegen allen Erwartungen und Vorstellungen – nicht gut anfühlt. Probiere, was du möchtest, hol dir die Hilfe, die du brauchst, aber höre auch auf deine Bedürfnisse.

## Auch stillende Mamas haben ein schlechtes Gewissen

Sind stillende Mütter nun immer ohne Schuldgefühle? Von wegen! Auch sie kämpfen häufig mit einem schlechten Gewissen. Falls du stillst, kennst du bestimmt schon folgende Vorwürfe.

- Du stillst zu häufig oder zu lang.
- Du verwöhnst dein Baby mit Einschlafstillen und es lernt nie, allein zu schlafen.
- Du hältst dich nicht an den „richtigen Stillabstand"
- Du ernährst dich „falsch".
- Du hast „zu dünne" oder „zu fette" Milch.
- Du beschwörst eine „Brustfixierung" herauf.

Sicher hat InKrit noch weitere „kreative“ Kritik auf Lager. Bei so vielen, oft ungefragten „Ratschlägen“ fällt es gar nicht so leicht, bei dir und deinem Baby zu bleiben und die eigenen und kindlichen Bedürfnisse zu spüren. Das ist aber eigentlich das ganze „Geheimnis“. Pläne, nach denen zu bestimmten Zeiten bestimmte Mengen zu füttern sind, sind weder beim Stillen noch beim Fläschchengeben sinnvoll. Dein Säugling holt sich die Menge an Milch und die Zeit an der Brust oder am Sauger, die er braucht. Das variiert von Kind zu Kind, von Monat zu Monat, von Woche zu Woche und von Tag zu Tag.

Manchmal **clustern** Babys, das heißt, sie wollen in einer sehr engen Taktung immer wieder kleine Mengen trinken. Lass dir nicht einreden, du hättest zu wenig Milch, wenn dein Baby das tut! Das ist völlig normal und hängt mit bestimmten Entwicklungsschritten zusammen, die Babys durchlaufen. Sie wachsen und haben deshalb häufiger Hunger oder haben viel zu verarbeiten und deshalb ein noch größeres Nähebedürfnis.

Wenn es keine ärztliche Anweisung gibt (zum Beispiel bei Frühgeborenen, die mit einem sehr geringen Gewicht starten und/oder aufgrund ihrer Entwicklung starke Trinkprobleme haben), **darfst du auf dich und dein Kind vertrauen** und ihm dann die Brust (oder die Flasche) geben, wenn es danach verlangt. Die Anzeichen dafür wirst du mit der Zeit immer besser deuten können: Suchen mit dem Mund, Schmatzen, Ballen der Fäustchen, Unruhe, und so weiter.

Wir wissen, dass dieses Füttern nach Bedarf zwischenzeitlich sehr anstrengend sein kann, gerade dann, wenn dein Kind viel Nähe braucht und ein ausgeprägtes Saugbedürfnis hat. Aber ein Kind, das stundenlang brüllt, weil es nicht an die Brust darf („*Der Plan sagt erst wieder in zwei Stunden!*“) geht genauso an die Substanz. Wir können dir nur raten, es auszuprobieren.

Hab bitte auch kein schlechtes Gewissen, wenn du bisher auf solche Ratschläge gehört und nach Plan gefüttert hast. Du hast nach bestem Wissen und Gewissen gehandelt und Expert*innen vertraut. Lass dir das nicht von InKrit miesmachen. Daran ist überhaupt nichts verkehrt, dafür musst du dir nichts vorwerfen. Verständlich, wenn du darauf gehört hast und jetzt vielleicht verunsichert bist. Dein Kind hat sich dennoch die Menge Milch geholt, die es braucht. Du kannst immer noch umsatteln und nach Bedarf füttern. Wir sind uns ziemlich sicher, dass das die Sache entspannter für euch beide macht.

Wenn dich das viele Stillen sehr stresst, dann kannst du auch überlegen, ob abgepumpte Milch oder Säuglingsmilch eine Lösung ist. Die kann auch mal jemand anderes für dich füttern, sodass du eine Pause bekommst. Es gibt keinen wissenschaftlichen Beleg für irgendeine Art „Saugverwirrung", auch wenn man das sehr häufig hört oder liest. Ja, dein Baby holt sich beim Trinken auch deine Nähe. Aber es hat mehr davon, wenn du auch eine Pause bekommst, dich ausruhen kannst und dann erholt und mit gutem Gefühl wieder mit ihm kuschelst. Nähe und Zuwendung bekommt es ja trotzdem. Und natürlich gibt es auch Kinder, die mit einer Mahlzeit alle drei Stunden völlig zufrieden sind. Mach dir kein schlechtes Gewissen, wenn dein Kind dazugehört.

**ERNÄHRUNG BEIM STILLEN**

*„Iss keine Zwiebeln. Trink keinen Kaffee! Iss nicht zu scharf oder zu süß."* Gerade wenn du ein unruhiges Baby hast, das noch keinen Schlafrhythmus gefunden hat, wenn es viel spuckt oder sehr mit Bauchschmerzen zu kämpfen hat, wird oft die stillende Mutter verantwortlich dafür gemacht. Und ihre Ernährung.

Tatsache ist: Das meiste von dem, was du isst, hat keinerlei Auswirkungen auf die Zusammensetzung deiner Muttermilch. Denn sie wird aus deinem Blut gebildet. Lass dir dein Essen also schmecken.

Tabu sind nur Alkohol, Nikotin und bestimmte Medikamente – aber für viele Krankheiten gibt es stillfreundliche Präparate! (Unter https://www.embryotox.de findest du verlässliche Informationen dazu.) In seltenen Fällen kann das Kind auch Allergien haben und deshalb auf Muttermilch reagieren. Du musst dann beispielsweise auf Milchprodukte verzichten. Auch diese Fälle sind nicht die Regel und gehören in ärztliche Hände.

Immer noch ein schlechtes Gewissen? Womöglich stillst du in den Augen von InKrit oder anderen Beobachter*innen schon zu lang? Oder zu kurz? Oder zu häufig? Oder in der Öffentlichkeit? Stell dir vor: Auch hier ist alles okay! Es gibt Empfehlungen – aber du darfst diese auf euer Leben anpassen! Manche Kinder sind früher bereit für feste Nahrung, andere später. Gerade zu Beginn der Beikostzeit decken Babys ihren Kalorienbedarf zum Großteil noch aus der Milch und die WHO empfiehlt, bis zum Ende des zweiten Lebensjahrs zu stillen (nicht vollstillen, aber zusätzlich zu fester Nahrung) und gibt keine maximale Stilldauer an! Aus evolutionstheoretischer Sicht wäre eine Stilldauer zwischen zwei und sieben Jahren sinnvoll. In vielen Kulturen wird deutlich länger gestillt als bei uns. Es gibt also kein „zu lang" – sofern ihr beide euch damit wohlfühlt. Jede Mutter darf selbst entscheiden, ob, wie lange und wo (!) sie stillen möchte.

**BINDUNGSORIENTIERTES ABSTILLEN**

Dennoch kann auch das Abstillen für Schuldgefühle sorgen, egal was dich dazu veranlasst (äußere Umstände, Medikamente, dein eigener Wunsch, u. v. m.). Das ist nicht nötig.

Entschließt du dich zum Abstillen, sollst du wissen, dass das auch bedürfnis- und bindungsorientiert geschehen kann. Dabei begleitest du dein Kind beim Prozess des Loslassens dieser wahrscheinlich sehr lieb gewonnenen Nahrungs- und Kontaktaufnahme, gibst dem Schmerz Raum und tröstest. Im Gegensatz zum Verschwinden (einige Tage dem Partner das Feld überlassen, bis abgestillt ist), bietest du hierbei extra viele Ersatzhandlungen wie Kuscheln, Tragen usw. an. Das Bedürfnis nach Nähe, welches bisher unter anderem durch das Stillen befriedigt wurde, wird nun auf andere Weise gestillt.

Zentral ist, dass du in deiner Entscheidung klar bist und den Protest deines Kindes über das Ende dieser intensiven Zweisamkeit aushältst. Dadurch lernt dein Kind, dass ihr auch in liebevollem Kontakt bleiben könnt, wenn mehr körperlicher Abstand zwischen euch besteht.

## Beikost: Essen darf Spaß machen

Irgendwann wird es Zeit für die erste „feste Nahrung“ deines Kindes. Dazu zählt Brei genauso wie tatsächlich „festes“ Essen. Zum Thema Beikost gibt es noch viel mehr Empfehlungen, Richtlinien und Ratschläge als zum Stillen. Nicht leicht für InKrit, da ruhig zu bleiben. Dabei gibt es gar nicht besonders viele Studien dazu, wie die „richtige“ Beikost auszusehen hat. Eigentlich nicht verwunderlich, wenn man sich auf der Welt mal umschaut, auf der überall Kinder großwerden, ob sie nun mit Pastinake beginnen, mit weichgekochten Karottensticks oder mit Reis, wie in Japan. Du ahnst, dass auch die Beikosteinführung kulturell und individuell verschieden gestaltet werden kann. Was bei deinem ersten Kind als Stand der Dinge gilt, ist bei deinem zweiten vielleicht schon wieder ganz anders und in 500 Jahren werden Babys vermutlich wieder ganz anders essen als heutzutage.

**WANN MIT BEIKOST STARTEN?**

Lass dich für den richtigen Zeitpunkt von deinem Kind leiten. Es zeigt dir in der Regel sehr deutlich, wann es bereit ist, es mit etwas anderem als Milch zu versuchen. Du erkennst das an den folgenden „Beikostreifezeichen" (WHO):

- Dein Baby kann mit Hilfe aufrecht sitzen.
- Es kann seinen Kopf alleine halten.
- Es streckt nicht mehr reflexartig die Zunge raus, wenn man ihm Nahrung in den Mund gibt.
- Es kann alleine Nahrung in die Hand nehmen und in den Mund stecken.

Und denk dran: Du hast absolut nichts falsch gemacht, wenn dein Baby „erst" mit acht Monaten so weit ist, oder „schon" mit vier Monaten Essen ausprobieren will. Jedes Kind hat sein eigenes Entwicklungstempo (→ „Hilfe, mein Kind entwickelt sich nicht ‚normal'!"), das nichts mit deinen mütterlichen Fähigkeiten zu tun hat. Da ist sich VERA ganz sicher, das kannst du nicht beeinflussen.

### Brei oder BLW?

In den letzten Jahren hat das BLW, Baby Led Weaning, in den Küchen von Eltern Einzug gehalten. Statt mit Brei zu starten, bekommen die Kinder von Anfang an das, was auch der Rest der Familie isst. Nur eben in kindgerechter Größe und der richtigen Konsistenz, das heißt eher weich und nicht zu kleinteilig. Brot, gedünstetes Gemüse, weiches Obst, Joghurt und so weiter. Das ist eine gute Möglichkeit, Kinder ans Essen heranzuführen und ihnen Lebensmittel in ihrer ursprünglichen Form zu zeigen. Die Lust am Essen ist bei einigen Kindern dann sogar größer, auch, weil sie von Anfang an im wahrsten Sinne des Wortes selbst „zupacken" können. BLW ist aber nicht „besser" als Babybrei!

Uns ist es wichtig, das zu sagen, weil wir wissen, dass einige Mütter sich mit dieser Art der Ernährung stark stressen. Sie ist etwas aufwendiger als das Füttern von Breien und mit mehr Sauerei verbunden. Die Kinder brauchen zusätzlich oft noch mehr Milch, weil es gerade am Anfang eher um die Erfahrung des Essens geht als um Kalorienzufuhr. Wenn dir das nicht liegt, wenn es dich stresst, wenn du unsicher damit bist, ist es völlig in Ordnung, wenn du ganz klassisch Brei fütterst.

### MUSS ES SELBSTGEKOCHTER BREI SEIN?

Nein! Wir wissen, dass auch Selbstkochen wieder im Trend ist. Das kann toll sein und hat Vorteile: Du weißt zum Beispiel, welche Rohstoffe du verwendest und kannst Menge und Kombinationen besser variieren. Aber genauso wie BLW fühlen sich viele Mütter bei diesem Thema unter Druck gesetzt. Denn es bedeutet natürlich einen nicht zu unterschätzenden Mehraufwand, gerade wenn die Belastung aus welchen Gründen auch immer schon hoch ist.

Wenn dich das Kochen der Breie stresst, dann darfst und sollst du mit dem besten Gewissen zu Gläschen-Nahrung greifen. Babynahrung ist streng kontrolliert, ohne Zusätze und gut auf die Bedürfnisse der Kleinsten abgestimmt. (Achte bitte darauf, dass kein Zucker zugesetzt ist!) Laut des Forschungsdepartments Kinderernährung (FKE) füttern 60 % aller Eltern Fertigbrei. Du bist damit also ganz und gar nicht allein, auch wenn es sich manchmal so anfühlen mag.

Die „Drei-Breie“-Regel (Start mit dem Gemüse-Fleisch-Brei am Mittag, dann Getreide-Milch-Brei am Abend und abschließend Getreide-Obst-Brei am Nachmittag) ist zwar aktuell gängig, aber nicht in Stein gemeißelt! Wenn du sie an euren Alltag anpasst: völlig in Ordnung. Am Anfang solltest du nicht zu viele Lebensmittel auf einmal einführen, um zu sehen, wie der Bauch des Kindes mit den neuen Nahrungsmitteln zurechtkommt. Starte mit kleinen Mengen und biete weiterhin Milch an, damit der Kalorienhaushalt gedeckt ist und die wichtigsten Nährstoffe bei deinem Kind ankommen. Das war's aber auch schon. Und warum nicht Breie und BLW mischen? Wenn dein Kind damit gut klarkommt und ihr euch wohlfühlt, ist auch das ein Weg. Gerade bei kleinen Geschwistern passiert das oft ganz von allein.

Du findest die Pläne ganz hilfreich, weil du sonst zu unsicher bist? Genauso okay. Die aktuellen Empfehlungen sind auf die Bedürfnisse von Ess-Anfängern abgestimmt und du machst damit auf keinen Fall etwas falsch.

**WANN DU HILFE BRAUCHST**

Trotz allem gibt es Fälle, bei denen du professionelle Hilfe brauchst. Zum Glück ist das die absolute Ausnahme. Wir raten dir, kinderärztlichen Rat einzuholen, wenn

- dein Kind gar nicht isst.
- du eine Unverträglichkeit vermutest.
- das Essen für dich und/oder dein Kind in dauerhaften Stress oder Kampf ausartet.

In Deutschland hast du im ersten Lebensjahr deines Kindes außerdem Anspruch auf eine Beikostberatung durch deine Hebamme!

## Es gibt keine „schlechten" Esser*innen

Die Leistungsgesellschaft lässt grüßen und teilt unsere Kinder sogar beim Essen in gut oder schlecht ein. Und tada: Schon hast du ein weiteres Schuldgefühl im Fleißheft deiner inneren Kritikerin. Vielleicht beginnt es in der Säuglingszeit, mit dem Beikoststart oder erst als Kleinkind. Aber irgendwann musst du dir vielleicht Kommentare wie *„Dein Kind ist aber ganz schön dünn!"*, *„Er isst wie ein Spatz"*, *„Sie will immer nur das Süße"*, *„Dein Kind ist aber ganz schön wählerisch"* und so weiter anhören. Oder aber es sind deine eigenen Glaubenssätze im Spiel, Vorstellungen davon, wie eine gute Ernährung aussieht, welche Mengen gegessen werden sollen und was angemessen ist. InKrit liebt sowas.

Wir alle lassen uns bei diesem Thema oft schnell verunsichern, weil es so ein essenzielles ist. Kinder gut zu ernähren, sodass sie wachsen und „gedeihen", ist eine der grundlegenden elterlichen Aufgaben. Und die willst du natürlich möglichst gut erfüllen. Dazu kommt die Sorge, meist zu Unrecht, dass Abweichungen von der Norm schwerwiegende Folgen und Resultate haben (könnten). Deshalb gehen wir nun mit dir und VERA an deiner Seite die gängigsten drei Sorgen bezüglich des Essverhaltens von Kindern durch, die dein schlechtes Gewissen immer wieder „füttern".

### Mein Kind isst zu wenig

Du hast ein schlechtes Gewissen, weil dein Kind zu wenig isst? Dann lohnt es sich, mal genauer in dich hineinzuhorchen. Denn was ist eigentlich „zu wenig"? Alle Menschen haben einen unterschiedlichen Energiebedarf und individuelle Grundumsätze bei Kalorien. Das gilt auch für Kinder. Diese haben vor allem einen kleineren Umsatz als Erwachsene und brauchen entsprechend kleinere Portionen.

**GAR NICHT SO WENIG!**

Ein Säugling mit 4000 g trinkt in der Regel mehr als einen halben Liter Milch pro Tag. Rechne mal hoch, was das bei deinem Gewicht wäre! Niemals schaffen wir so viel! Vor allem kleine Kinder trinken also sogar ziemlich viel für ihre kleinen Mägen. Das ist gerade in den ersten Lebenstagen auffällig. Der Magen eines Neugeborenen fasst etwa 5 bis 7 Milliliter. Es reichen also Mini-Mengen aus, um es satt zu bekommen. Nur halt sehr häufig.

Aber auch bei größeren Kindern haben Eltern oft das Gefühl, dass sie zu wenig essen. Genau wie bei der Milchmenge verschätzen wir uns da gerne enorm. Zumal Kinder oft kleinere Portionen essen, während wir uns antrainiert haben, uns auf die drei Hauptmahlzeiten zu beschränken. Und es geht ja nicht nur um die Menge dessen, was im Magen landet, sondern auch um die Energiedichte. Wenn dein Kleinkind abends noch eine Flasche Milch trinkt, sind damit schon mal ordentlich Kalorien abgedeckt, die du meist intuitiv nicht mitzählst.

Hier gilt: **Dein Kind hat ein gutes Gespür** dafür, wie viel (und welche) Nahrung es braucht. Es gibt eigentlich keinen Grund, dir gesteigerte Sorgen und damit ein schlechtes Gewissen zu machen, wenn die Mengen nicht die sind, die du dir vorstellst. VER**A** gibt an dieser Stelle zu bedenken, dass es deine Ansprüche oder die anderer Personen sind, die dich beunruhigen und die du vielleicht anpassen kannst. Du kannst deinem Kind vertrauen und deine Erwartungen hinterfragen. Es hat ein intuitives Sättigungsgefühl, solange dieses nicht abtrainiert wird. Vor allem aber darfst du es bitte nicht zum Essen zwingen! Wenn du an dem Punkt bist, das zu tun – dann hol dir Hilfe in deiner Kinderarztpraxis oder bei Ernährungs- oder auch Psychotherapeut*innen.

### Wachstumskurven

Aber die Wachstumskurve!? Ja, es gibt Fälle, in denen man das Gewicht stärker im Auge haben sollte. Nach der Geburt beispielsweise nehmen viele Kinder etwas ab – und sollten nach einer bestimmten Zeit ihr Startgewicht wieder erreichen. Kinderärzte und -ärztinnen und Hebammen haben das im Blick und teilen sich die Verantwortung dafür mit dir, beruhigt dich **V**ERA.

Bei den Vorsorgeuntersuchungen wird dein Kind jedes Mal gewogen und gemessen und die Ergebnisse werden in die Wachstumskurve eingetragen. Du weißt dann, wie dein Kind im Vergleich mit anderen Kindern seines Alters steht: Liegt es auf der 90. Perzentile, sind im Schnitt 90 % der Kinder leichter und 10 % der Kinder schwerer. Aber: Es ist immer noch im Normbereich. Es handelt sich hier um Werte, die beim Vergleich einer bestimmten Anzahl gleichaltriger Kinder gesetzt wurden. Diese sind wichtig – aber oft auch verunsichernd. Das liegt nicht selten an der unzureichenden Kommunikation der behandelnden Ärzte oder Ärztinnen. Frage hier gezielt nach, wenn du verunsichert bist. *„Wie kann ich den Verlauf der Kurve verstehen? Gibt es Grund zur Sorge?“* Das gilt auch außerhalb der Untersuchungen. Wenn du dir ernsthaft Sorgen machst, hole dir ärztlichen Rat ein. Das ist besser, als sich immer wieder schuldig zu fühlen für etwas, wofür du nichts kannst.

### Wichtig zu wissen ist deshalb:

- Unterschiedliche Länder arbeiten sogar mit unterschiedlichen Tabellen. „Normal“ ist also überall etwas anderes.
- Solange dein Kind stetig wächst und zunimmt, ist in der Regel alles okay. Vielleicht bist du auch eher klein und zart. Dann bleibt dein Kind vielleicht auch immer unten in der Kurve. Völlig logisch.

- Manchmal machen Kinder größere Wachstumssprünge. Das heißt, sie schießen in die Höhe – dann passen Größe und Gewicht kurzfristig nicht zusammen. Das holen sie aber meist schnell wieder auf. Eine einzelne Momentaufnahme ist also nicht besonders aussagekräftig.
- Wenn dein Kind fit und gesund ist, dann solltest du erstmal ruhig bleiben, auch wenn die Wachstumskurve keine Ideallinie zeigt.
- Das wichtigste: Die Kinderärzte und -ärztinnen haben das gut im Blick, sie beobachten den Verlauf und befragen dich zu deinem Kind. Wenn wirklich Handlungsbedarf besteht, werden sie dir das mitteilen.

### Mein Kind isst zu einseitig

Es gibt Geschichten von Kindern, die sich über Wochen vorwiegend von Nudeln ernährt haben, von Kartoffeln oder – tatsächlich – Leberkäse. Und von deren Eltern, die fast daran verzweifelt sind und sich große Vorwürfe gemacht haben, weil sie dachten, sie haben etwas völlig verkehrt gemacht. Dabei ist das nichts Ungewöhnliches, die Beispiele sind nur besonders ausgeprägte Fälle. Kinder essen oft einseitig. Die Gründe sind verschieden.

Viele Kinder sind **Supertaster**, das heißt, sie schmecken besonders ausgeprägt und achten viel stärker auch auf die Konsistenz dessen, was sie essen. Fühlt es sich im Mund hart an, schleimig oder bröselig? Dann kann es Phasen geben, in denen nur wenige Lebensmittel ihren Kriterien „genügen“. Steckt ihr gerade in einer solchen, kann es helfen, wenn du dein Kind in die Essenszubereitung mit einbeziehst. Es sieht die einzelnen Bestandteile, darf vielleicht auch kosten und beim Kochen mithelfen. Dadurch ist es interessierter am Essen, offener für Neues und erlebt, dass es selbst etwas bewirken kann. Das sind sehr gute Voraussetzungen für ein gesundes und normales Essverhalten.

### KINDER-ESSEN UND ELTERN-ESSEN

Generell raten wir: Koch nicht zu viele Extrawürste. Einfach, um zu großen Aufwand zu vermeiden. Wenn eine*r aus eurer Familie das Essen nicht mag, stell ein (unaufwendiges!) Back-up zur Wahl, wie ein Butterbrot.

Was Spaß machen kann, sind Mahlzeiten, an denen dein Kind entscheiden kann, was es gibt. Die Kombinationen dürfen wild sein, niemand achtet auf „gesundes" Essen, sondern es geht einfach um den Spaß am Essen – und vielleicht sogar am gemeinsamen Kochen.

Gleichzeitig tut es dir gut, wenn du dir gelegentlich ein Lieblingsessen kochst oder bestellst, von dem du weißt, dass es sonst niemand mag. Für den Rest gibt es an diesem Tag dann vielleicht ausnahmsweise doch eine Extrawurst oder einfach eine Brotzeit. Es geht nur darum, dass keiner in der Familie den Spaß und die Lust am Essen verliert und sich unverhältnismäßig stark einschränken muss. Euer alle Geschmäcker zählen!

Außerdem haben Kinder eine natürliche **Neophobie** beim Essen, das heißt Angst vor Neuem. Evolutionstheoretisch eine gute Einrichtung: Kinder haben nur das gegessen, was sie kannten, und somit die Gefahr von Vergiftungen verringert. Viele Kinder sind wählerische Esser, sie müssen neue Nahrungsmittel oft sehr häufig probieren, bis sie sie annehmen. In etwa jedes fünfte Kind ist ein **Picky-Eater**, also ganz besonders eingeschränkt bei der Essensauswahl, was auch kein Problem sein muss. Generell gilt: Vor allem im Alter von 2 bis 6 Jahren sind Kinder skeptisch, was verschiedenste Nahrungsmittel angeht. Frag VERA: Darauf hast du nicht besonders viel Einfluss. Oft sind es auch nur bestimmte Phasen und über die Zeit gesehen, das heißt Wochen oder Monate, hat dein Kind alle relevanten Nährstoffe in der erforderlichen Menge zu sich genommen. Kinder essen in der Regel nicht gegen ihre Bedürfnisse.

Studien zeigen, dass diese Kinder keine Nachteile haben. Sie entwickeln sich genauso wie ihren Altersgenossen und haben so gut wie nie Nährstoffmangel oder gesundheitliche Einschränkungen.

Gehört dein Kind auch zu denen, die zu Hause superwählerisch sind, im Kindergarten oder in der Schule aber sehr gut mitessen? Das findet InKrit natürlich super: Das muss ja deine Schuld sein. Aber auch das ist kein Grund für ein schlechtes Gewissen. Die Erzieher*innen machen vermutlich nichts gravierend anders als du. Es ist eher das Gruppengefühl, das dein Kind zum Mitessen motiviert. Zwar orientiert sich dein Kind auch beim Essen an dir und an eurer Familie, manchmal hat aber seine soziale Gruppe eine noch größere Vorbildwirkung. Dann freu dich, dass es zumindest außer Haus abwechslungsreicher isst. Wieder eine Verantwortung mehr aufgeteilt, freut sich VERA mit dir!

### Das Confidimus-Prinzip und die somatische Intelligenz

Die beiden Mütter Julia Litschko und Katharina Fantl haben das Confidimus-Prinzip für die Ernährung von Kindern entwickelt, das ein entspanntes Essen in der Familie (wieder) möglich macht und Eltern viele Schuldgefühle nimmt. Das Confidimus-Prinzip ruht auf drei Säulen:

- **Rückbesinnung auf die somatische Intelligenz:** Jeder Mensch weiß von Natur aus, was ihm bekommt und was er an Nahrung braucht. Das gilt auch oder sogar besonders für Kinder. (Gut sichtbar an den Gelüsten schwangerer Frauen: Hunger auf Milchprodukte ist beispielsweise oft zurückzuführen auf einen erhöhten Calciumbedarf, die Lust auf Fleisch vielleicht auf einen gestiegenen Eisenbedarf.)

- **Vertrauen ins Kind**: vielleicht der schwierigste Part. Wenn Eltern ihrem Kind und seiner somatischen Intelligenz vertrauen, stärkt das zum einen seinen Selbstwert und zum anderen erlaubt es, Stück für Stück zu einem intuitiven Essverhalten zurückzukommen.
- **Achtsamkeit und Empathie**: Das sind wichtige Bausteine, damit das Kind nicht aufgrund von Verboten einen Verzichthunger entwickelt (in diesem Fall wird einfach gegessen, weil man lange darauf verzichten musste, nicht weil der Körper etwas aus dieser Speise benötigt) oder ungestillte emotionale Bedürfnisse (zum Beispiel nach Aufmerksamkeit) mit emotionalem Essen zu kompensieren versucht.

Praktisch geht der Ansatz davon aus, dass ein ausreichendes und vielfältiges Angebot an Nahrungsmitteln ausreichend ist, damit Kinder sich das aussuchen, was ihnen bekommt und was sie brauchen. Kategorien wie „gesund“ und „ungesund“ sind nicht nötig, sondern sogar kontraproduktiv. **Niemand, auch nicht die Eltern, soll zum Essen oder Probieren gezwungen werden,** es soll nur genügend Auswahl und Zeit vorhanden sein, damit jedes Familienmitglied seine eigene Wahl treffen kann. Schuldgefühle haben dann auf beiden Seiten nur noch wenig Boden, auf dem sie wurzeln können. Mehr dazu auf https://www.confidimus.de

### Mein Kind isst zu ungesund

Zu viele Süßigkeiten, zu wenig Obst und Gemüse und so weiter. Wir kennen kaum Eltern, die nicht zumindest ab und an Schuldgefühle haben, wenn es um die Frage geht, ob das Essen „gesund“ ist.

Das hat in den letzten Jahren und Jahrzehnten massiv zugenommen. Der Grund ist unter anderem: Wir sind überinformiert. Täglich erscheinen etwa 250 neue Studien zum Thema Ernährung, nicht alle davon sind korrekt und werden in den Medien dann auch noch verzerrt wiedergegeben. Das stört InKrit aber kaum. Sie saugt jedes Detail auf, das du aufschnappst, und baut daraus ein Schuldgefühl. Die Vielfalt dieses „Wissens“ hat leider nicht dazu geführt, dass unsere Kinder gesünder sind. Eher im Gegenteil. Weil wir massiv verunsichert sind, was überhaupt noch „gesund“ ist.

Das geht dir wahrscheinlich nicht nur bei der Ernährung deines Kindes so, sondern auch bei deiner eigenen. In den 1980er-Jahren war Fett der „Feind“, dann Kohlenhydrate, jetzt scheint es der Zucker zu sein. Würde das alles stimmen, könnten wir kaum noch etwas essen. Jahrelang waren Eier völlig verpönt – jetzt gelten sie als gesund. Beim Thema Ernährung gibt es richtige Modeerscheinungen, aber wenig belastbare Ergebnisse. Dass eine ausgewogene Ernährung gesund ist und alles im Übermaß eher ungesund, darauf kann man sich aber einigen. Auch hier gilt also: mehr Vertrauen in dein Kind und weniger Schuldgefühle.

### ENERGIELIEFERANT ZUCKER

Der Zucker ist in den letzten Jahren immer mehr in Verruf geraten – eine Entwicklung, die auch unter Ernährungswissenschaftler*innen kritisch gesehen wird. Zucker ist einer unserer wichtigsten Energielieferanten und bei maßvollem Genuss sicher nicht zu verteufeln. Einige Fachleute sprechen auch von einer „Zucker-Hysterie“, der die wissenschaftliche Grundlage fehlt. Ein generelles Verbot von Zucker scheint aufgrund der aktuellen Datenlage nicht sinnvoll – zumal gerade Kinder oft genau das besonders interessant finden, was verboten ist. Kinder haben auch bei Zucker ein Gefühl dafür, wie viel sie benötigen – und das ist eben eine individuelle Geschichte.

Vorsicht ist allerdings dann geboten, wenn Süßigkeiten in Massen gegessen werden, weil man sonst darauf verzichten muss, oder wenn emotionale Probleme durch das Essen (von Süßigkeiten) kompensiert werden. Denn dann funktioniert das intuitive Essen nicht mehr.

Übrigens sind auch Fertiggerichte nicht per se ungesund! Es gibt eine Menge Angebote, die euren Speiseplan gut ergänzen können und dich entlasten, wenn du keine Kapazitäten für aufwendige Gerichte hast. Auch hier musst du absolut kein schlechtes Gewissen haben. Ausschließlich solltet ihr euch nicht von Fertiggerichten ernähren, aber sie sind auch auf keinen Fall „verboten".

### Mein Kind isst zu viel

Manchmal kommt es dir so vor, als würde dein Kind zu viel und zu häufig essen. Meist ist das tatsächlich ein Trugschluss, bei dem du von deinen Gewohnheiten und körperlichen Voraussetzungen ausgehst.

Dein Kind hat einerseits einen deutlich kleineren Magen und muss deshalb häufiger kleinere Portionen zu sich nehmen als du. Das kommt dir dann so vor, als würde es andauernd essen.

Andererseits kann es auch sein, dass dein Kind gerade wächst. Das geschieht in Schüben, das heißt, es braucht phasenweise mehr Nährstoffe. Folglich isst es mehr.

Solltest du dich deswegen trotzdem sorgen, lass es gerne ärztlich abklären. Das gilt auch, wenn die Gewichtszunahme deutlich und dauerhaft von der Norm abweicht. Das hat aber dein Kinderarzt oder deine Kinderärztin in der Regel sowieso im Blick. Sollte hier etwas auffällig sein, könnt ihr gemeinsam besprechen, ob und wie ihr gegensteuern sollt und könnt.

### Deine Ernährung

Gelegentlich vergessen wir es, aber auch wir Mütter müssen essen! Selten denken wir so viel über unsere eigene Ernährung nach wie über die unserer Kinder. Aber wir machen uns mit ähnlichen Dingen Druck, wenn wir es denn tun: Esse ich gesund genug? Die richtige Menge? Sollte ich nicht lieber weniger Süßigkeiten verschlingen, mehr frisch kochen, noch genauer hinschauen, was eigentlich auf meinem Teller landet und so weiter? Gleichzeitig verknüpfen wir dieses Thema oft mit der Vorstellung, gewissen Schönheitsidealen gerecht werden zu müssen (→ „Hilfe, mein Körper verändert sich!"). InKrit kann sich gleich auf mehreren Feldern austoben.

Im Grunde gilt für dich genau das Gleiche wie für dein Kind: Dein Gewicht muss keinem Ideal oder Durchschnitt entsprechen, du musst dir Zucker nicht komplett verbieten und dein Essverhalten ist eben auch individuell. Natürlich hast du ein besseres Verständnis von gesunder Ernährung und mehr Einblick als ein Kind. Aber auch du kannst zum Beispiel lernen, wieder intuitiv zu essen. Essen soll auch für dich kein ständiger Stressfaktor sein, sondern im besten Fall Genuss. **Gönn dir auch mal etwas.** Ob es nun das selbstgekochte Menü ist oder die bestellte Lieblingspizza – ganz egal. Versuche, auch mit dir selbst nicht zu streng zu sein. Vielleicht könnt ihr das auch gemeinsam lernen.

## InKrit und VERA

**InKrit:** Schau dir ihr Kind an, wie schlecht es heute wieder isst. Es ist doch eh so dünn.

**VERA:** Ja, es ist dünn. Aber das darf es doch auch sein. Sie hat das extra bei der letzten Vorsorgeuntersuchung angesprochen. Es ist alles in Ordnung.

**InKrit:** Ich weiß nicht. Es ist auch so wählerisch. Das liegt bestimmt daran, dass sie so lange gestillt hat.

**VERA:** Kinder sind oft wählerisch, das ist ein ganz normales Verhalten, auf das sie genauso wenig Einfluss hat, wie andere Eltern.

**InKrit:** Trotzdem ist es unnatürlich, so lange zu stillen. Das kann nicht gut sein.

**VERA:** Das wird sogar empfohlen! Außerdem ist es ihre Entscheidung, ob und wie lange sie stillt. Oder was hättest du gesagt, wenn sie von Anfang an die Flasche gegeben hätte?

**InKrit:** Ja, das wäre auch gar nicht gut gewesen. Dann wäre ihr Kind dumm geworden und kränklich.

**VERA:** Stimmt gar nicht. Das sind veraltete Annahmen.

**InKrit:** Wenn du mal überall so gut informiert wärst. Dann hätte sie auch mit dem richtigen Brei begonnen und nicht irgendwelche Karottensticks gedünstet. Wie gesagt, kein Wunder, dass das Kind nicht richtig isst.

**VERA:** Da gibt es doch kein richtig oder falsch. Es isst, was es braucht, und so viel, wie es hungrig ist. Sie vertraut ihrem Kind. Solange es fit und gesund ist, ist alles in Ordnung.

## Hilfe, mein Kind hat sich verletzt!

Eine Schramme hier, ein blauer Fleck dort und ein gebrochenes Bein da. Dein Kind gänzlich unbeschadet durch die Kindheit zu bringen ist ein Ding der Unmöglichkeit und tatsächlich auch gar nicht erstrebenswert. Und trotzdem stresst es dich als Mama ganz besonders, dass eigentlich immer irgendetwas ist. Du kennst InKrits Vorwürfe, oder? Die nassen Haare waren die Ursache für die letzte Erkältung und weil du kurz mit einer anderen Mama auf dem Spielplatz geredet hast, ist dein Kind auf den Baum geklettert und heruntergefallen. Und wer hat Schuld? Na, du! Ist doch klar.

Ganz so einfach ist es glücklicherweise nicht, sonst hätten wir dieses Buch nicht geschrieben. Verletzt sich dein Kind, ist es nicht verkehrt, wenn du genau hinschaust und überlegst, ob du aus dieser Situation lernen kannst. Dich mit Schuldgefühlen zu quälen, ist hingegen wenig sinnvoll oder zielführend. Es ist kräfteraubend und unnötig, weil dich keine Schuld trifft und du **nicht für alles verantwortlich** bist, was den Menschen um dich herum passiert. Ja, nicht mal, wenn es um dein Kind geht.

Wende dich einmal deiner inneren Freundin **VERA** zu. Stell dir vor, wie sie dir ein Lächeln schenkt und dich beruhigt. Es ist nicht möglich, jeden Moment und jede Handlung deines Kindes zu kontrollieren. Das wäre auch überhaupt nicht sinnvoll. In den meisten Fällen ist auch das Resultat gar nicht weiter dramatisch (eine Schramme oder ein verstauchter Knöchel) und dein Anspruch, dein Kind vor jeder Verletzung zu schützen ist ehrenhaft, aber unrealistisch.

## Kinder erkunden die Welt

Du bist ein erwachsener Mensch und dir ist überdeutlich bewusst, dass du für dein Kind verantwortlich bist. Das Wissen, dass Kinder schutzbedürftig sind, hängt wie ein Damoklesschwert über dir und InKrit schwingt es mit Freuden, wenn dein Kind mit einer Beule vor dir steht. So schwer diese Verantwortung auch wiegt, du darfst Folgendes nicht vergessen: Auch, dass sich dein Kind zu einem selbstwirksamen und selbstbewussten Erwachsenen entwickelt, liegt in deinen Händen.

### GEFAHRENBEWUSSTSEIN VON KINDERN

Dein Baby oder Kleinkind KANN tatsächlich noch nicht gefahrenbewusst handeln. Ab 3 Jahren sollte dein Kind aber nach und nach die Möglichkeit erhalten, mit Gefahren umzugehen. Langfristig betrachtet schadet deinem Kind der Mangel an Erfahrungen nämlich deutlich mehr als ein paar Schrammen, die ein oder andere kleine Narbe oder sogar mal ein gebrochener Arm. Kinder, die in Watte gepackt werden, reagieren in der Regel auf zweierlei Arten darauf. Sie schlagen irgendwann komplett über die Stränge und bringen sich dadurch in viel größere Gefahren, als es die kleinen, begleiteten Alltagsgefahren gewesen wären. Oder sie entwickeln kaum Selbstvertrauen und werden sehr zurückhaltend und ängstlich.

Hinzu kommt, dass das Umfallen bei Kindern einfach ganz normal und vorprogrammiert ist. Da sich der Körperschwerpunkt im Wachstum verschiebt – von irgendwo zwischen Brust und Bauchnabel hinunter zum Becken –, fällt es Kindern um einiges schwerer, ihr Gleichgewicht zu halten, und bums: schon wieder umgefallen. Glücklicherweise sind die Knochen deines Kindes noch weicher als deine und brechen daher nicht so leicht. Und noch etwas unterscheidet dein Kind von dir: Seine Reaktionszeit ist vergleichsweise verzögert.

Deine innere Freundin VERA weiß, dass dein Einfluss hier begrenzt ist. Lade sie in solchen Momenten zu dir ein, damit du beruhigt bist. Betrachte es mal von dieser Seite: Du begleitest einen kleinen Menschen, der alles erst noch lernen, erkunden und ausprobieren muss, auf seinem Weg durch die Welt. Du machst einen verdammt guten Job.

**MAGISCHE PHASE**

Erschwerend kommt hinzu, dass dein Kind zwischen 3 und 7 Jahren eine ganz wundervolle Zeit durchlebt: die magische Phase. Diese führt zu allerlei Fantasie-Auswüchsen. Es sieht Monster im Zimmer, findet Spinnen in seiner Kleidung, spielt mit imaginären Freunden und redet mit dem Essen. Und, als wäre das nicht schon nervenaufreibend genug für dich, ist es dann manchmal auch noch ein unkaputtbarer Superheld, der fliegen kann, oder die Treppe im Haus verwandelt sich in eine Rutschbahn oder Bobby-Car-Rennstrecke. Ganz ehrlich: Wer kann da schon widerstehen? Die absurden, unglaublich kreativen Ideen, die Kinder in diesem Alter haben, kann nicht einmal die gluckigste Mutter vorhersehen.

## Was wirklich zählt: Vorbeugung und Vorbereitung

Viel sinnvoller als nagende Selbstvorwürfe ist Folgendes:

- Lerne aus Fehlern,
- beuge schlimmen Unfällen vor
- und sei auf einen wirklichen Notfall gut vorbereitet.

Aus diesem Grund haben wir dir eine Liste mit vorbeugenden Maßnahmen und einen Notfallplan mitgebracht. Damit bist du mit bestem Wissen und Gewissen vorbereitet und darfst InKrit liebe Grüße von uns und VERA ausrichten, sie möge zufrieden sein.

### So beugst du Unfällen am besten vor:

- **Kommunikation:** Klare Anweisungen können schneller und besser umgesetzt werden als Verbote, die ein „nicht" enthalten. Ein lautes *„Stopp!"* in einer Gefahrensituation ist viel wirksamer als ein *„nicht weiterlaufen!"*. Außerdem tut sich dein Kind mit einer beschreibenden Sprache leichter: *„Hier bei mir, auf dem Gehweg gehen"* ist nachvollziehbarer als *„Nicht auf die Straße laufen!"* Sprich eindeutig und klar mit deinem Kind: *„Ich will nicht nochmal sehen, dass du auf den großen Baum dort kletterst"* könnte für dein Kind auch einfach bedeuten, dass du nicht zuschauen magst und es warten soll, bis du dich umgedreht hast.
- **Gefahrenquelle Wohnraum:** Bringe Steckdosensicherungen und Treppenschutzgitter an. Letzteres, weil Treppen sich in Rutschen verwandeln können. Ersteres, weil Kinder gerne nachahmen und vielleicht gesehen haben, wie Mama oder Papa sich mit Werkzeug an der Steckdose zu schaffen gemacht hat. Heutige Steckdosen sind keine Gefahr mehr, wenn man mit bloßen Händen hineingreift. Fährt man aber mit einer Haarnadel hinein, um „Elektriker" zu spielen, wird das gefährlich. Auch Rauchmelder und Fenstersicherungen in jedem Zimmer sind eine lohnenswerte Investition, gar nicht mal so teuer und zum Teil sogar Pflicht.
- **Risikogebiet Küche:** Hier lauern ein paar richtige Gefahren, besonders für Verbrennungen und Vergiftungen. Gewöhn dir an, alle Pfannenstiele nach innen zu wenden, sodass sie vom Rand aus nicht erreichbar sind, und schütze nötigenfalls deinen Herd mit einem Herdschutzgitter. Reinigungsmittel und Medikamente (in vielen Haushalten im Bad oder in der Küche zu finden) sollten in einem gesicherten Schrank oder einer verschlossenen Box verstaut sein.

- **Badewanne & Planschbecken:** Ertrinken ist die zweithäufigste nichtnatürliche Todesursache von Kindern. Wir sagen das hier nicht, um dir Angst zu machen, sondern um den Fokus ganz klar auf das zu lenken, was wirklich vermieden werden muss. Für Kinder gilt: nicht allein lassen, egal ob Badewanne, Gartenteich, Planschbecken, Badesee oder Schwimmbad. Und zwar bis ins Schulalter hinein, bis dein Kind wirklich sicher schwimmen kann.
- **Erste-Hilfe-Kurs:** Der Besuch eines Erste-Hilfe-Kurses speziell für Säuglinge und Kinder ist auf jeden Fall lohnenswert, denn vieles aus dem Führerschein-Erste-Hilfe-Kurs ist erstens für Kinder nicht anwendbar und zweitens schon viel zu lange her, als dass du dich im Ernstfall daran erinnern könntest.

## DEIN PLAN FÜR DEN NOTFALL

Sei für den Ernstfall gerüstet. Verfasse einen Notfallplan und hänge ihn gut sichtbar an einem Platz deiner Wahl in der Wohnung auf.

Eine Vorlage findest du auf unserer Website https://mamafuersorge.com/download.

Besprich den Plan mit allen, die in eurem Haushalt leben und alt genug sind.

Für den Anfang hilft dir unsere 3-R-Regel:
- Ruhe bewahren
- Rettung rufen (Euro-Notruf 112 oder Giftnotruf)
- Reagieren

Der letzte Punkt im Notfall-Plan (Reagieren) enthält allgemeine Maßnahmen zu gängigen Unfällen wie Verschlucken, Verbrennen (usw.) und spezielle, falls jemand bei euch Allergien, Vorerkrankungen (o. Ä.) hat. Die wichtigsten Informationen dazu lernst du in einem Erste-Hilfe-Kurs, von deinem Arzt oder deiner Ärztin oder findest du im Beipackzettel von Medikamenten. Auch ein schnell griffbereites Nachschlagewerk kann hilfreich sein. Unsere Buch-Empfehlung: „Was DIE KINDERÄRZTE raten" von Dr. med. Gerald Hofner, Dr. med. Stefan Schwarz, Dr. med. Silvia Fernández Rodríguez, Dr. med. Kristin Zwenzner und Dr. med. Maria Zeising (humboldt, 2022)

## Kinder sind oft krank

Dein Kind ist krank. Schon wieder. Noch so ein Quell unangebrachter Schuldgefühle und Schimpftiraden deiner inneren Kritikerin InKrit. Und wer könnte daran schuld sein? Du, liebe Mama! Du hast nämlich die Ohren nach dem Schwimmbad nicht gut genug abgetrocknet und jetzt hat das arme Kind eine Mittelohrentzündung. Für diese Logik musst du zwar die drei anderen Kinder in der Kindergartengruppe, die ebenfalls stark erkältet sind, ausblenden, aber bei solchen Dingen ist dir InKrit immer gern behilflich.

Krankheiten gibt es zu viele, um hier auf die vielen unterschiedlichen Faktoren einzugehen, die zu ihrer Entstehung führen. Kinder sind wirklich häufig krank, vor allem im Kleinkindalter, wenn sie zum ersten Mal vermehrt mit anderen Kindern in Kontakt kommen. Das ist ganz normal, ihr Immunsystem lernt in dieser Zeit dazu. Im Durchschnitt sind 12 Infekte pro Jahr nicht ungewöhnlich – und das sind nur die, die du mitbekommst. VERA versichert dir, dass du darauf eigentlich keinen Einfluss hast, das kannst du nicht kontrollieren.

Wir wollen dich einladen, dich künftig selbst mit diesen vielen Einflüssen auseinanderzusetzen und sie mitzudenken. Dafür, und auch für ganz viele andere Situationen, in denen du dir mal wieder ein schlechtes Gewissen machst, haben wir dir die **Ich war's nicht!-Übung** mitgebracht.

### ICH WAR'S NICHT!

Wenn dein Kopf Gedankenschleifen dreht, in denen es vor allem darum geht, was du getan oder gelassen hast, weswegen dann dies oder jenes geschehen ist, dann durchbrich das Grübeln mit einem lauten *„Ich war's nicht!"*.

Schreibe anschließend mindestens drei Dinge auf ein Post-It, die ebenfalls Einfluss darauf hatten, dass passiert ist, was nun mal passiert ist.

In unserem Beispiel, der Mittelohrentzündung deines Kindes, würdest du vielleicht diese drei Überlegungen auf den Klebezettel schreiben:

- Erkältung im Kindergarten aufgeschnappt.
- Häufige Begleiterscheinung von Erkältungen, da die kindliche Ohrtrompete noch sehr eng ist und leichter verstopft.
- Das Immunsystem lernt noch.

Am Ende der Übung darfst du dir gerne vorstellen, wie du diesen Klebezettel deiner inneren Kritikerin genüsslich auf die Stirn klebst. *„Hier für dich – ich war's nicht!"*

## InKrit und VERA

**InKrit:** Na guck an, ein blutiges Knie! Bravo Mama.

**VERA:** Ja, das ist ärgerlich, aber lass sie in Ruhe. Das gehört zum Fahrrad fahren lernen einfach dazu.

**InKrit:** Sie hätte das Kind vielleicht noch länger festhalten sollen. Sie hat zu früh losgelassen.

**VERA:** Loslassen ist wichtig. Schau, wie stolz es ist, weil es ein paar Meter allein gefahren ist. Es wird es wieder versuchen. Und ganz bestimmt irgendwann schaffen.

**InKrit:** Unverantwortlich. Genau wie der Besuch bei Freunden, als deren Tochter die Windpocken hatte. Und dann hatte ihr Kind sie auch!

**VERA:** Woher hätte sie das wissen sollen? Das konnte sie nicht voraussehen. Sie trägt keine Schuld.

**InKrit:** Aber das arme Kleine hat sich tagelang gekratzt! Es war furchtbar.

**VERA:** Das war es wirklich. Es hat ihr sehr leidgetan und sie hat sich wunderbar gekümmert. Vermeidbar wäre es aber nicht gewesen.

**InKrit:** Ihr macht es euch wieder einfach.

**VERA:** Nein, sie ist nur fair zu sich selbst. Sie kann nicht alles kontrollieren oder vermeiden und trägt nicht für alles die Verantwortung.

# Hilfe, ich bin krank!

Mütter werden krank. Auch du. Du bekommst die Grippe, einen Bandscheibenvorfall oder psychische Probleme – alles im Bereich des Möglichen, auch wenn wir es dir selbstverständlich nicht wünschen. Manche Mütter sind oder werden auch chronisch krank, haben immer wieder Krankheitsphasen, in denen sie „ausfallen", sich mehr schonen oder sogar ins Krankenhaus müssen. *„Eine Mutter wird nicht krank!"*, hast du sicher schon gehört. Vermutlich auch von InKrit. Stimmt aber nicht. Jede*r wird krank und das ist kein Grund, sich noch zusätzlich ein schlechtes Gewissen zu machen. Auch du hast ein Recht darauf, dich auszuruhen und unterstützt zu werden, wenn du körperlich oder seelisch nicht gesund bist. Der Mythos der sich stets aufopfernden Mutter (→ „Hilfe, bin ich jetzt nur noch Mutter?!") sorgt nicht nur für Schuldgefühle, sondern steht tatsächlich deiner Genesung im Weg. Tausch dich mal mit VERA aus: Es ist nur sehr bedingt beeinflussbar, ob man krank wird. Du hast dir das nicht ausgesucht. Du hast dich nicht aktiv dafür entschieden, sondern die Krankheit ist ein Umstand, für den du absolut nichts kannst. Du wirfst ja auch deinem Kind nicht vor, dass es krank ist, und es käme dir nicht in den Sinn, es dafür zu verurteilen, dass es in solchen Situationen mehr Hilfe braucht als sonst. Sei also auch dir gegenüber gnädig – denn Kranksein an sich ist belastend genug.

## Wenn Mamas krank sind

Bei den alltäglichen, heilbaren Krankheiten, die dich nur vorübergehend beeinträchtigen oder aus dem Verkehr ziehen, ist die Realität leider oft folgende: Du zwingst dich mit letzter Kraft dazu, dich um Kind und den Haushalt zu kümmern, stehst mit Fieber am Herd oder begleitest dein Kind mit Schmerzen zum Turnen und so weiter. Wir wissen, dass dir das oft als einziger gangbarer Weg erscheint – du kannst dein Kind ja nicht sich selbst überlassen. Aber es gibt einen anderen Weg, den wir dir um deiner Gesundheit willen ans Herz legen: **Hol dir in diesen Situationen Hilfe.** Je besser du dich ausruhen kannst, je mehr du für deinen Körper sorgen kannst, desto besser und schneller kannst du gesund werden.

### Um Hilfe bitten ist kein Tabu

Um Hilfe zu bitten ist nicht schwach, sondern ein Zeichen von Stärke. Wenn du dir Hilfe suchst, übernimmst du Verantwortung für dein Kind und für dich, für euer Wohlergehen. Du sorgst für dich. Auch wenn es dir im ersten Moment nicht so leichtfällt, trau dich und hole dir Unterstützung. Sicher hast du Menschen um dich, die dir gerne unter die Arme greifen: dein Kind betreuen, Einkäufe übernehmen, dich bei Arztbesuchen begleiten und so weiter.

Manchmal hält uns die Tatsache, dass wir aktuell keine Gegenleistung erbringen können, davon ab, konkret um Hilfe zu bitten. Aber die Wechselseitigkeit von Hilfe ist viel genereller: Du kannst für die Hilfe im Krankheitsfall nicht direkt etwas zurückgeben, dafür hast du deiner Freundin vielleicht beim letzten Umzug geholfen oder für den Nachbarn regelmäßig die Post angenommen. Hilfeleistungen und soziale Unterstützung knüpfen ein großes Netz, von dem du ein Teil bist. Außerdem **macht helfen glücklich**. Der Körper schüttet belohnende Hormone aus, wenn wir anderen behilflich sind. Du musst also in keinem Fall ein schlechtes Gewissen haben, um Hilfe zu bitten. Trau dich. Vielleicht kannst du dabei schon auf ein bestehendes Netzwerk zurückgreifen, das ist optimal. Oder aber du nimmst deine akute Situation als Anlass, ein Dorf um dich zu bauen, das dich nicht nur in Notlagen unterstützt.

Wenn dir nicht ganz klar ist, wie du das anstellen kannst, empfehlen wir dir unser Buch „Die Klügere gibt ab“ (humboldt, 2022), in dem wir dir Schritt für Schritt dabei helfen, Entlastung zu finden.

### Zeiten ohne Hilfe überbrücken

Natürlich wird es immer mal wieder Momente geben, in denen du krank bist, aber die Zeit mit Kind überbrücken musst. Für diese Phasen gilt: Erlaubt ist, was guttut! Vergiss eure Regeln für Medienkonsum (→ „Hilfe, mein Kind sieht zu viel fern!“), lümmelt euch gemeinsam ins Bett, lasst es euch dort gutgehen, seht gemeinsam Filme, kuschelt, esst auch im Bett. Keine Sorge! Was du jetzt einreißen lässt, ist nicht für immer verloren. Erkläre deinem Kind, warum es jetzt ausnahmsweise so ist, und kommt langsam wieder zum Normalzustand zurück, wenn es dir besser geht. Macht es euch für diese begrenzte Zeit einfach und gemütlich. Je nachdem, wie es dir geht, gibt es auch einige Spiele, die dein Kind beschäftigen, und bei denen du liegen bleiben kannst.

#### HORIZONTAL PARENTING: SPIELE IM LIEGEN

Wenn deine Kraftreserven aufgebraucht sind, vor allem bei Krankheit, willst du einfach nur liegen. Dein Kind will aber dennoch spielen – es ist ja fit. Hier einige Anregungen, was ihr zusammen erleben könnt, während du dich in der Waagerechten befindest:

- Macht das Bett zur Höhle – dein Kind darf Decken, Kissen und Tücher bringen, um es euch richtig gemütlich zu machen und vielleicht gemeinsam Bücher anzuschauen.
- Baut eine eigene Bett-Welt auf: Legofiguren und Spielzeugautos, Kartons als Häuser und Tücher als Meere. Der Fantasie sind keine Grenzen gesetzt. Du bist der schlafende Riese oder der große Berg, der die Landschaft dominiert.
- Belegt zusammen eine Pizza, das heißt euren Rücken: Massage ist so schon für die Kleinsten machbar, die den Teig kneten, ausrollen und anschließend belegen. Je nachdem, wie es dir geht, bist du entweder Pizza oder Bäcker oder ihr wechselt euch ab.

- Vielleicht möchte dein Kind dich auch verarzten. Eventuell habt ihr einen kleinen Spielzeug-Arztkoffer, oder ihr plündert für diesen Fall den Verbandskasten. Kinder freuen sich, wenn sie der kranken Mama „helfen" können.
- Oder ihr macht das Licht aus und versucht es mit Schattenspielen. Mit etwas Glück springt dabei noch ein gemeinsames Nickerchen raus.

Ihr habt bestimmt noch viele weitere Ideen, wie man rund ums Krankenbett spielen kann. Achte nur darauf, dass es dir nicht doch zu viel wird.

### Vorbild sein

Dein Kind lernt von dir einen gesunden und angemessenen Umgang mit Krankheit. Nicht nur dann, wenn du es gesund pflegst, sondern auch, wenn du selbst die Patientin bist. Irgendwann ist es auch für sich selbst verantwortlich, muss auf die Zeichen seines Körpers hören und dann eine Pause einlegen, wenn sie nötig ist. Gut, wenn du ihm das schon in seiner Kindheit vorgelebt hast. In unserer Leistungsgesellschaft neigen wir sehr dazu, uns auch im Krankheitsfall kaum Ruhe zu gönnen: Wir versuchen weiter zu funktionieren oder zumindest schnellstmöglich wieder „einsatzbereit" zu sein. Natürlich möchte jede*r gesund werden, aber dazu gehört auch ein bisschen Geduld. Auf beiden Seiten. Dein Kind ist ab einem bestimmten Alter (so ab dem 3./4. Lebensjahr) durchaus in der Lage, ein wenig Rücksicht zu nehmen. Und auch vorher spürt es oft intuitiv, wenn Mama etwas mehr Ruhe braucht.

Wichtig ist für dich: **Du musst nicht die Heldin spielen.** Auch wenn du dich im Krankheitsfall nicht 100 % kümmern kannst, macht dich das nicht zur schlechten Mutter. Du machst, was du kannst und achtest auf euch alle.

## Chronisch kranke oder behinderte Mama

Leidest du unter einer chronischen Krankheit oder einer Behinderung, begleitet dich diese ein Leben lang – und somit auch dein Kind. Du kämpfst mit ähnlichen Schuldgefühlen, wie bei akuten Krankheiten („Zu wenig Zeit für die Kinder", „Nicht funktionieren" usw.) aber es kommen einige Sorgen hinzu. Diese haben ihre Berechtigung, sollen dich aber nicht als permanente Schuldgefühle begleiten.

Auch und gerade bei chronischen Krankheiten und Behinderungen möchten wir noch einmal darauf hinweisen, dass es sehr entlastend sein kann, sich Hilfe zu suchen.

Davon abhängig wie sehr dich deine Krankheit/Beeinträchtigung einschränkt, unterscheidet sich euer Alltag etwas von dem anderer Familien. Vielleicht musst du regelmäßig Medikamente nehmen, zu Untersuchungen gehen oder bist sogar häufiger im Krankenhaus. Womöglich bist du körperlich eingeschränkt, sodass ihr gewisse Aktivitäten nicht gemeinsam ausüben könnt. Wahrscheinlich kritisierst du dich dafür ab und an selbst, hast ein schlechtes Gewissen, dass deine Krankheit einen solchen Einfluss hat. Musst du aber nicht!

VERA erinnert dich daran, dass du das nicht mit Absicht tust und das nicht kontrollieren kannst. Du hast, wie jeder andere Mensch, bestimmte Grenzen. In einer Familie muss man immer aufeinander Rücksicht nehmen und für Kinder ist das häufig selbstverständlich. Jedes Familienmitglied hat unterschiedliche Stärken und Schwächen. Hab deshalb auch keine Schuldgefühle, wenn beispielsweise dein Partner aufgrund deiner Erkrankung mehr Aufgaben übernimmt, als du. Gerecht heißt nicht immer, alles 50:50 aufzuteilen (→ „Hilfe, wir streiten uns dauernd!"). Sondern es ist gerecht, wenn alle Bedürfnisse gehört und Grenzen gewahrt werden (eventuell auch mit professioneller Hilfe).

### KINDER SIND ANPASSUNGSFÄHIG

Wenn du schon seit der Geburt deines Kindes krank bist, muss es sich auch gar nicht umstellen. Dann wird ihm, vor allem im Kleinkindalter, vielleicht gar nicht auffallen, dass es bei euch anders läuft. Aber auch, wenn du die Diagnose bekommen hast, als dein Kind schon auf der Welt war: Kinder können sich an Änderungen in der Familiensituation durchaus anpassen, wenn ihnen Zeit gelassen wird und sie die nötigen Erklärungen bekommen.

Der Alltag deines Kindes dreht sich nicht nur um deine Krankheit, auch wenn es sich vielleicht für dich manchmal so anfühlt. In Betreuungseinrichtungen und mit anderen Bezugspersonen spielt diese gar keine Rolle. Dort ist der Alltag deines Kindes dem anderer Kinder sehr ähnlich.

**VERA** freut sich, denn dein Kind wird es genießen, mit deinem Partner, Großeltern oder Freund*innen etwas zu unternehmen. Du bist nicht die einzige, die seinen Alltag prägt, das ist nicht deine alleinige Verantwortung. Es ist für alle Seiten ein Gewinn, wenn dein Kind ab und an die Gelegenheit bekommt, mit anderen Bezugspersonen etwas Neues auszuprobieren oder zu erleben. Nebenbei lernt es auf diese Weise, wie unterschiedlich Lebensentwürfe und Realitäten aussehen können und wird feinfühlig für seine Mitmenschen. Sieh es als Chance, dass dein Kind so Vielfalt kennenlernen und Toleranz entwickeln kann.

## CHRONISCH KRANK OHNE SCHLECHTES GEWISSEN

Tipps von Expertin Fabiola M.

*Fabiola M. ist selbst chronisch krank und hat drei Kinder zu Hause. Ihre Erkrankungen verlaufen in Schüben. Sowohl in den Schubzeiten, als auch in Remissionszeiten, also Phasen, in denen die Erkrankungen ruhen, ist ihr Familienalltag deutlich eingeschränkt. Von diesem Alltag erzählt sie auch auf Instagram, Facebook und YouTube als „MamamitCröhnchen".*

„Wenn ich mal ‚nur' erkältet bin, dann weiß ich, dass ich bald wieder auf den Beinen bin. Der Alltag steht dann nur für kurze und für eine absehbare Zeit etwas still. In Schubzeiten sieht das leider ganz anders aus. Ich weiß nie, wie lange der nächste Schub anhält, wie schwer er ist, ob ein Krankenhausaufenthalt nötig ist, oder gar eine OP. Und dann kommt es unweigerlich, das schlechte Gewissen meinen Kindern gegenüber. Ich bin nicht alleinerziehend, doch der Vater ist täglich bis spät abends weg, da er selbstständig ist. Ich arbeite vormittags von daheim aus. Ein ziemlicher Luxus für uns. Und dennoch habe ich oft das Gefühl, ich kann meinen Kindern nicht gerecht werden. Sie müssen dann viel Verständnis haben, weil wir nicht wie gewohnt zum Training fahren können, weil wir nicht zusammen toben können, nicht raus gehen können, es wieder bestelltes Essen zu Mittag gibt. Mama liegt wieder auf dem Sofa und braucht viel Ruhe.
Mit der Zeit wird man kreativ und entwickelt Strategien, um den Alltag so gut es geht zu meistern. Zum Beispiel das Badezimmer, und sei es noch so klein, in ein Spielzimmer zu verwandeln, oder Sofa und Bett in eine Kuschelhöhle und den ganzen Tag Fernsehen zu schauen, oder Freund*innen und Familie um Unterstützung zu bitten. Die Prioritäten werden in solchen Zeiten ganz neu gesteckt und anstatt einem Terminplan nachzugehen und nach festen Zeiten zu essen, leben wir in den Tag hinein und schauen, wie spontan wir umgestalten können und müssen.

Ohne Druck, ohne Stress. Der Haushalt läuft nicht weg, die Kinder verhungern nicht und ein paar Tage in der Wohnung rufen keinen Vitamin D-Mangel hervor.
Es braucht nicht nur Zeit, um wieder auf den Damm zu kommen, sondern unter anderem auch viel Verständnis und Entschleunigung. Meine Kinder wachsen mit den Hindernissen der Erkrankungen auf. Natürlich ist es nicht immer einfach für sie, doch sie profitieren auch davon. Sie sehen eine Mutter, die manchmal schwach ist und Schmerzen hat, die sich das Recht nimmt, Selbstfürsorge zu betreiben, und sehen dann eine Mutter, die irgendwann wieder stabil genug ist, dass wir wieder mehr zusammen unternehmen können und ich mich ihnen wieder mehr widmen kann.
Trotz all dieser Ratschläge und Tipps kann ich am Ende noch eines sagen und garantieren: Das schlechte Gewissen klopft immer mal wieder an. Der Gedanke kommt mir manchmal, dass es vielleicht verantwortungslos war, Kinder zu bekommen. Sie machen sich immerhin auch Sorgen um mich. Die positiven Dinge überwiegen jedoch um einiges. Ich bin immer, egal wie schlecht es mir geht, in der Lage meinen Kindern die Liebe zu geben, die sie verdienen und sie schenken sie mir doppelt zurück. Sie geben mir die mentale Kraft, die mir manchmal fehlt."

**PROFESSIONELLE HILFE**

Du kannst auch auf professionelle Hilfe zurückgreifen. Laut dem deutschen Bundesteilhabegesetz haben alle Mütter und Väter in Deutschland zur Betreuung und Versorgung ihrer Kinder einen Anspruch auf Assistenz. Stichworte sind „Elternassistenz" und „begleitete Elternschaft". Informationen und Beratung findest du zum Beispiel beim Bundesverband behinderter und chronisch kranker Eltern e. V. unter https://www.behinderte-eltern.de.

## Mit deinem Kind über Krankheit sprechen

Deine Schuldgefühle werden sich schneller vom Acker machen, wenn du über deine Krankheit und deine damit verbundenen Sorgen sprichst. Auch mit deinem Kind. *„Das geht doch nicht, du kannst unmöglich dein Kind damit belasten!“* – wirft InKrit ein. Glaubst du, dein Kind kann das gar nicht verstehen? Weißt du vielleicht auch gar nicht, wie du mit ihm darüber sprechen sollst? Es ist nicht leicht, aber sehr wichtig. Denn andernfalls macht sich dein Kind Sorgen und gibt sich womöglich selbst die Schuld, wenn es Veränderungen in deinem Verhalten oder deiner Stimmung (im Falle einer psychischen Erkrankung) bemerkt. Gespräche über alle Arten von Krankheit sind wertvoll für alle Familienmitglieder.

**Erkläre.**
Benenne, wenn möglich, deine Krankheit und finde altersgerechte Beschreibungen. Es gibt wirklich gute Kinderbücher zu diesem Thema, die für dich die richtigen Worte finden. Besprecht sie gemeinsam, damit du eventuelle Fragen dann in eigenen Worten beantworten kannst. Sei dabei offen und ehrlich. Eine Auswahl an empfehlenswerten Büchern findest du auf unserer Website https://www.mamafuersorge.com. Beschreibe deinem Kind, was getan werden kann und was getan wird.

**Höre zu.**
Wenn ihr darüber sprecht, wie es dir geht, wird dein Kind vielleicht versuchen, das Gehörte in sein eigenes Leben einzuordnen. Dafür findet es dann Vergleiche, die dir manchmal nicht so passend vorkommen. Schmettere sie nicht ab. Solche Vergleiche sind eine riesengroße Chance für euch beide. Über diese könnt ihr euch langsam an deine Krankheit herantasten und euch besser verstehen – gegenseitig.

### Gib dem Gespräch Raum.

Schaffe Raum, in dem dein Kind alles sagen und fragen kann und darf. Das heißt, gib dem Gespräch über die Erkrankung Zeit und Gelegenheit. Signalisiere mit deiner Haltung, dass darüber immer gesprochen werden darf, wenn jemandem danach ist. Und greife selbst das Thema immer mal wieder auf, damit es nicht unter den Teppich gekehrt wird. Eröffne deinem Kind aber auch die Möglichkeit, sich einer anderen Person anzuvertrauen. Tu das selbst auch, indem du wichtige Bezugspersonen deines Kindes informierst und sie um Hilfe bittest. Niemand sollte dein Kind zu einem Gespräch drängen, gleichzeitig solltet ihr nicht davor zurückschrecken, Gesprächsangebote zu machen.

### Entlaste und nimm deinem Kind die Angst.

Wir alle können krank werden, davor ist niemand gefeit. Du, Mama, bist nicht schuld daran, dass du krank geworden bist. Es ist wichtig, dass du das weißt. Und genauso wichtig ist es, dass dein Kind weiß, dass es ebenfalls keine Schuld trägt. Versuchen Kinder sich selbst unsere komplexe Welt zu erklären, finden sie Zusammenhänge, wo gar keine sind. Dann setzt sich in ihnen der Gedanke fest, dass Mama krank wurde, weil sie ihr Zimmer nicht aufgeräumt haben (zum Beispiel). Sie versuchen so, sich ihre Welt zu erklären, die gerade etwas aus den Fugen geraten ist. Eure offene und ehrliche Kommunikation über die Erkrankung wird dabei helfen, dass dein Kind weiß, dass niemand für die Krankheit verantwortlich ist, es selbst eingeschlossen. Handelt es sich um eine psychische oder nichtübertragbare Krankheit, erkläre deinem Kind, dass es auch keine Sorge haben muss, sich anzustecken und ebenfalls (schwer) krank zu werden.

**Vermittle die folgenden Botschaften:**

- Mama hat Menschen, die ihr helfen.
- Du trägst keine Schuld an Mamas Krankheit.
- Du darfst jede Frage stellen, die dir einfällt.
- Du darfst Spaß haben, deine Freund*innen treffen, deinen Hobbys nachgehen.
- Du darfst mit einer Person, der du vertraust, über alles sprechen, was dich beschäftigt.

## Kindliche Widerstandskraft

Dein Kind hat einen Schutzschirm, der ihm hilft, Belastungen wie zum Beispiel die Krankheit der Eltern abzufedern. Dieser Schutzschirm ist die psychische Widerstandskraft deines Kindes, seine Resilienz. Er besteht aus persönlichen Faktoren, die dein Kind in sich trägt, sowie aus familiären und sozialen Anteilen, die von außen gestärkt werden können. Darüber hinaus gibt es für eure Lebenslage ganz spezifische Schutzfaktoren. Diese haben wir dir im vorhergehenden Absatz bereits vorgestellt:

- Der offene Umgang mit der Erkrankung sowie
- altersgerechte Aufklärung über die Krankheit und ihre Behandlung

schützen dein Kind davor, sich schuldig zu fühlen, vor Ängsten, Grübeleien und davor, sich zurückzuziehen.

### Kindliche Widerstandskraft fördern

Das Leben stellt euch immer wieder vor Herausforderungen, das gilt auch für dein Kind und über deine Erkrankung hinaus. Es lohnt sich also so oder so, die eigene und die kindliche Widerstandskraft zu stärken. Wir haben dir ein paar Tipps und Übungen mitgebracht, mit denen dir/euch das gelingt.

- Unterstütze dein Kind bei Problemlösung und -bewältigung. Gib ihm also Anregungen und hilf ihm, ohne direkt einzugreifen und ihm das Problem abzunehmen. Anregungen können folgende Fragen sein: *„Wie sieht das Problem genau aus? / Was kannst du tun? / Fällt dir noch was ein? / Was denkst du, wird passieren, wenn du dies oder jenes tust? / Wer könnte dir dabei helfen?“* Und am Ende nicht vergessen: *„Hat es geklappt? / Wie geht es dir jetzt damit?“*
- Vermittle deinem Kind eine außerfamiliäre Vertrauensperson. Das kann jemand verwandtes sein, ein Pate oder eine Vertrauenslehrerin. Jemand, dem dein Kind vertraut und von dem dein Kind weiß, dass es auch für dich vollkommen okay ist, wenn es mit ihm oder ihr über seine Sorgen und Ängste spricht. Mit dieser Vertrauensperson kann dann auch ein **Krisenplan** (Vorlage auf https://www.mamafuersorge.com/download) erstellt werden, der Sicherheit gibt und greift, wenn deine Krankheit schlimmer wird und/oder du in die Klinik musst.
- Sprich wertschätzend und stärkend mit deinem Kind. Manche Formulierungen transportieren besonders unterstützende Botschaften. *„Ich verstehe dich. / Lass dir Zeit. / Ich vertraue dir und deinen Fähigkeiten. / Wenn du reden magst, ich bin hier. / Du bist nicht allein. / Du schaffst das. / Ich bin stolz auf dich. / Wir sind eine Familie, wir helfen einander. / Was denkst du dazu?“*

- Lass dein Kind teilhaben und mitentscheiden. Die Erfahrung, ernstgenommen zu werden und etwas bewirken zu können, schützt vor dem Gefühl der Hilf- und Machtlosigkeit. Wer gefragt wird und Entscheidungen treffen darf, findet innere Stärke, Mut und Zuversicht.
- Bewahre gemeinsam mit deinem Kind den Blick auf das Positive im Leben. Fragt euch jeden Abend im Bett oder beim Abendessen: *„Woran hast du heute Freude gehabt?“*
- Hilf deinem Kind, Gefühle zu erkennen und zu benennen. Das gelingt dir, indem du deine Gefühle beschreibst, aber auch, indem ihr aktiv über Gefühlswelten sprecht. Zeichnet dafür runde Gesichter mit allen möglichen Gefühlsausdrücken (traurig, fröhlich, ängstlich, wütend), benennt sie und überlegt Situationen, in denen ihr euch so gefühlt habt.
- Erstellt gemeinsam eine Liste mit Dingen, die euch guttun und euch Spaß machen. Wenn ihr jetzt nichts davon machen könnt, überlegt, was davon dein Kind mit jemand anderem machen mag oder hebt euch diese Liste auf, für die Zeit, wenn es dir wieder besser geht.

## InKrit und VERA

**InKrit:** Jetzt kann das Kind schon wieder nicht zum Schwimmunterricht, weil sie „Kopfweh“ hat. Immer steht es hintenan.

**VERA:** Sie hat nicht „Kopfweh“ – sie hat Migräne. Das hat sie sich nicht ausgesucht und das ist nichts, wofür sie sich schuldig fühlen muss. Auch für „normale“ Kopfschmerzen nicht.

**InKrit:** Aber ein Kind wollte sie trotzdem haben, obwohl sie wusste, dass sie immer wieder diese Attacken hat. Verantwortungslos.

**VERA:** Ja, sie hat sich gemeinsam mit ihrem Mann für das Kind entschieden. Und die schönen Momente, die sie als Familie teilen, wiegen das hundertfach wieder auf.

**InKrit:** Glaubst du, das denkt ihr Kind auch, wenn es immer wieder im Alltag auf sie Rücksicht nehmen muss?

**VERA:** Bestimmt wird sich ihr Kind manchmal darüber ärgern, das kann ich ihm nicht verübeln. Das ist jedoch nicht die einzige Erfahrung, die es macht.

**InKrit:** Trotzdem hat es nichts von ihr, wenn sie so abwesend ist. Geistig und körperlich.

**VERA:** Aber du sagst doch, sie kann ihm nicht alles zumuten. Manchmal muss sie sich eben zurückziehen. Im Sinne aller. In dieser Zeit sind wunderbare Menschen für ihr Kind da. Es ist nicht allein.

**InKrit:** Ah, also hat sie schon wieder andere um Hilfe angebettelt. Die kriegt echt nichts allein hin.

**VERA:** Doch, sehr viel! Gerade wenn es ihr nicht gutgeht, ist das eine große Leistung. Aber eben nicht alles. Deshalb hat sie um Hilfe gebeten, nicht gebettelt. Das ist verantwortungsbewusst und mutig.

# MUTTERSCHAFT

*Mama zu werden ist etwas Wunderbares. Diese Veränderung ist aber auch mit Ängsten und Unsicherheiten verbunden. Wie oft hast du dich seither schon gefragt, ob du eine gute Mutter bist? Und wie oft hast du gehört, wie eine solche „gute Mutter“ zu sein hat? Ständig wirst du als Mama bewertet. Deshalb schauen wir uns jetzt gemeinsam an, wie du deine Rolle als Mama so gestalten kannst, dass du zufrieden bist – und Kritiker*innen dich in dieser Hinsicht nicht mehr verunsichern können.*

Die Geburt deines Kindes ist ein unwiderruflicher Wendepunkt in deinem Leben, der dich in vielen verschiedenen Bereichen verändert. Diese vielen Veränderungen, die gewaltige Verantwortung und die intensive Verbindung, die viele Mütter für ihr Baby empfinden, führen nicht selten auch zu reichlich Unsicherheit. Gibt es diese bedingungslose Mutterliebe oder ist sie ein gesellschaftliches Konstrukt? Wenn es sie gibt, woran ist sie geknüpft? Musst du instinktiv wissen, was dein Kind braucht oder gibt es ein Bauchgefühl, das dich leitet? Wie viel Mama braucht so ein Kind eigentlich und wie muss sie sein? Was ist mit anderen Bezugspersonen und Außer-Haus-Betreuung? Schon allein diese Fragen können zu sehr viel Kopfzerbrechen führen.

Als wäre das nicht mühsam genug, bieten das Thema Mutterschaft und die Frage, wie wir sie leben, auch noch jede Menge Angriffsfläche. Spitze Bemerkungen und vorwurfsvoll-neugierige Fragen kaschieren oft nur Kritik. Im Gegensatz zu dir freut sich InKrit darüber.

Ihre Kritteleien speisen sich aus

- dem Mutterbild, das du in deiner Kindheit kennengelernt hast,
- dem Mutterbild, das heute vermittelt wird,
- den Bemerkungen, Erwartungen und Ansprüchen anderer
- sowie aus deinen eigenen Ansprüchen an dich als Mutter.

Mit all diesen – teils widersprüchlichen – Annahmen ausgestattet befeuert sie dein schlechtes Gewissen. Wehe, du bist nicht gleich superglücklich, wenn das Baby endlich in deinen Armen liegt! Oder du nimmst dir zu viel me-time! Du gehst wieder arbeiten und dein Kind in die Betreuung? Wie kannst du nur? Du gehst nicht arbeiten und liegst deinem Mann auf der Tasche? Sowas aber auch! Und, und, und.

Rund ums Mamasein gibt es sehr viel Potenzial für (Selbst-)Vorwürfe und du wirst sehen, dass InKrit auch in diesem Fall eine Nummer zu streng mit dir ist. Für den Start haben wir dir eine Übung mitgebracht, die dir auch bei ganz vielen anderen Themen gute Dienste leisten wird: das Reframing.

## WECHSLE DIE PERSPEKTIVE

Wenn wir etwas „reframen", geben wir einer Aussage oder einem Ereignis einen anderen, nützlicheren Rahmen. Es ist kein „Schönreden", sondern ein Perspektivenwechsel, weg von einer negativen Sicht der Dinge hin zu einer positive(re)n Deutung. Langfristig wirkt es Selbstvorwürfen und Grübelschleifen entgegen und erhöht deine geistige Beweglichkeit, deinen Optimismus und deine psychische Widerstandsfähigkeit.

**Ein Beispiel:**

Dein Sohn ist vom Baum gefallen. Du denkst: *„Ich bin eine solche Rabenmutter, weil ich nicht aufgepasst habe."* Aus dir spricht InKrit.

**Umdeutung:**

*„Ich traue meinem Sohn viel zu und fördere seine Selbstständigkeit und seinen Entdeckergeist. Und auch eine Schramme kann eine wertvolle Erfahrung sein, wenn man sie selbst gemacht hat."* Das ist VERAs Stimme.

Es kann ein bisschen dauern, bis du die Technik des Umdeutens verinnerlicht hast. Gib dir selbst die Zeit und übe es stetig, wenn eine negative Aussage in deinem Kopf ihre Kreise zieht. Schreibe sie auf einen Zettel und suche ganz bewusst nach einer anderen, positiveren Bedeutung. Du musst nichts erfinden, es gibt immer auch eine andere Sichtweise. Wenn du keine findest, frag deinen Partner oder Freund*innen.

## Hilfe, mir fehlt der Mutterinstinkt!

Dein Kind ist da und du weißt nicht, was zu tun ist? Müsste da nicht ein magischer Schalter umgelegt werden und dich sofort in eine Supermutter verwandeln, die genau weiß, welches Weinen was bedeutet und was dein Kind jetzt gerade braucht? Besonders beim ersten Kind bist du wahrscheinlich verunsichert: Wieso funktioniert Stillen nicht intuitiv und ganz einfach, wenn es doch ein so natürlicher Vorgang ist? Was musst du bei der Nabelpflege, beim Wickeln, beim Schneiden der Nägel und beim Säubern der Ohren deines Babys beachten? Wie beruhigst du dein Neugeborenes, wenn es heftig weint und du selbst in Stress gerätst? Wie hältst oder trägst du es richtig? Wo soll es schlafen? Wann und wie oft musst du es füttern? Wie viele Reize sind gut, wann wird es dem Baby zu viel? Woran erkennst du das?

Wenn all diese Fragen auf dich einprasseln, wirft sich InKrit in Pose und legt los: *„Du hast dich nicht gut genug vorbereitet! Sonst würde dir das jetzt nicht so schwerfallen! Was bist du nur für eine Mutter, die nicht weiß, was mit ihrem Kind los ist, was es gerade braucht? Eine gute Mutter müsste nicht herumprobieren, die wüsste instinktiv, was zu tun ist!“*

STOPP.

Was bringt dich zu der Annahme, du müsstest das alles können, fühlen und wissen? Weil es schon seit tausenden von Jahren ohne Geburtsvorbereitungskurs klappt? Weil es doch naturgegeben, evolutionär und genetisch ist? Ist es das? Gibt es einen Mutterinstinkt? Einen „Brutpflegeinstinkt“?

So ganz endgültig hat die Forschung diese Frage noch nicht beantwortet. Ein komplett **intuitives „Brutpflegeprogramm“**, wie es bei manchen Tierarten zu finden ist, gibt es beim Menschen definitiv nicht. Was die Forschung jedoch zeigen konnte ist, dass fürsorgliches Verhalten hormonell unterstützt ist. Bei Frauen UND Männern. Eng damit in Verbindung gebracht werden die beiden Hormone Prolaktin, das die Milchbildung anregt, und Oxytocin, das Kuschelhormon. Dein Körper schüttet letzteres aber nicht nur bei der Geburt deines Kindes aus, sondern auch, wenn es dich anlächelt, wenn ihr kuschelt oder du es küsst, wenn ihr euch berührt, streichelt oder gemeinsam lacht, wenn du es umsorgst. Da ist es nicht verwunderlich, dass Adoptiveltern hormonell betrachtet leiblichen Eltern in nichts nachstehen. Weder im Ausmaß ihrer Liebe noch ihrer Fürsorglichkeit – auch sie bekommen eine Menge Oxytocin ab.

### FÜRSORGE IST SOZIAL GELERNT

Wir Menschen und unser Verhalten sind nicht einfach das Produkt unserer Gene, sondern einer Kombination aus Genetik, Biologie, Umwelt und Umfeld. Unser sozialer Bezugsrahmen und die Beziehungen, in denen wir aufwachsen, nehmen maßgeblich auf unsere Entwicklung Einfluss. Wir lernen durch Beobachtung, Nachahmung und Rückmeldung. Eine Anekdote aus einem Zoo in Ohio verdeutlicht, was wir damit sagen wollen:

Der Zoo feierte 1980 die Geburt eines Gorilla-Babys von einem Gorilla-Weibchen, welches in Gefangenschaft aufgewachsen war und noch nie beobachtet hatte, wie andere Weibchen seiner Art sich um den Nachwuchs kümmern. Sie schien ahnungslos zu sein, wie sie ihr Junges füttern sollte und es verstarb. Als das Weibchen einige Zeit später wieder schwanger wurde, plante der Direktor des Zoos, ihr Filme über das Stillen zu zeigen. Stattdessen meldeten sich Frauen der La Leche Liga und boten an, immer wieder in Sichtweite des Geheges zu stillen, sodass das Gorilla-Weibchen sich dieses Verhalten abschauen konnte. Beim zweiten Gorilla-Jungen funktionierte das Stillen dann und es überlebte. (Lansing State Journal, 10.10.1980)

Die beschriebene hormonelle Unterstützung soll sicherstellen, dass du dich kümmerst, schließlich kommt dein Nachwuchs viele Jahre nicht ohne Fürsorge und Pflege aus. Sie ist jedoch keine Garantie dafür, dass du dich – genauso wenig wie dein Partner – sofort in allen Belangen 100 % auskennst, neue Fähigkeiten wie aus dem Nichts auftauchen und du einen genauen Plan hast, was zu tun ist. Diese Funktion übernimmt **das Dorf, welches es sprichwörtlich braucht, um ein Kind zu erziehen**. Generationen über Generationen waren in einen großen Familienverband, eine Gemeinschaft, eine Kommune eingebettet, in der sie lernten, wie das so läuft mit einem Baby. Wissen und Erfahrung, die dir und vielen anderen Müttern heute fehlen. Die vielen Kursangebote rund um Schwangerschaft, Geburt und Elternschaft zeigen, dass wir das aber eigentlich noch bräuchten. Genauso wie ein verlässliches Bauchgefühl, oder nicht?

## Das Bauchgefühl hat nicht immer recht

*„Hör auf dein Bauchgefühl!“* hört bestimmt jede frischgebackene Mutter. Dabei ist mütterliche Fürsorge nichts, was in deinen Genen programmiert ist. Sie ist sozial gelernt. *„Hör auf dein Bauchgefühl“* heißt also übersetzt *„Mach, was du gelernt hast“* und nicht *„Mach, was natürlich und richtig ist.“* Es handelt sich quasi um einen Übersetzungsfehler, wenn so viele auf diesen ziemlich praktischen Ratschlag vertrauen. Denn das, was einige von uns als Kinder „gelernt“ haben – Angst statt Respekt, Strafe statt Verständnis, Härte statt Nachsicht – ist nicht mehr das, was du heute deinem Kind mitgeben willst. Wir wissen mittlerweile, dass diese Art des Erziehens in der Regel nicht zu gesunden und glücklichen Erwachsenen führt.

Dein Bauchgefühl kann also verfälscht sein durch:

- eigene Erfahrungen,
- gelernte Muster,
- vorgelebte Verhaltensweisen und
- gesellschaftliche Normen und Ideale.

Es KANN dir ein guter Ratgeber sein, MUSS aber nicht. Im Gegenteil, es kann dich auch durcheinanderbringen. Je nachdem übernimmt VERA oder InKrit. Vielleicht hat dir in deiner Kindheit niemand beigebracht, wie du mit deinen Gefühlen umgehen kannst, wie du sie überhaupt richtig einordnest. Womöglich ist nämlich niemand achtsam mit deinen Gefühlen umgegangen oder hat mit dir über sie geredet. Denn nur dann kann sich mit der Zeit ein verlässliches Bauchgefühl ausbilden. Wenn du staunend auf dein Kind blickst, unvoreingenommen und ohne Erwartungen, ist das der erste Schritt, um dein Bauchgefühl wieder richtig einzustellen.

**ZUGEWANDTER KINDERBLICK STATT BAUCHGEFÜHL**

Nützlicher als ein vielleicht verfälschtes Bauchgefühl und ein fehlinterpretierter Mutterinstinkt ist ein offener und unvoreingenommener Blick auf dein Kind. Informiere dich ruhig auch über kindliche Entwicklung. Dadurch wird es dir möglich, dich in dein Kind und seine dem jeweiligen Entwicklungsstand entsprechende Lebenswelt hineinzuversetzen. Kinder kommen kompetenter auf die Welt als landläufig gedacht. Auch deines wird dir, wenn du es lässt, dabei helfen, es kennenzulernen und in deine Aufgabe hineinzuwachsen.

## Übe dich in Geduld

Gerade die erste Zeit mit Baby ist verunsichernd: Im Schnitt werden Frauen nach drei Tagen von der Wöchnerinnen-Station der Klinik nach Hause entlassen, wo eben meist keine Großfamilie mehr wartet. Im Gegenteil. Nach diesen drei Tagen in der Klinik bist du plötzlich weitestgehend auf dich allein gestellt, im besten Fall noch mit Unterstützung durch deinen Partner und eine Hebamme, die ein paar Mal kommt. Gepaart mit der hormonellen Umstellung verschwindet dann oft zumindest vorübergehend deine Hoffnung auf die berauschende Mutterliebe und einen unfehlbaren Mutterinstinkt. Du fühlst dich falsch und schuldig, schämst dich für deine Tränen und negativen Gefühle. InKrit feuert dich dabei auch noch an. Brichst du dann aus diesem Gedankenkarussell nicht aus, kann sich daraus auch eine ernstzunehmende Depression entwickeln. Denkst du, das ist bei dir der Fall? Auf https://www.mamafuersorge.com/hilfe findest du Ansprechpartner*innen.

Es ist also ungemein wichtig, dass du dir Bedingungen schaffst, die dir die Zeit und die Möglichkeit geben, mit deinem Kind zu interagieren und es kennenzulernen. Zeit, um ins Mamasein hineinzuwachsen, in eurem neuen Leben anzukommen. Von Anfang an ist eure Beziehung sehr komplex und ihr braucht ungestörte Zweisamkeit, damit sie sich entwickeln kann. Bist du genau zu dieser Zeit auf dich allein gestellt und hast den Anspruch, so zu funktionieren, wie vor der Geburt, bist du schnell übermüdet, überfordert und erschöpft. Drei Faktoren, die es dir schwer machen, gut auf dich zu achten. Wirst du nicht entlastet – durch deinen Partner oder dein nahes Umfeld – schwinden deine Kräfte und du kannst gar nicht mehr zugewandt auf dein Kind blicken. Dein Bauchgefühl und deine Intuition leiden.

**Diese elterliche Intuition ist nichts Naturgegebenes,** nicht an Geburt oder Stillen geknüpft und besonders anfällig für Verunsicherungen und Störungen, aus der eigenen Geschichte oder dem Umfeld. Es ist also nicht deine Schuld, wenn sie sich nicht sofort, wie auf Knopfdruck eingestellt hat. Gib euch Zeit. Du hast die Chance, dich als Mutter von genau diesem Kind kennenzulernen und deine Intuition (zurück) zu bekommen – wenn es sein muss mit professioneller Hilfe.

## InKrit und VERA

**InKrit:** Na, hat das Baby wieder die ganze Nacht geschrien? Kein Wunder, sie hat wirklich keine Ahnung, wie das geht, dieses Mamasein.

**VERA:** Sie weiß sicher nicht alles, aber sie lernt dazu. Die beiden müssen sich aneinander gewöhnen. Sie ist für das Kleine da, wenn es schreit, das ist das Wichtigste.

**InKrit:** Aber sie hätte sich schon ein bisschen besser vorbereiten können auf ihre Aufgabe.

**VERA:** Sie tut ihr bestes und alle Bücher dieser Welt können dich nicht hundertprozentig darauf vorbereiten, wie es ist, plötzlich für einen kleinen Menschen verantwortlich zu sein.

**InKrit:** Aber müsste sie das nicht wissen, so rein intuitiv? Wieso hört sie nicht auf ihr Bauchgefühl?

**VERA:** Sie hört schon hin, aber sie überlegt auch, ob es recht hat. Schließlich wurde das über die Zeit auch mit ziemlichem Unsinn gefüttert. Auch hier braucht es Geduld.

**InKrit:** Und was, wenn sie einen Fehler macht?

**VERA:** Dann lernt sie daraus. Das Baby ist noch so klein, sie kennt seine Grundbedürfnisse: Nahrung, Liebe, Nähe und Schlaf. Was ihm in der jeweiligen Situation am besten hilft, finden sie gemeinsam raus.

**InKrit:** Das klingt aber alles andere als perfekt.

**VERA:** Ja, zum Glück! Gut genug reicht völlig. Schon der bekannte Pädagoge Jesper Juul hat gesagt: Perfekte Eltern sind ein Albtraum.

# Hilfe, bin ich jetzt nur noch Mutter?!

Anfangs bist du noch auf der Suche nach deiner Mutterliebe, deinem Mutterinstinkt oder deiner elterlichen Intuition. Nach und nach sickert die Erkenntnis immer tiefer in dein Bewusstsein: Du bist Mutter. Unwiderruflich. Aber was bedeutet das nun für dich, was bedeutet es, eine „gute" Mutter zu sein? Welche Erwartungen sind daran geknüpft? Und bist du es gerne? Welche Gefühle verbindest du mit dieser Rolle? Und wie oft hast du Schuldgefühle bezüglich all dieser Fragen? Manche Frauen gehen in der Mutterrolle komplett auf, können sich nichts Schöneres vorstellen, als mit jeder Faser ihres Körpers Mutter zu sein. Andere hadern gelegentlich damit, finden ihre Erfüllung vielleicht eher im Beruf. Wieder andere bereuen vielleicht sogar, dass sie sich dafür entschieden haben, Kinder zu bekommen. Irgendwo dazwischen wirst auch du dich wiederfinden. Mütter sind so individuell wie ihre Kinder und jede erfüllt ihre Rolle auf ihre Art und Weise und in Beziehung zu IHREM Kind. Deshalb muss niemand diesbezüglich ein schlechtes Gewissen haben. Auch du nicht. Wir zeigen dir, wie du deine eigene „Mutterrolle" findest, und **VERA** hilft dir, deine eigenen Ansprüche entsprechend anzupassen.

## Das Märchen von der „guten Mutter"

„*Ich bin einfach eine furchtbare Mutter*!" Wie oft hat dieser Gedanke schon bei dir angeklopft? Sicher das ein oder andere Mal. Sei dir bewusst, InKrit hat ihn dir eingeflüstert. Weil du weißt, wie wichtig dein Umgang mit deinem Kind ist und wie sehr du es prägst. Weil du den Grundstein für ein glückliches Leben legst, machst du dir einen enormen Druck. Das ist nicht von der Hand zu weisen. Jede Mama will das Beste für ihr Kind und entsprechend eine „gute" Mutter sein. Das ist ja kein verwerfliches Ziel, sondern eigentlich eine richtig gute Sache. Du bist dir deiner Verantwortung bewusst. Wo liegt dann das Problem?

### Gut genug statt perfekt

Wahrscheinlich machst du einen Denkfehler, der vielen von uns unterläuft: Wir denken, „gute Mutter“ sei gleich „perfekte Mutter“. Genau dann hat nämlich unsere innere Kritikerin jede Menge zu tun. Wer von sich verlangt, alles perfekt zu machen, fehlerlos, der oder die wird nie mit sich zufrieden sein und im schlimmsten Falle krank. Denn wer derart perfektionistisch durchs Leben geht, ist dauerhaft gestresst und permanent unzufrieden.

Wie perfektionistisch du bist und wie sehr du diesen Wesenszug als Mutter auslebst, hängt von verschiedenen Dingen ab:

- von deinen Genen,
- von deinem Umfeld,
- von deiner Erziehung.

Es gibt **gesunden Perfektionismus**, der dich antreibt und motiviert, es gibt aber auch die ungesunde Ausprägung, bei der du deine Bedürfnisse und dein Wesen ignorierst. Menschen, die diesen **ungesunden Perfektionismus** leben, kontrollieren und planen alles und es fällt ihnen schwer, Aufgaben abzugeben. Sie glauben, ihr Selbstwert hänge von ihrer Leistung ab, mit der sie aber wegen ihrer hohen Erwartungen nie zufrieden sind. Sie sind mit sich selbst nie zufrieden. Dieser Perfektionismus, gepaart mit den Herausforderungen als Mutter, sorgt automatisch für Stress und Schuldgefühle. InKrit liebt ihn. Weil diese Kombination nur schlecht ausgehen kann. Erkennst du dich in dieser Beschreibung wieder? Keine Sorge, das muss nicht so bleiben.

Du weißt, dass niemand perfekt sein muss und du erwartest das wahrscheinlich auch nur von dir selbst. Obwohl dein Leben mit Kind oft eben nicht plan- und kontrollierbar ist, sondern chaotisch und fremdbestimmt. Es ist keine leichte Aufgabe, diese eigenen Erwartungen runterzuschrauben und den Perfektionismus zu ersetzen. Aber mit etwas Geduld ist es möglich. Denn es reicht vollkommen aus, wenn du „gut genug“ bist, statt perfekt. Das ist es, was dein Kind braucht. Nicht mehr, aber möglichst auch nicht weniger.

Wärst du perfekt, würdest du deinem Kind ein ganz falsches Bild vorleben, enormen Druck machen und kein gutes Vorbild abgeben. Wenn also mal wieder InKrit anklopft und sich beschwert, weil du laut geworden bist, die Einschlafbegleitung nur missmutig über die Bühne gebracht hast oder dein Kind zu lange vor dem Bildschirm saß: **Mach dir klar, dass es um das Gesamtpaket geht, um deine Liebe, deine Einstellung, deine Mühen, die Bedürfnisse deines Kindes zu erfüllen.** Um den Willen, es gut genug zu machen, um deinem Kind eine sichere Basis mit auf den Lebensweg zu geben. Schlechte Tage, kleine Ausrutscher, gelegentliche Inkonsequenzen sind nicht mehr relevant, wenn du das große Ganze in den Blick nimmst.

### POSITIVE GLAUBENSSÄTZE

Um diese neue Sicht auf deine Mutterrolle zu verinnerlichen und gegen alte Glaubenssätze anzukämpfen, helfen positive Bekräftigungen. Wenn du sie dir immer wieder vergegenwärtigst, gewöhnst du dir positive Gedankenmuster an. Nach und nach beeinflussen diese auch deine Gefühle positiv. Wenn dich nun also Schuldgefühle plagen, eine „schlechte" Mutter zu sein, aber auch einfach so, jeden Tag: Schreibe dir folgende oder eigene positive Botschaften auf einen Notizzettel und hänge ihn gut für dich sichtbar in der Wohnung auf:

„Ich bin gut genug."

„Ich gebe mein Bestes."

„Ich liebe und schätze mich so, wie ich bin."

„Ich vertraue auf meine Fähigkeit, meinem Kind eine gute Mutter zu sein."

„Ich bin liebenswert, auch wenn ich einen Fehler mache."

„Gut genug ist genau richtig für mein Kind."

## Du bist mehr als Mutter

Vielleicht ist es aber gar nicht die Frage, ob du eine gute Mutter bist, die dir ein schlechtes Gewissen bereitet. Manchmal hast du einfach genug davon, „nur" Mutter zu sein. Immer in Bereitschaft zu sein, „Mama, Mama" im Ohr zu haben und auf dem Handy der neuen Bekanntschaft als „Mama von XY" abgespeichert zu sein. *„Das ist doch nicht dein Ernst"*, keift InKrit dann, *„was soll denn hier heißen ‚nur'? Mamasein ist doch etwas Tolles."* Ja, da hat sie recht. Gleichzeitig hast du eben auch andere Rollen! Die Mutterschaft ist nicht alles, was dich ausmacht, und sie allein definiert dich nicht als Mensch. Sie allein macht nicht deinen Wert aus. Also ist es in Ordnung und völlig natürlich, wenn du dich danach sehnst, dass auch diese anderen Teile von dir wieder Raum bekommen.

**DEIN ROLLENBILD**

Du bist dir gar nicht mehr sicher, wer du außer „Mama" noch bist? Diese Rolle nimmt zu viel Raum ein? Dann laden wir dich dazu ein, einmal ein „Rollenbild" von dir zu malen.

Schnapp dir ein großes Blatt Papier oder eine leere Seite in deinem Notizbuch und male dich in die Mitte. Als Strichmännchen, nur als Kreis oder schreibe auch einfach nur deinen Namen – den hörst du ja auch deutlich seltener als „Mama".

Um dieses Zentrum herum schreibst, malst oder klebst du dann die Rollen, die auch noch Teil deiner Persönlichkeit sind. Zum Beispiel Partnerin, Tochter oder Freundin. (Du musst nicht alle Verwandtschaftsbeziehungen aufnehmen, aber die, die dir wichtig sind und dich prägen.) Und auch alles, was dich auszeichnet und was du an dir magst: „gute Sängerin", „begeistertes Vereinsmitglied", „Leseratte" oder „Weltenbummlerin". Vergiss nicht deinen

Beruf, auch wenn du ihn aktuell nicht ausübst. Überhaupt dürfen auch Rollen in dein Bild, die gerade aufgrund der Mutterschaft oder anderer Umstände ruhen, wenn sie ein wichtiger Teil deiner Persönlichkeit sind.

Diese Übung hilft dir, dich wieder als Persönlichkeit wahrzunehmen, als alles was du bist, warst – und vielleicht auch sein wirst. So sehr dich die Verantwortung manchmal erdrückt, so schön ist es zu sehen, dass da noch eine Menge anderer Facetten in dir wohnen. Wenn es dich traurig macht, wie wenig davon vielleicht noch sichtbar ist, dann denk daran: Die Mutterschaft in ihrer intensiven Form, das heißt in der Zeit, in der sie besonders fordernd und raumgreifend ist, weil deine Kinder klein sind, ist nur eine vorübergehende Phase im Leben. Schneller als du dir vielleicht vorstellen kannst, bekommen auch deine anderen „Ichs“ wieder mehr Platz und dürfen sich ausleben.

Natürlich musst und sollst du aber auch jetzt nicht komplett auf alles verzichten, was dich ausmacht! Belebe die Teile deines Selbst wieder, die du besonders vermisst. Denn sie machen dich glücklich und helfen dir, der Mensch zu sein, der du bist. Dann hast du auch mehr Energie und Freude daran, Mutter zu sein. Hier einige Anregungen, wie dir das gelingen kann:

### Wie schaffst du Zeit und Raum für deine verschiedenen Rollen?

- Nutze deine me-time → „Hilfe, ich will me-time ohne Reue!“
- Gönn dir gemeinsam Zeit mit deinem Partner → „Hilfe, wir haben keine Zeit füreinander!“
- Kehre ohne schlechtes Gewissen in deinen Job zurück, sofern du das möchtest → „Hilfe, ich will (nicht) wieder arbeiten!“

- Zeig auch deinem Kind, was du gerne magst, gut kannst, vermisst: Vielleicht kannst du ein Hobby, wie Reiten oder Tanzen, gemeinsam mit ihm wieder aufleben lassen.
- Wenn du daran Spaß hast, geh auch mal zu Veranstaltungen o. Ä., die nichts mit Kindern und Familie zu tun haben, wo du also nicht gleich als Mama „erkannt" wirst.
- Halte Kontakt zu alten Freund*innen, auch den kinderlosen, die dich noch aus deiner Zeit vor der Mutterschaft kennen.

## Niemand braucht Supermütter

Das schlechte Gewissen, das dich als Mutter plagt, betrifft nicht nur dich. Vielen Müttern geht es wie dir, da ist VERA sich sicher. Es ist so weit verbreitet, weil in unserer Gesellschaft die Ansprüche an Mütter so unglaublich hoch sind und wir ihnen gar nicht entkommen können. Das Mutterbild hat sich historisch immer wieder gewandelt und ist in den letzten Jahren und Jahrzehnten zu einem unerreichbaren Ideal verherrlicht worden.

### Was wird von Müttern heutzutage erwartet?

Die ideale Mutter soll sowohl im Job als auch zu Hause 110 % geben. In der Erziehung steht das Kind mehr denn je im Mittelpunkt, was gut ist, aber auch herausfordernd. Manchmal schießt dein Umfeld wahrscheinlich auch übers Ziel hinaus, wenn es davon ausgeht, dass du bzw. dass ihr Eltern für alles verantwortlich seid, was das Kind tut oder nicht tut, kann oder nicht kann. Ein immenser Druck lastet deshalb auf den Eltern, und wie so oft, vor allem auf den Müttern, also auf dir. Jetzt wo man weiß, wie viel Einfluss Eltern auf die Entwicklung ihrer Kinder haben, liegt dieser Gedanke vielleicht nahe, er ist aber falsch. So einflussreich bist du auch wieder nicht, du bist nur einer von vielen Faktoren, die auf dein Kind einwirken. Du bist nicht allein für die Entwicklung deines Kindes verantwortlich, wie du im Kapitel → „Hilfe, mein Kind entwickelt sich nicht ‚normal'!" noch genauer sehen wirst. **VERA** will, dass du das weißt. Ein entlastender Gedanke, den du gerne weitergeben darfst, wenn doofe Kommentare kommen.

Mütter sind permanent mit diesen Ansprüchen konfrontiert. Aber: **Du musst keine Supermutter sein!** Sei dir dessen immer bewusst, auch wenn die sozialen Medien und die Werbung dir permanent ein anderes Bild vermitteln. Das einer Mutter, die übersprudelt vor Mutterliebe, ständig bereit, ansprechbar, geduldig, belastbar und aufopfernd ist. Die im Beruf erfolgreich ist, außerdem eine fürsorgliche Mama, Ehefrau und Hausfrau. Die ihre Kinder fördert, Deko-Queen und Bastelprofi ist. Die nie schimpft und immer lächelt. Dieses Mutterideal, mit dem du täglich konfrontiert wirst, ist nicht dein eigenes. Du hast es nur fälschlicherweise zu deinem gemacht, weil du damit aufgewachsen bist, weil du oft gar nichts anderes kennst. Natürlich hast du deshalb Schuldgefühle, weil du dem nicht gerecht werden KANNST.

Der Druck kommt also von

- dir selbst (weil du die Erwartungen übernommen hast),
- deinem direkten Umfeld,
- anderen Müttern (→ „Kriegsschauplatz Krabbelgruppe"),
- von Fachleuten und Verantwortlichen in Politik und Gesellschaft.

Du befindest dich quasi unter Dauerbeobachtung und dem ständigen Druck, als Mutter abliefern zu müssen. Streich deshalb die letzten drei Punkte gedanklich gleich durch – sie sind nicht das, woran du dich orientieren solltest. Konzentriere dich auf dich und deine Erwartungen.

## DIE GEDANKLICHE GOLDWAAGE

„Leg nicht immer alles auf die Goldwaage!" – diese Forderung, etwas nicht zu genau zu nehmen, kennst du bestimmt. Wir wollen das mal umdrehen, denn wir sind uns sicher, dass du damit die vielen klitzekleinen Stacheln finden kannst, die sich in dein Bild von dir als Mutter gebohrt haben.

Programmiere deine innere Goldwaage auf folgende Aussagen und Gedanken:

- „Eine gute Mutter muss/tut/soll/lässt ..."
- „Ein Kind braucht ..."
- „In einer Familie tut man/ist man/lässt man ..."
- „So ist das eben/halt ..."
- „Man ..."
- „So war das immer schon ..."

So stattest du deine Waage mit einer Alarmfunktion aus, die wild losschrillt, wenn du etwas in dieser Art hörst oder denkst. Und dann ab auf die Goldwaage damit, also richtig kleinteilig auseinandernehmen, was du gehört oder gedacht hast. Wo kommt diese Annahme her? Glaubst du das überhaupt? Hast du Fakten, die diese Aussage untermauern, oder ist es ungeprüft übernommenes „Pseudowissen"? Kannst du aus „man" ein „ich" oder „wir" machen oder willst du das gar nicht? Passt es zu dir, deinem Charakter, zu deiner Familie, deinem Partner, deinem Kind? Hält die Annahme einer kritischen Überprüfung überhaupt stand?

Konzentriere dich gemeinsam mit VERA auf realistische Darstellungen der Mutterschaft und zeige auch du deinem Umfeld ein ehrliches Bild. Das ist nicht immer einfach, aber nur so können wir das Mutterbild neu zeichnen. Hilf mit, das uns alle erdrückende Ideal aufzubrechen, indem du selbst die Veränderung anstößt. Hilf zum Beispiel der Mutter mit schreiendem und zappelndem Kind auf dem Supermarkt-Parkplatz, indem du ihren Wagen für sie zurückbringst. Lebe eine selbstbewusste und unperfekte Mutterschaft vor. Ziehe Grenzen gegen ungebetene Ratschläge, Bevormundung und Übergriffigkeit. Kommuniziere auch immer wieder klar, dass nicht du allein zu 100 % dafür verantwortlich bist, wie dein Kind sich entwickelt oder verhält. Sei sichtbar in deiner Unperfektheit – als Vorbild für andere.

## Sei die Mutter, die du sein willst

Wenn du die Mutter bist, die du gerne sein willst, dann fällt es dir auch leichter, diese Rolle ehrlich zu leben. Aber es ist eben – mal wieder – gar nicht so einfach, herauszufinden, welche Mutter man gerne sein will, unabhängig von allen Ansprüchen und Erwartungen, allen Mom Wars und „guten Ratschlägen“. Oft kommst du gar nicht dazu, wirklich in dich hineinzuhorchen: Was ist mir wichtig? Was sind meine Werte? Wie möchte ich meine Mutterschaft leben? Deine Prägungen sind so stark, dass du manchmal gar nicht auf die Idee kommst, dass das eine Option ist, dass du eine Wahl hast. Aber die hast du! Die folgende Übung zu deinem Mutterbild kann dir deshalb einen ersten Impuls geben, dich mit genau diesen Fragen auseinanderzusetzen.

### DEIN MUTTERBILD

Such dir wieder ein Blatt Papier, diesmal am besten mindestens DIN A4, gerne größer. Zeichne eine Figur auf das ganze Blatt, ähnlich einem Pfefferkuchenmännchen, gerne darf sie dir ähneln. Male nur die äußeren Linien und lass im Inneren Platz. Fülle diesen mit all dem, was du dir für deine Mutterschaft wünschst, wie du sie dir vorstellst.

- Werte, die du vermitteln willst (z. B. Ehrlichkeit)
- Rollen, die du ausfüllen willst (z. B. Ansprechpartnerin)
- Hobbys
- Beruf
- deine Beziehungen (z. B. zu deinem Partner, deinem Teammitglied)
- alle deine Ideen und Gedanken rund um Mutterschaft (positive wie negative)

Häng dir das entstandene Bild gerne irgendwo auf, wo du immer wieder darauf schauen kannst, oder speichere dir ein Bild davon ins Handy. Wenn du dann mal wieder haderst, dich die Erwartungen deines Umfelds unter Druck setzen, dann wirf einen Blick darauf: Warum hast du ein schlechtes Gewissen? Haderst du wirklich, weil du etwas nicht umsetzen kannst, was DIR wichtig ist – dann kannst du daran arbeiten, Perfektion ist dabei aber immer noch nicht das Ziel. Oder hast du die Schuldgefühle, weil du glaubst, diesen äußeren Ansprüchen genügen zu müssen, die gar nicht deine sind? Dann sofort weg damit!

Wichtig: Dein Bild ist nicht in Stein gemeißelt. Du darfst Punkte streichen und neue Ideen hinzufügen.

In die Rolle als Mutter wächst du rein, mal schneller, mal langsamer. Niemand bringt ein Kind zur Welt und ist dann von einer Sekunde auf die andere ein anderer Mensch – obwohl es sich wahrlich so anfühlt. Du lernst Stück für Stück dein Mama-Ich kennen, musst es immer mal wieder von allen Seiten betrachten, die Realität mit deinen Vorstellungen vom Leben als Mutter abgleichen. Du lernst nicht nur dein Kind immer wieder neu kennen, sondern auch dich. Und das ist gut so. Gemeinsam wachst ihr aneinander und an den Herausforderungen, die diese besondere Beziehung mit sich bringt. Mal fühlst du mit deiner Rolle, mal strengt sie dich sehr an, mal läuft es wie von selbst, mal ist es harte Arbeit, sie auszufüllen. Das ist mit allen Rollen so, in jedem Bereich unseres Lebens fällt uns einiges leichter als anderes, haben wir mal mehr Freude, mal weniger.

**Wichtig ist, dass du authentisch bleibst.** Für dich, aber auch für dein Kind. Natürlich prägt deine vorgelebte Mutterrolle dein Kind auf eine Weise, die sich von anderen Müttern und Kindern unterscheidet. Ob du nun Hausfrau bist oder Vollzeit arbeiten gehst, ob du vor allem Wert auf Beständigkeit legst oder eher die Spontanität lebst: Das beeinflusst dein Kind, ist aber weder „gut“ noch „schlecht“. Nachteilig ist es eher, wenn du versuchst, dich in eine Rolle pressen zu lassen, die nicht zu dir passt, wenn du eben deinem Kind gegenüber nicht authentisch bist und vielleicht sogar ziemlich unglücklich.

Du hast genug Zwänge im Leben, lass dir nicht auch noch vorschreiben, wie du als Mama sein sollst. Sondern setze dem Schritt für Schritt eigene Bilder entgegen, eigene Lebensentwürfe, eigene Träume. Dann wirst du auch Schritt für Schritt glücklicher in deiner Rolle.

### REGRETTING MOTHERHOOD

Betrachtet man all das, verwundert es nicht, dass es Mütter gibt, die bereuen, diesen Schritt gegangen zu sein. Und das nicht, weil sie ihr Kind nicht lieben, sondern weil sie darunter leiden, wie sich ihre Mutterschaft gestaltet. Sie vermissen ihre Freiheit, ihre Flexibilität, ihre Selbstbestimmung, das Gefühl, nur für sich selbst verantwortlich zu sein und vieles mehr. Allein gelassen von Partner, Umfeld und Gesellschaft zerbrechen sie unter der Last der Unvereinbarkeit von Familie, Beruf und der Bewahrung eines eigenen Lebens. Weil sie sich das alles ganz anders vorgestellt und erträumt hatten und nun auf dem harten Boden ihrer persönlichen Tatsachen aufgeschlagen sind. Die schönen Momente mit den Kindern gleichen die vielen Entbehrungen, die das Mamasein für manche Mütter mitbringt, nicht (mehr) aus. Die Last kann sich schwerer anfühlen als das Glück. Das ist okay. Das ist verständlich. Und es ist niemandem geholfen, wenn man sich dafür schämt oder sich schuldig fühlt. Wenn du unter dem Strudel der Reue leidest: Es gibt Hilfe und Wege heraus.

## Jammern ist erlaubt

Du musst nicht jeden Tag als Mama glücklich sein. *„Du hast dich doch dazu entschieden, Mutter zu werden. Dann hör auf zu jammern!"* Na, schon mal gehört oder gelesen? Ganz sicher. Was denkst du über diesen Satz? Macht er dir Schuldgefühle? Bist du der Meinung, du müsstest immer, jeden Tag, jede Stunde und jede Minute mit deinem Leben als Mutter zufrieden sein? Du dürftest dich nie beschweren?

Unsinn! Denk an deine anderen Rollen aus deinem Rollenbild. Bist du im Beruf immer glücklich und zufrieden? Als Tochter? Als Freundin? Als Sportlerin? Nein! Jede*r hat gute und schlechte Tage, jede Rolle stellt im Laufe unseres Lebens unterschiedliche Anforderungen an uns, in jeder davon kommen wir manchmal an unsere

Grenzen. Das fühlt sich gelegentlich sogar gut an, wenn es uns anspornt, zum Beispiel im Sport. Manchmal sind wir aber schlichtweg überfordert, genervt oder traurig dadurch. So ist das Leben. Das dürfen und sollen wir ruhig zugeben. Denn das nimmt schon einen Teil der Last von deinen Schultern, kann dich erleichtern. Wenn du Glück hast, bekommst du sogar Hilfe angeboten. Wenn nicht: Scheu dich nicht, danach zu fragen.

Das ist kein Jammern! Eher ein Klagen – du möchtest ja, dass sich etwas ändert. Und eine kleine Dosis richtiges Jammern ist ebenfalls erlaubt. Denn gelegentliches Jammern kann dir auch dabei helfen, deine Wünsche aufzudecken und deine Grenzen zu erkennen. Es dient als Ventil, um dem Negativen (von Zeit zu Zeit) Raum zu geben. Jammere ruhig mal drauflos, rede dir alles von der Seele. Aber nicht ohne Ende. Genau wie die Grübelspiralen im Kopf sind auch die „Jammerspiralen" nicht besonders zielführend. Die Dosis macht das Gift. Nimm dich in den Arm, schenke dir selbst Mitgefühl, tröste dich – manchmal ist es eben nicht einfach als Mama. Das darfst du ruhig sagen.

## UMARME DICH SELBST

Kennst du schon den „Butterfly Hug"? Das ist eine Übung, die die Resilienz steigert, indem sie dir das Gefühl von Ruhe, Schutz und Selbstliebe vermittelt. Zu jedem anderen Zeitpunkt, in dem du dich nach Ruhe, Schutz und einem Gefühl von „das bin ich und ich bin gut, so wie ich bin" sehnst. Alles, was du dafür brauchst, sind deine Arme.

Überkreuze deine Arme vor der Brust und lege die linke Hand auf den rechten Oberarm und die rechte Hand auf den linken Oberarm. Schließe die Augen und klopfe abwechselnd mit deinen Händen auf deine Oberarme. Links, rechts, links, rechts. Dabei langsam und gleichmäßig atmen und entspannen. Die gleichzeitige Aktivierung beider Hirnhälften löst eine beruhigende Wirkung aus.

## InKrit und VERA

**InKrit:** Muss sie denn schon wieder jammern?

**VERA:** Sie jammert nicht, sie sagt nur, wie es ihr geht. Aktuell ist es einfach alles etwas zu viel. Auch Mütter müssen mit dieser Rolle nicht rund um die Uhr völlig zufrieden sein.

**InKrit:** Sie wollte doch Mutter sein! Und jetzt beschwert sie sich. Wieso muss sie auch arbeiten gehen? Mutter sein ist ihr wohl nicht genug!

**VERA:** Sie liebt ihr Kind, aber sie ist auch ein Mensch mit vielen Facetten. Nicht nur Mutter. Die Arbeit schafft einen Ausgleich.

**InKrit:** Das klang aber ganz anders, bevor das Kind da war.

**VERA:** Ja, weil sie es sich auch anders vorgestellt hat. Ihr war nicht klar, wie es ihr geht, wenn sie so lange mit dem Kind allein zu Hause ist. Meinungen dürfen sich ändern.

**InKrit:** Sie wollte auch selbst kochen und weniger Fernsehen erlauben, nie schreien und nicht so viel nachgeben.

**VERA:** Sie ist gut genug, sie tut ihr Bestes und schaut darauf, was sie braucht und was das Kind braucht, was die Familie braucht. Manchmal muss man alte Vorstellungen ziehen lassen. Das waren nicht wirklich ihre Ideen, sondern die Ansprüche anderer.

**InKrit:** Sie hasst es also, eine Mutter zu sein, und hat resigniert?

**VERA:** Nein, sie mag es, Mutter zu sein, aber sie mag die Umstände nicht, die es ihr manchmal so schwer machen, und die Erwartungen, die alle an sie haben.

# Hilfe, ich will (nicht) wieder arbeiten!

Für die meisten Mütter kommt irgendwann der Punkt, an dem sie in den Job zurückkehren. Dann stellt sich die große Frage: Wie lässt sich das mit dem Mamasein vereinbaren? Hast du dich auch davor gefürchtet? Oder fürchtest du dich noch? Wie lange hast du die Entscheidung im Kopf hin und her gewälzt? Wieder arbeiten gehen, vielleicht sogar Karriere machen, dafür aber etwas im Leben des Kindes verpassen und es in andere Hände geben? Oder daheimbleiben und die Karriere auf Eis legen? Was ist mit dem Geld? Egal welche Entscheidung man trifft, rundum richtig fühlt sie sich selten an.

Wahrscheinlich hast du dich auch mit anderen darüber unterhalten und verschiedene Gedanken dazu eingeholt. Das ist eine wirklich gute Idee, wenn man Menschen hat, mit denen man offen und unvoreingenommen sprechen kann. Vermutlich wirst du aber, wie in allen Bereichen rund um die Mutterschaft, viele verschiedene Meinungen zu jeder denkbaren Konstellation hören, oft auch kritische: Arbeitest du schnell wieder Vollzeit, wirst du gerne als karrieregeile Rabenmutter abgestempelt. Entscheidest du dich für reduzierte Stunden, tappst du in die Teilzeitfalle und bleibst du Hausfrau, gefährdest du den Feminismus und die eigene Rente, weil du deinem Mann oder dem System auf der Tasche liegst. Es ist also eigentlich egal, welche Variante du wählst, du kannst es niemals allen recht machen, InKrit schon gar nicht.

Das ist auch nicht deine Verantwortung – erinnert dich **V**ERA. Du bist in der Regel nicht allein dafür verantwortlich, welche Entscheidungen in eurer Familie gefällt werden und noch viel weniger dafür, ob andere außerhalb deiner Kernfamilie diese Entscheidung billigen, gutheißen oder ablehnen. Du triffst gemeinsam mit deiner Familie die Entscheidungen, die für euch passen.

**ENTSCHEIDUNGEN TREFFEN**

So fällt es dir leichter, Entscheidungen zu treffen:

- Nimm dir **Zeit** für die Entscheidung und brich sie nicht übers Knie.
- Lass dich bei deiner Wahl **nicht von Angst** (z. B. vor Außer-Haus-Betreuung oder Karriere-Ende) leiten. Der Außer-Haus-Betreuung haben wir ein eigenes Kapitel (→ „Hilfe, mein Kind wird fremdbetreut!") gewidmet und was das Karriere-Ende angeht: Prüfe, wie realistisch deine Angst diesbezüglich ist, und bedenke, dass dein Kind älter wird und euer Leben sich wieder wandeln wird.
- **Sprich** ganz offen mit deinem Partner und anderen Personen, deren Meinung du wertschätzt, über deine Sorgen, Ängste und Wünsche.
- **Hinterfrage** dein eigenes **Geschlechterbild**. Jeder Weg ist okay, keiner durch dein Geschlecht vorbestimmt. Du kannst eine berufstätige Mutter sein oder Hausfrau oder etwas ganz anderes.
- **Blende Schlechtmacher aus.** Steh zu deiner Entscheidung, die du wohl überlegt für dich und deine Familie getroffen hast. Du musst nur in eurem Sinne entscheiden.
- Das gleiche gilt, wenn die Entscheidung aus einer **Notwendigkeit** heraus getroffen wird. Du musst wieder arbeiten gehen, weil ihr das Geld braucht oder du selbstständig bist und dein Geschäft nicht aufgeben kannst? Dann ist das so und du wirst bzw. ihr als Familie werdet das Beste daraus machen.

## Arbeit – mehr als Broterwerb

Der Job ist für viele Menschen nicht nur ein Mittel zum Zweck. In den allermeisten Fällen arbeiten wir zwar vor allem, um unseren Lebensunterhalt zu finanzieren. Gleichzeitig befriedigt unser Job auch wichtige psychische Bedürfnisse. Studien, unter anderem zur Elternzeit, konnten zeigen, dass Personen, die nicht arbeiten, folgendes fehlt:

- Tagesstruktur
- Sich selbst kompetent und fähig zu erleben
- Sinn
- Anerkennung und Wertschätzung
- Kontakt und Austausch mit anderen

Dein Alltag als Mutter kann diese Bedürfnisse nicht immer alle befriedigen. Es hängt davon ab, wie du gestrickt bist: Brauchst du viel oder wenig Struktur im Alltag, wie gut kannst du die Fremdbestimmung durch dein Kind aushalten? Je mehr du ein Mensch bist, der in den Tag hineinlebt, desto eher kommst du damit zurecht. Fühlt sich deine Rolle als Mutter für dich als genauso sinnstiftend an, wie es dein Beruf getan hat oder tut? Oder fehlt dir etwas, wenn du nicht arbeiten gehst? Unabhängig davon, welchen Beruf du hast und wie andere darüber denken, ist es wichtig, dass du etwas im Leben hast, das dir diese Erfüllung gibt. Das kann deine Aufgabe als Mutter sein, vielleicht aber auch der Job, ein Hobby oder ein Ehrenamt.

Dass du dich als Mama oft überhaupt nicht mehr kompetent erlebst, ist quasi ein Kernmerkmal moderner Mutterschaft. Ohne die permanente Unsicherheit, die uns Mütter alle ständig plagt, hätten wir dieses Buch vermutlich gar nicht schreiben müssen. Sie führt zu Vorwürfen und einem schlechten Gewissen. Im Gegensatz zum Beruf, den viele von uns über Jahre erlernt haben und in dem wir erfahren sind, empfinden wir uns als Mütter erstmal (häufig) als unfähig. **VERA** kann beruhigen, denn es liegt gar nicht wirklich daran, dass du unfähig bist, sondern daran, dass die Ansprüche unerfüllbar sind! (→ „Hilfe, bin ich jetzt nur noch Mutter?!“) Die vielen ungebetenen Ratschläge des Umfelds und von anderen Müttern schüren dieses **Gefühl des Unvermögens** noch. (→ „Kriegsschauplatz Krabbelgruppe“) Dein Job als Mama ist nichts, wofür du Lob und Anerkennung bekommst, berufliche Leistungen hingegen schon.

Wundert es dich da noch, dass Mütter oft vieles vermissen, wenn sie nicht mehr arbeiten, und dass sie bald in den Job zurückkehren möchten? Genauso verständlich ist es, wenn Mütter, die ihren Job als nicht besonders erfüllend erleben, lieber noch etwas daheimbleiben wollen, weil sie diese Zeit sehr genießen. Oder aber sie hatten zwar einen sinnstiftenden Beruf, empfinden aber die Versorgung ihres Kindes als genauso befriedigend. Wenn dazu noch positive Rückmeldungen aus dem Umfeld kommen, eilt es mit der Rückkehr in den Job gar nicht.

Wo würdest du dich einordnen? Werden deine Bedürfnisse in deiner aktuellen Situation befriedigt? Geh die Liste von vorne gerne noch einmal genau durch – vielleicht merkst du dann, was dir gerade fehlt. Ganz so einfach ist das nämlich gar nicht immer zu erkennen. Deine Bedürfnisse sollen unbedingt in deine Entscheidungen mit einfließen. Wenn du nicht dazu gezwungen bist, es so zu machen, wie im Moment (zum Beispiel, weil ihr das Geld zwingend braucht), kannst du Entscheidungen auch revidieren und neue Lösungen finden. Hast du diese Wahl nicht, dann mach dir ebenfalls keine Vorwürfe! **Wer keine echte Wahl hat, hat auch keine „Schuld"!**

Wir wünschen uns für dich, dass du die Mama sein kannst, die du sein willst. Ohne schlechtes Gewissen. Da wir dich nicht persönlich kennen, wissen wir nicht, welcher Weg für dich und dein Kind passt. Was wir jedoch wissen ist, dass du deinen Weg nicht finden wirst, wenn er auf verallgemeinerten Aussagen beruht, die vorgeben, wie eine Mutter zu sein hat oder was sie zu lassen hat. *„Für eine Mutter darf es nichts Wichtigeres geben, als ihre Kinder"* zum Beispiel. Oder *„Eine Mutter muss rund um die Uhr bei ihren Kindern sein."*

**Es liegt nicht in deiner Verantwortung, dass andere damit zufrieden sind, wie du lebst.** VERA rät dir daher: Hinterfrage die Ansichten darüber, wie „eine Mutter" zu sein hat, und streiche sie, wenn du eben nicht „so eine Mutter" bist. Du willst (oder musst) eine berufstätige Mutter sein – dann ist das so. Kein schlechtes Gewissen nötig! Wenn es dich glücklich macht, arbeiten zu gehen, ist das sogar noch besser – denn was dein Kind braucht, sind glückliche Eltern. Eine zufriedene Mama, die sich als kompetent erleben darf, ist Gold wert! Bist du durch deine Arbeit intellektuell gefordert, sozial ausgeglichener oder auf irgendeine andere Art und Weise zufriedener, profitiert davon auch dein Kind. Mit einer guten Außer-Haus-Betreuung (→ „Hilfe, mein Kind wird fremdbetreut!“) und gut genutzter gemeinsamer Zeit brauchst du dir auch um eure Beziehung und das Wohl deines Kindes keinen Kopf zu machen – unabhängig davon, wie viel du lohnarbeitest.

## DIE GEMEINSAME ZEIT NUTZEN

Verbringst du mehr Zeit getrennt von deinem Kind, weil du wieder arbeiten gehst, wird die gemeinsam verbrachte Zeit umso wertvoller. Es wird dir in den meisten Fällen aber nicht möglich sein, die gesamte Nicht-Arbeitszeit mit Spielen, Basteln, Ausflügen oder Vorlesen zu verbringen. Vermutlich gibt es, bei guter Aufteilung mit deinem Partner, zumindest einen Anteil an Haushalt und Familienorganisation, den du noch zu erledigen hast. Oder du bist zu müde, um noch etwas zu unternehmen. Schon steht das nächste Schuldgefühl ins Haus, weil du nicht mal die verbliebene Zeit superpädagogisch wertvoll mit deinem Kind verbringst. Wenn dem so ist, lass InKrit mal über folgendes nachdenken:

**Unser Alltag ist ihre Kindheit.**

Kinder müssen nicht durchweg unterhalten werden, sie dürfen auch in den Familienalltag integriert werden. Die Erfahrung, ein Teil des Ganzen zu sein und etwas dazu beitragen zu können, ist sehr wertvoll. Die Kindheit muss keine Aneinanderreihung von Events sein, wenn ihr euch zusammengehörig fühlt. Gestaltet den Alltag gemeinsam, statt nebeneinanderher, dann ist auch das Quality Time.

## So kann Vereinbarkeit gelingen!

Du hast ein paar störende *„eine Mama muss …“*-Aussagen überschrieben und weißt jetzt noch mehr als zuvor, was dein Kind wirklich braucht. Abschließend haben wir dir ein paar Tipps und Lifehacks für die Vereinbarkeit und die Familienzeit mitgebracht. Nimm dir aus dieser kunterbunten Mischung mit, was für dich und euch passt, und lass da, was dich nicht anspricht.

### Du bist nicht allein

Vereinbarkeit ist ein Familienthema, kein Mama-Thema. Für dein Kind bist in der Regel nicht nur du verantwortlich, sondern auch dein Partner beziehungsweise sein Vater. Wahrscheinlich müsst ihr Aufgaben neu verteilen, wenn du wieder ins Berufsleben einsteigst. (→ „Hilfe, wir streiten uns dauernd!“) Darüber hinaus ist es essenziell, dass du dir ein gutes Unterstützungsnetzwerk aufbaust. Jongliere das nicht alles selbst, hol dir Hilfe.

### Vorlesen

Bereits 15 Minuten vorlesen füllt den Bindungstank auf, wenn es ungestört und achtsam vonstattengeht. Binde das in eure Morgen- oder Abendroutine ein, wenn du tagsüber weniger verfügbar bist.

### Auszeiten einplanen

Plane, wann immer möglich, zwischen Feierabend und Abholen deines Kindes ein Zeitfenster für dich ein. Wir empfehlen mindestens 30 Minuten, um Abstand von der Arbeit zu bekommen, abzuschalten und dich auf deine Familie einzustellen. Tu dir in dieser Zeit etwas Gutes. Und ganz wichtig: Hole dein Kind nicht aus der Kinderbetreuung, wenn du selbst hungrig bist. Es ist müde und mag nicht mehr kooperieren, du bist hangry (wütend, weil hungrig) – das ist eine explosive Mischung.

### Bindungsspiele & Exklusivzeit

Wenn dich das schlechte Gewissen sehr plagt, was die gemeinsame Zeit mit deinem Kind angeht, vielleicht nach einer stressigen Phase im Job, dann plane in ruhigeren Zeiten Bindungsspiele und/oder Exklusivzeiten ein. Fülle euren Beziehungstank wieder auf, indem du beispielsweise einen ganzen Nachmittag mit deinem Kind verbringst und ihr etwas macht, was vor allem ihm gefällt.

### Abgrenzen

Identifiziere Zeitfresser, die dir deine Energie rauben und dich davon abhalten, dich deinen Prioritäten zu widmen. Und dann grenze dich ab, sage nein. Du willst keine Kuchen mehr backen oder den Hund der Freundin nicht mehr sitten? Sag das höflich, aber bestimmt.

### Gut genug

Mach dich vom Anspruch frei, alles perfekt unter einen Hut bringen zu müssen. Wirf den Hut am besten weg. Niemand ist perfekt und das ist gut so.

## BERUFSTÄTIG OHNE SCHLECHTES GEWISSEN

**Tipps von Vereinbarkeitsexpertin Hanna Drechsler**

*Hanna Drechsler ist Kulturwissenschaftlerin, systemischer Coach und systemische Beraterin und unterstützt vor allem Frauen und Mütter zum Thema Vereinbarkeit und in herausfordernden beruflichen und privaten Phasen.*

Egal, ob als in Vollzeit berufstätige Mutter, Hausfrau, Teilzeit-Erwerbs- und Carearbeitende oder irgendetwas dazwischen: Mütter können es nicht „richtig“ machen, denn Mutterschaft ist, das weißt du als Leserin dieses Buches bereits, permanenter Bewertung ausgesetzt.
Und vielleicht ist das schon die erste wichtige Erkenntnis, auch im Umgang mit dem schlechten Gewissen als berufstätige Mutter: Egal,

für was du dich in Bezug auf deine Erwerbsarbeit entscheidest – das schlechte Gewissen wird einen Grund finden, dich zu ärgern.
Im Umkehrschluss bedeutet das: **Triff in Bezug auf deine Berufstätigkeit bewusste Entscheidungen, die deinen Bedürfnissen entsprechen.** Je bewusster und begründeter du deine Entscheidungen triffst, umso mehr Verantwortung kannst du für dich und für dein Familienleben übernehmen und umso weniger hat dein schlechtes Gewissen eine Chance!

**Sorge dafür, dass deine beruflichen Umstände möglichst erfüllend für dich sind!**

Je lieber du deine Arbeit tust, je mehr sie zu deinen Werten, Stärken und deinem Potenzial passt, umso mehr Energie wirst du daraus ziehen. Eine Arbeit, die du gerne tust, bereichert nicht nur dich selbst, sondern auch deine Beziehungen. Wenn deine Arbeit dir Freude und Energie schenkt, wirst du diese Kraft in dein Familienleben, in deine Partnerschaften und in das Verhältnis zu deinem Kind tragen.

**Bedenke, dass dir in der Regel der Wechsel der Tätigkeiten und Rollen innere Balance gibt!**

Vereinbarkeit bedeutet eine Balance aus all den Lebensbereichen zu finden, die dir wichtig sind. Wenn sie in der Elternzeit vor allem allein für die Bedürfnisse eines Kindes zuständig waren, fürchten Mütter oft, dass sie dem nicht mehr gut genug gerecht werden können, sobald sie wieder berufstätig sind und dass „alles zu viel" werden könnte. Das kann dazu führen, dass Mütter sich beruflich klein halten, weniger Stunden erwerbsarbeiten als sie gerne würden und dementsprechend weniger Verantwortung und Gehalt bekommen, als ihrer Qualifikation entspricht. Erwerbsarbeit ist im Idealfall aber keine zusätzliche Belastung, die auch noch erledigt werden muss, sondern darf eine Bereicherung sein. Zudem sollte man nicht vergessen, dass sich die Bedürfnisse von Kindern mit zunehmendem Alter verändern.

**Sorge also gemeinsam mit deinem Partner für eine gleichberechtigte Verteilung von Erwerbs-, Haus- und Care-Arbeit, die sich fair anfühlt!**

Es ist außerdem ein großes Problem, dass der Großteil der Mütter zwar erwerbstätig ist, die Väter sich aber nicht in gleichem Maße an der Haus- und Care-Arbeit beteiligen.

Die Haus- und Care-Arbeit einer Familie ist an sich schon (mindestens) ein Vollzeitjob. Wenn klassischerweise der Vater in Vollzeit (100 %) und die Mutter in Teilzeit (50 %) erwerbsarbeitet, darf nicht 90 % der Haus- und Care-Arbeit bei ihr und 10 % bei ihm liegen, wie es leider oft geschieht. Das führt auf lange Sicht zu einer Überlastung der Mutter, die dadurch ein zunehmend schlechtes Gewissen bekommt, weil sie das Gefühl hat, niemandem gerecht zu werden.

Je nachdem, in welchem Verhältnis ihr die Erwerbsarbeit aufteilt, solltet ihr als Paar entscheiden, in welchem Verhältnis ihr dementsprechend Haus- und Care-Arbeit verteilen wollt.

**Finde die Art und den Umfang der Betreuung für dein Kind, die sich stimmig anfühlen!**

Ein weiterer häufiger Grund für ein schlechtes Gewissen sind Zweifel an der Qualität und dem Zeitpunkt der Betreuung für die eigenen Kinder. Ich halte es für wichtig, sich in diesem Punkt einerseits gut zu informieren und gleichzeitig auf das eigene Bauchgefühl zu hören. Ab wann und bei wem dein Kind gut betreut ist, kannst nur du selbst bzw. gemeinsam mit deinem Partner entscheiden. Wichtig ist, dass es sich stimmig anfühlt. Eine „externe" Betreuung, die eine gute Bindung zu deinem Kind hat, – egal ob das Familienmitglieder, Au-pairs, Tageseltern oder Erzieher*innen sind – kann eine große Bereicherung für dein Kind und damit auch für dich sein.

**Findet eine Struktur und Routinen für euren Alltag, die euren Bedürfnissen als Familie entsprechen!**

Die Koordination eines Familien- und Erwerbsarbeitslebens ist in höchstem Maße agil und braucht eine Struktur, die es euch ermöglicht, flexibel zu reagieren. Finde also gemeinsam mit deinem Partner eine Organisationsstruktur, die euch unterstützt. Das kann ein Wochenplan mit festen Erwerbsarbeits- und Betreuungszeiten sein, vielleicht auch Auszeiten für jedes Elternteil oder fest eingeplante Paarzeit. Versucht euren Alltag so gut es geht zu routinieren und Zeiten für bestimmte Aufgaben einzuplanen, anstatt alles parallel zu versuchen.

**Erlaube dir, Prioritäten zu setzen! Du musst nicht allem gerecht werden, sondern nur dem, was dir wirklich wichtig ist.**

Eine bedürfnisorientierte Elternschaft hat nicht nur die Bedürfnisse von Kindern, sondern auch die der Eltern im Blick. Erwerbs- und Carearbeit erfüllen sehr unterschiedliche Bedürfnisse, die man schlicht nicht miteinander vergleichen kann. Während du erwerbsarbeitest, kannst du selbstbestimmt sein, bist im Austausch mit Erwachsenen, kannst Fachliches lernen und erholst dich von der Zeit mit deinen Kindern. Und während du Zeit mit deinen Kindern verbringst, kannst du ganz andere Seiten von dir ausleben, vielleicht erfinderisch und verspielt sein, die Zeit vergessen und dich wiederum von der Erwerbsarbeit erholen. Du darfst beides wollen und genießen!

## InKrit und VERA

**InKrit:** Was, sie möchte jetzt schon wieder anfangen zu arbeiten?! Und dann gleich Vollzeit?! Wie egoistisch. Das Kind hat ja gar nichts von ihr.

**VERA:** Ist es nicht. Zu arbeiten macht ihr Freude, sie braucht den Ausgleich und ist dadurch eine geduldigere und glücklichere Mutter. Die ganze Familie profitiert davon und meist genießen sie die gemeinsame Zeit.

**InKrit:** Was soll das denn heißen? Sie sieht ihr Kind so selten und dann geht es ihr trotzdem auf die Nerven?

**VERA:** Natürlich, auch sie haben Konflikte. Das ist der Alltag, kein Sonderurlaub.

**InKrit:** Aber das Kind ist noch so klein, es braucht doch seine Mama.

**VERA:** Nein, nicht nur. Es braucht Bezugspersonen, die es kennt und denen es vertraut; Personen, die sich gut um es kümmern. Das hat es auch in der Betreuung. Wäre es dir lieber, wenn sie zu Hause bliebe?

**InKrit:** Nein, das geht auch nicht. Sie kann doch nicht ihrem Mann auf der Tasche liegen. Sie ist eine moderne Frau!

**VERA:** Eben! Sie ist eine moderne Frau, die die Entscheidungen trifft, die sie für richtig hält und für ihre Familie passen. Zum Glück hat sie diese Möglichkeit. Wenn sie zu Hause bleiben möchte, tut sie auch das. Care-Arbeit ist nicht weniger wert als Erwerbsarbeit.

# Hilfe, ich will me-time ohne Reue!

Plane genug Auszeiten für dich ein! Klingt eigentlich nach einem guten Tipp. Wäre da nicht das schlechte Gewissen, sobald du dir fünf Minuten für dich gönnst. Ganz unnötig eigentlich, meint VERA! Kontrolle und Verantwortung können abgegeben werden und dramatische Folgen von me-time sind unwahrscheinlich. Pausen spielen dir in die Hände, wenn es darum geht, dein Kind zugewandt und geduldig zu begleiten. Wie du siehst, darfst du gerne entspannen.

Deine Schuldgefühle führen aber dazu, dass du glaubst, es müsse reichen, wenn du mal allein auf die Toilette gehen kannst oder dich für 15 Minuten mit dem Babyphon daneben in die Wanne legen kannst? Nein! Es ist super, wenn das klappt, aber das ist keine wirkliche „Zeit für dich". Genau die brauchst du aber regelmäßig, um deine Akkus aufzuladen und (mental) gesund zu bleiben. Oft hast du auch in deiner freien Zeit eine lästige Begleiterin: InKrit, die dir einredet, du hättest es nicht verdient, du würdest andere Aufgaben vernachlässigen und egoistisch handeln. Wie so oft hat sie Unrecht, denn dahinter steckt der mütterliche Aufopferungsmythos, der heutzutage sein Unwesen treibt. Am Ende dieses Kapitels wirst du genügend Argumente an der Hand haben, sie eines Besseren zu belehren, um deine Auszeiten endlich genießen zu können.

## Darum brauchst du me-time

Das Internet ist voll von Tipps für eine gelungene me-time, das Wort wurde längst zum Modebegriff. Was versteht man aber eigentlich darunter? „Ich-Zeit" ist die Zeit, die du dir nur für dich nimmst, um etwas zu tun, was dir guttut, was dich glücklich macht, ohne währenddessen an deine Verpflichtungen denken zu müssen. Was leicht klingt, ist in der Umsetzung häufig ganz schön schwierig. Gerade die

Konzentration auf die eigene Person, das Ausblenden aller Erwartungen und To-dos fällt vielen Menschen, nicht nur uns Müttern, heutzutage schwer. Weil unsere Leistungsgesellschaft uns gelehrt hat, dass unsere Tätigkeiten einen Output generieren sollen. Entspannung, Freude, Selbstliebe und Stressabbau werden aber nicht als solcher wahrgenommen – obwohl sie so viel wertvoller sind.

### ME-TIME ALS TEIL DEINER SELBSTFÜRSORGE

Selbstfürsorge ist etwas, das bei vielen Müttern zu kurz kommt. Dabei ist sie so wichtig. Wir verstehen darunter das Wahr- und Ernstnehmen eigener Bedürfnisse und Gefühle und die Sorge um das eigene körperliche und seelische Wohlergehen. Nur wer gut für sich selbst sorgt, hat auch genug Kraft und Energie, gut (und glücklich) für andere zu sorgen. Im Grunde wissen und spüren wir das alle, setzen es aber häufig nicht um. Warum? Weil wir keine Zeit haben, uns um uns zu kümmern, weil wir immer die Verantwortung für unsere Kinder spüren und davon oft schlecht abschalten können. Genügend me-time gibt uns die Gelegenheit genau dafür: uns um uns selbst zu kümmern!

Eine Umfrage des Markt- und Meinungsforschungsinstitutes YouGov ergab, dass knapp 40 % der erwachsenen Deutschen täglich weniger als 45 Minuten zur freien Verfügung haben. Nicht einmal eine Stunde Zeit für sich! 5 % gaben sogar an, dass sie in den vergangenen drei Monaten im Schnitt keine oder weniger als eine Stunde me-time pro Woche (!) hatten. Was glaubst du, wie sieht es bei dir aus? Überschlag doch mal im Kopf oder rechne genauer nach. Eine nackte Zahl kann manchmal augenöffnend sein. Wie oft die Befragten dabei von Schuldgefühlen geplagt waren, wissen wir nicht. Vermutlich häufig – oder diese haben sie sogar davon abgehalten, sich me-time zu nehmen. Dabei ist sie so wichtig! Denn:

**Me-time ...**

- ... macht glücklich,
- ... lädt deine Akkus auf,
- ... fördert deine Selbstliebe,
- ... ermöglicht Körper und Geist eine Pause,
- ... schafft Raum für deine Interessen,
- ... stärkt deine Resilienz (Widerstandsfähigkeit),
- ... macht belastbarer und geduldiger,
- ... vermindert Stress,
- ... ermöglicht dir soziale Kontakte,
- ... steigert deinen Selbstwert,
- ... ermöglicht Selbstreflexion,
- ... hat Vorbild-Wirkung für deine Kinder

und ist somit in der Summe eine richtig gute Burnout-Prävention.

## ME-TIME ALS ROUTINE

Womit wir bei einem Punkt wären, der gerne übersehen wird: Me-time ist auch und vor allem dann hilfreich, wenn es dir gut geht. Wenn du erst dann eine Pause machst, wenn du schon längst über deine Grenzen gegangen bist und der Akku komplett entladen ist, ist es fast schon zu spät. Auch dann sind Auszeiten wichtig, aber du hast vielleicht gar nicht mehr die Kraft, sie dir zu nehmen. Achte also immer auf deine Bedürfnisse und sorge für dich, stell dich an die erste Stelle und nimm deine Gefühle wahr. Plane regelmäßige Auszeiten ein (zum Beispiel in deinem Kalender) – und zwar ohne schlechtes Gewissen.

## Argumente für deine me-time

Es ist wichtig für dich und für dein Kind, dass es dir gut geht. Dass du genug Pausen bekommst, um den stressigen Mama-Alltag durchzustehen.

### Du hast ein Recht auf me-time

Du hast in der Schwangerschaft keinen Vertrag unterschrieben, dass ab der Geburt des Kindes keine Pausen mehr erlaubt sind oder dass alle anderen Bedürfnisse deinen eigenen vorzuziehen sind. Auch wenn InKrit manchmal so tut. Erholung ist ein Grundbedürfnis, das sich niemand verdienen muss. Viele Mütter stellen Überlegungen an wie „*Wenn ich das Bad geputzt, den Einkauf erledigt und die Kinder vom Sport abgeholt habe, dann habe ich mir fünf Minuten Ruhe verdient.*" Nein – es ist genau umgekehrt: Gönne dir zehn Minuten Ruhe, um all diese Aufgaben gelassener angehen zu können. Diese falsche Verknüpfung aus dem Kopf zu bekommen ist nicht ganz einfach.

Deshalb bitten wir dich an dieser Stelle noch einmal, folgenden falschen Glaubenssatz durchzustreichen, zu überkleben, zu korrigieren:

*Ich muss mir Auszeiten verdienen.*

Stattdessen soll dein Mantra sein:

*Ich nehme mir Zeit für mich und meine Bedürfnisse.*

Schreibe es dir, wenn nötig, auf, klebe dir die Notiz an den Spiegel oder den Kühlschrank oder steck sie in den Geldbeutel, damit du dich immer wieder daran erinnerst.

### Du hast Priorität

Dein Wohlergehen ist deine Priorität. Wir wissen, dass einem in vielen Momenten vorgegaukelt wird, dass dem nicht so sei. Dass man als Mutter nur noch für das Kind und vielleicht sogar den Partner, den Haushalt und alles drumherum verantwortlich sei und „sich zurücknehmen" müsse. Natürlich hat ein hungriges Neugeborenes Vorrang vor bestimmten Freizeitaktivitäten, aber du musst zum Beispiel auch genügend essen und trinken. Sich völlig aufzugeben, die eigenen Bedürfnisse immer hintenanzustellen – sogenanntes **Self-Silencing** – ist ungesund; aber leider oft Teil der schwierigen Mutterideale, mit denen wir tagtäglich konfrontiert werden.

### Du musst dich nicht selbst aufgeben

Aus dieser Ecke kommen auch die Schuldgefühle, wenn wir uns Zeit für uns nehmen. *„Eine gute Mutter soll … / Eine gute Mutter muss …"* – diese Sätze sind nicht zielführend, aber gehören zu den Lieblingen von InKrit. Niemand hat von sich aus ein schlechtes Gewissen, wenn er sich um das eigene Wohl kümmert und etwas macht, was ihm/ihr guttut. Aber im Laufe unseres Lebens sammeln wir diverse Glaubenssätze an, die uns weismachen wollen, Mütter und Frauen hätten kein Recht darauf, müssten eigene Bedürfnisse für Jahre oder gar für immer hintenanstellen. Interessanterweise ist das etwas, was vor allem Mädchen bewusst oder unbewusst beigebracht wird. Ein gesunder Egoismus, ein Eintreten für die eigenen Interessen wird in der Regel Jungen viel eher zugestanden als Mädchen, zählt bei Männern eher als Vorteil und wird bei Frauen häufiger verurteilt. Mach dich davon frei. Wenn du weißt, woher der ungesunde Anspruch kommt, kannst du ihn leichter loslassen.

### Du musst nicht aufrechnen

Womöglich hast du deshalb auch oft ein schlechtes Gewissen deinem Partner gegenüber. InKrit nörgelt sofort: *„Er hat ja auch den ganzen Tag gearbeitet, und jetzt bittest du ihn noch um freie Zeit für dich."* Ja, auch dein Partner braucht me-time, auch er muss sich erholen und abschalten können. Aber ein Aufrechnen der Zeiten ist nicht empfehlenswert. Natürlich sollt ihr darauf achten, dass jede*r seine Pausen bekommt. Aber nicht exakt gleich verteilt, sondern gerecht! Jeder Mensch hat ein unterschiedlich großes oder kleines Bedürfnis danach, allein und für sich zu sein. Die eine braucht seltener längere Pausen, der andere täglich ein bisschen. Und auch eure Ressourcen sind nicht exakt gleich – insgesamt, aber auch in bestimmten Phasen. Wenn die Kinderbetreuung gerade besonders anspruchsvoll ist, weil der oder die Zweijährige nur mit dem Kopf durch die Wand will, braucht die betreuende Person vielleicht mehr Pausen als die, die den ganzen Tag arbeiten geht. Wenn auf der Arbeit gerade ein großes Projekt ansteht, braucht dann wieder der oder die andere mehr Auszeiten. VERA darf dich gerne immer wieder daran erinnern, dass ihr euch die Verantwortung für euer Kind teilt, dass aber auch jede*r von euch für sich verantwortlich ist. Passt die Verteilung der me-time an eure generellen und an die aktuellen Bedürfnisse an. Und wenn ihr trotzdem beide das Gefühl habt, auf dem Zahnfleisch zu gehen? Dann holt euch, wenn irgendwie möglich, externe Hilfe: Kinderbetreuung, Haushaltshilfe, usw.

Generell gilt: Wenn etwas liegen bleibt, dann ist das in Ordnung – solange es nicht du bist! Ein ungeputztes Haus ist nicht schön, aber kein wirkliches Problem. Eine Mutter, die vor Erschöpfung umfällt, hingegen schon.

### Du bist du, nicht „die anderen"

Du hast dennoch manchmal das Gefühl, du wärst die Einzige, die sich Pausen nimmt. Alle anderen wuppen das mit links und einem Lächeln im Gesicht, auch ohne Zeit für sich? Abgesehen davon, dass Vergleiche wenig bringen, weil wie gesagt jede*r unterschiedliche Bedürfnisse hat: Es mag Mütter geben, die entspannt und erholt sind, auch wenn sie sich keine me-time nehmen. Es sind aber die wenigsten. Die meisten reden nur nicht darüber, dass sie am Vormittag eine Stunde vor dem Fernseher saßen, statt die Wäsche zu machen. Oder wie schlecht es ihnen damit geht, dass sie eben eher die Wäsche machen, als sich aufs Sofa zu legen. Sie haben auch Probleme dabei, auf ihre VER**A** zu hören und jagen fragwürdigen Ansprüchen hinterher. Warum? Lass uns das gemeinsam ändern. Brechen wir eine Lanze für me-time und zeigen wir allen: Wir machen Pause. Und das ist gut so!

### Dein Kind profitiert ebenfalls von deinen Auszeiten

*„Und das Kind? Was ist mit dem armen Kind, das währenddessen auf seine Mama verzichten muss?"*, will InKrit wissen. Die Antwort darauf ist einfach und kurz: Kein Kind hat etwas von einer völlig verausgabten und unglücklichen Mutter. Im Gegenteil. Am Ende der Kräfte ist keine Geduld mehr übrig und ohne Geduld ist das Schimpfen und Schreien nicht weit. Solange dein Kind währenddessen in guten Händen ist, profitiert es genauso von deiner Auszeit, wie du selbst.

## Gestalte deine me-time

Du hast InKrit beruhigt und bist bereit für etwas me-time ganz ohne Schuldgefühle? Dann leg los. Und mach dir bitte keine neuen bezüglich dessen, WAS du tust! Eine Mama braucht ein Mal im Jahr eine ganze Woche Urlaub allein für sich, eine andere jeden Tag ein ruhiges Frühstück. Die Ausgestaltung unserer Auszeiten ist so verschieden wie unsere Bedürfnisse. Während einige vor allem Ruhe brauchen, und niemanden sehen wollen, machen andere Mütter gerne Party mit Freundinnen, wieder andere machen in der Zeit gerne Sport. Erlaubt ist, was gefällt, Nichtstun ebenso wie Fallschirmspringen.

### DREAM BIG

Oftmals traut man sich nicht, die eigenen Wünsche in die Tat umzusetzen. Nicht nur die Schuldgefühle hindern einen daran, sondern man hat vielleicht auch Angst vor der eigenen Entschlossenheit. Deshalb möchten wir dich ermutigen: Dream big!

Nimm dir einmal Zeit, Zettel und Stift und schreibe auf, was du dir für deine me-time wünschst. Vielleicht magst du auch ein Board auf Pinterest erstellen oder du notierst Ideen in einem Notizbuch. Bremse dich nicht aus, sondern überlege, was du gerne machen würdest, wenn vor allem Zeit keine Rolle spielen würde. **Schreib dir einen me-time-Wunschzettel!**

Die Übung dient nicht dazu, dich zu deprimieren, indem dir deine Einschränkungen noch bewusster werden. Sondern sie soll dich dazu ermuntern zu hinterfragen, ob diese wirklich so unüberwindbar sind.

Du würdest gerne ein Wochenende wegfahren, denkst aber dein Mann wäre dagegen. Frag ihn! Du glaubst, du findest keine Kinderbetreuung? Trau dich, und sprich Oma und Opa an, ob sie bereit wären, ein Wochenende zu übernehmen. Ablehnen können sie immer noch, aber du hast es dann wenigstens versucht. Oftmals sind wir unseren Wünschen näher, als wir denken, wir müssen nur den Mut aufbringen, darüber zu reden

Denk daran, dir regelmäßig kleine Auszeiten zu gönnen, auch wenn du dich nicht überlastet fühlst. Trage sie dir am besten in den Kalender ein oder merke dir zumindest eine feste Zeit, die du nur für dich hast. Erlaube dir aber genauso „Ausnahmen", wenn sich eine tolle Möglichkeit bietet, oder aber du merkst, dass du mehr me-time brauchst als üblich. Höre auf dich und die Signale deines Körpers, wann Pausen nötig sind.

### Zeitfenster finden

Tust du dich schwer, Zeitfenster für deine me-time zu finden? Willkommen im Club! Aber es lohnt sich, danach zu suchen und sie fest einzuplanen. Hier einige Tipps:

- Nutze die Zeit, in der dein Kind außer Haus betreut wird, nicht nur zum Arbeiten. Nimm dir ruhig auch mal eine oder mehrere Stunden von dieser Zeit, um etwas nur für dich zu tun.
- In manchen Familien funktioniert es gut, wenn man sich einen Wecker stellt, bevor das Kind aufsteht, und langsam und nur für sich in den Tag startet.
- Wenn du einen notorischen Frühaufsteher hast und nicht um 4:00 Uhr aufstehen willst, ergibt sich vielleicht vor dem Zubettgehen ein Zeitfenster, das du für dich nutzen kannst.
- Ab dem Kleinkindalter, sofern sich dein Kind schon recht gut allein beschäftigen und seine Bedürfnisse äußern kann, kannst du es mit selbstbestimmtem Schlafengehen versuchen. Ab einer gewissen Uhrzeit hat dann jeder in der Familie quasi me-time, bis das Kind ins Bett gebracht werden will. Als Entertainer*in steht man aber nicht mehr zur Verfügung.
- Organisiere einen Babysitter oder eine Babysitterin für eine bestimmte Zeit in der Woche. Oder du und dein Partner übernehmt zum Beispiel jeweils einen Abend die Kinderbetreuung, um dem/der anderen etwas Luft zu verschaffen.

- Wenn dein Kind älter ist, geht es vielleicht auch schon allein zu einem Freund oder einer Freundin. Im Gegenzug kannst du das andere Kind an einem Nachmittag übernehmen.
- Oma und Opa sind in vielen Fällen ebenfalls bereit, dein Kind zu betreuen. Vielleicht sogar mal für einen oder mehrere Tage.
- Schaff dir ein Elternnetzwerk, in dem ihr euch gegenseitig unterstützt, Aufgaben aufteilt und Betreuungszeiten abdeckt. Wenn die eine Freundin dein Kind mit zum Schwimmunterricht nimmt, hast du am Nachmittag vielleicht ein oder zwei Stunden für dich.
- Vielleicht kannst du die Betreuungszeiten so anpassen, dass zwischen Arbeitsende und Abholen noch etwas Zeit für dich und ein Mittagessen ganz in Ruhe drin ist. Viele Kinderbetreuungseinrichtungen bieten für die Kinder einen Mittagstisch an, das spart Energie und verschafft dir Zeit.
- Das Kind spielt grad so fein und vertieft ganz für sich? Nutze das Zeitfenster und setze dich mit einem Kaffee dazu. Die Wäsche könnt ihr dann vielleicht später sogar gemeinsam wegräumen, die kann jetzt erstmal warten.
- Klar kommunizieren. Mit der Zeit versteht auch dein Kind, dass Mama manchmal Pause braucht, und lernt, diese zu akzeptieren und es dir vielleicht sogar nachzumachen.

Manchmal kann es auch sinnvoll sein, das Haus zu verlassen, wenn genug Zeit ist, und sei es nur für einen Spaziergang. Denn entspannen ohne schlechtes Gewissen und auch ohne Störung ist beispielsweise schlecht möglich, wenn du im Bett liegst, aber hörst, wie dein Kind deinen Partner auf Trab hält oder nach dir ruft. Räumlicher Abstand und Tapetenwechsel sind oft hilfreich.

## SEI EHRLICH ZU DIR SELBST

Es gibt eine große Gefahr, wenn es um me-time geht: Wir neigen dazu, uns in die eigene Tasche zu lügen, und Tätigkeiten als Auszeiten zu zählen, die keine sind: Allein auf die Toilette gehen, in Ruhe die Wohnung putzen, ohne Kinder den Wocheneinkauf machen und so weiter. Ja: Auch das tut gut, aber du erledigst hier wieder deine Pflichten. Me-time sollte in der Regel aber etwas sein, was du nur und ausschließlich für dich tust. Wenn die Vorbereitung des Kindergeburtstags dir also riesige Freude bereitet, du sie nicht als Verpflichtung ansiehst und dir dadurch kein Stress entsteht, dann kann sie me-time sein. Die Regel ist das aber nicht. Sei also bitte ehrlich zu dir selbst!

Deine Pläne für die me-time sollen dich auf keinen Fall unter Druck setzen. Es geht nicht darum, möglichst viele und außergewöhnliche Auszeiten zu planen, sondern darum, eine gute Zeit mit dir zu haben. **Me-time ist keine weitere Verpflichtung und Leistung,** die du erbringen sollst. Vielmehr sollte sie im Rahmen deiner Selbstfürsorge zu einer Haltung werden, die du verinnerlichst und die dich begleitet und schützt. Hab auch kein schlechtes Gewissen, wenn du es dann doch mal nicht schaffst. Sei nachsichtig mit dir. Ein Leben ganz ohne Zeit für dich ist ungesund. Aber wenn an einem Tag oder in einer Woche mal etwas dazwischenkommt, ist das kein Grund, dich schlecht zu fühlen. Nur, wenn du für dich merkst, du brauchst die me-time ganz dringend, suche eine Lösung.

## InKrit und VERA

**InKrit:** Jetzt liegt sie schon wieder auf dem Sofa. Die Wäsche ist noch nicht gewaschen, das Bad nicht geputzt und sie muss noch einkaufen.

**VERA:** Sie braucht jetzt etwas Ruhe und Erholung für sich. Das ist ein ganz normales Bedürfnis.

**InKrit:** Dann soll sie doch bitte erst ihre Aufgaben erledigen. Danach hat sie sich die Auszeit auch verdient.

**VERA:** Das muss sie sich doch nicht verdienen. Jede*r hat ein Recht auf Selbstfürsorge.

**InKrit:** Sie war doch heute Morgen erst duschen!

**VERA:** Das ist doch keine Selbstfürsorge, das ist ein Grundbedürfnis.

**InKrit:** Papperlapapp. Sei froh, dass sie dafür Zeit hat. Andere Mütter schaffen nicht mal das.

**VERA:** Das ist sehr schade für sie, aber andere Mütter sind nicht sie.

**InKrit:** Genau, die sind nicht so egoistisch wie sie, sondern bei denen haben die Kinder Priorität.

**VERA:** Ich weiß nicht, woran es bei den anderen liegt, aber wenn es so ist, dann ist es ungesund. Sie selbst hat Priorität. Eine glückliche Mutter ist die beste Voraussetzung für glückliche Kinder.

## Hilfe, ich will nicht immerzu basteln!

Die Kindheit muss keine Aneinanderreihung von spektakulären Events sein. Der Ausspruch „Unser Alltag ist ihre Kindheit" löst aber in vielen Müttern genau diesen Druck aus. Wenn unser Alltag ihre Kindheit ist, dann muss der Alltag doch was Besonderes sein. Kennst du den Gedanken? Immerhin wünschst du dir für dein Kind eine tolle Kindheit, an die es gerne zurückdenkt. Was für ein Stress, Arbeit und Familie nicht nur unter einen Hut zu bekommen, sondern auch in beiden Bereichen zu glänzen und Außergewöhnliches zu leisten. Und das dann auch mit Aufgaben und Tätigkeiten, die du vielleicht gar nicht mal so gerne hast.

### Eine gute Mutter ...

Aus dem überhöhten Bild der Mutter als Allrounderin wächst das schlechte Gewissen. Denn du hast eine Vorstellung davon verinnerlicht, wie die gute oder sogar perfekte Mutter zu sein hat. Ein Ideal, das von Werbung, Büchern, Social Media-Accounts und vielem mehr angetrieben wird. Eine „gute Mutter" glänzt im Beruf, ist liebevoll und geduldig, kocht gesund und lecker, backt und stellt Snacks bereit. Sie trägt ihr Kind singend in den Schlaf, während sie durch eine saubere und dekorierte Wohnung schlendert. Sie bastelt mit dem oder für das Kind, organisiert tolle Feiern und spannende Schatzsuchen. VERA findet, es ist Zeit, dieses Bild und die darin enthaltenen hohen Ansprüche an die Realität anzupassen.

Wir haben dir einige (falsche!) Verknüpfungen mitgebracht, die wir in den sozialen Medien gesammelt haben. Du kannst sie hier und jetzt im Buch ganz einfach anpassen, indem du den Satz mit zwei // durchbrichst oder sie durchstreichst. Alternativ kannst du die Verknüpfungen auf einen Zettel schreiben und dann durchschneiden. Finde heraus, was dich mehr dabei unterstützt, diese Annahmen loszuwerden.

Beispielsatz:

- Eine gute Mutter // spielt gern stundenlang mit ihren Kindern.

**Und jetzt du:**

- Eine gute Mutter kocht selbst, gesund und frisch.
- Eine gute Mutter bastelt.
- Eine gute Mutter liest ihren Kindern vor.
- Eine gute Mutter engagiert sich in Kita, Schule und Verein.
- Eine gute Mutter macht gerne tolle Ausflüge.
- Eine gute Mutter ist gerne draußen.
- Eine gute Mutter backt gerne.
- Eine gute Mutter ist eine ordentliche Hausfrau.
- Eine gute Mutter ist eine Löwenmutter.
- Eine gute Mutter ist ein Organisationstalent.
- Eine gute Mutter ist immer geduldig und liebevoll.
- Eine gute Mutter liebt Rollenspiele.
- Eine gute Mutter ist eine tolle Geschichtenerzählerin.
- Eine gute Mutter singt ihren Kindern etwas vor.
- Eine gute Mutter näht Kleidung für ihre Kinder.
- Eine gute Mutter organisiert aufregende Kindergeburtstage.
- Eine gute Mutter besucht allerlei Kurse mit ihren Kindern.

## ... ist eine authentische Mutter

Suchst du eine Antwort auf die Frage, was eine gute Mutter ausmacht, dann findest du nichts von dieser Liste. Weder in der Psychologie noch in den Erziehungswissenschaften. Weil das, was dich zu einer guten Mutter macht, nicht das lustlose Abarbeiten einer bestimmten Vorstellung ist. Es gibt keine Checkliste, die du am Abend abhaken kannst, à la *„Ok, heute 15 Minuten vorgelesen, einen Waldspaziergang unternommen und das Baby in der Trage gehabt, einen Kuchen gebacken, zweimal getröstet, Arzt-Termine für* *alle ausgemacht und die Einladungen für den nächsten Geburtstag gebastelt – heute war ich wieder eine super Mutter!“* Du könntest das genauso einer Freundin erzählen und sie wäre ganz sicher beeindruckt. Sie würde dich für eine tolle Mutter halten. Weil du vielleicht den Teil der Geschichte auslässt, der davon handelt, wie ungern du im Wald oder wie genervt du von der Bastelei der Einladungskarten warst und dass du deswegen deine Kinder mehr angefahren hast, als du gerne zugibst.

Dieses Beispiel zeigt schön, warum man zum Schluss gekommen ist, **dass eine gute Mutter eine authentische, eine unverfälschte Mutter ist.**

- Wenn du dich nicht verbiegst, sparst du die Energie, die fürs Verbiegen nötig wäre, für die Begleitung deines Kindes.
- Du bist ausgeglichener und zufriedener, weil du du selbst bist und dich genauso akzeptierst, wie du bist.
- Außerdem bist du mit deiner authentischen Art ein Vorbild für dein Kind (und andere Menschen).
- Du bist du selbst, mit deinen Stärken und Schwächen, machst Fehler, stehst dazu und übernimmst Verantwortung.
- Du hast Grenzen, die du schützt, und respektierst die Grenzen anderer.
- Genauso, wie du dich selbst akzeptierst, akzeptierst du dein Kind, in seiner Einzigartigkeit, mit seinen Stärken und Schwächen, Temperamenten und Herausforderungen.

In dieser Beschreibung findet sich nichts von dem, was wir gefunden haben, als wir in den sozialen Medien nachgefragt haben, was eine stereotypische „gute Mutter“ ausmacht. Gar nichts.

Wie viel von dem, was du als Mutter tust, tust du, um als „gute Mutter“ wahrgenommen zu werden? Um InKrit zu besänftigen? Hast du die Einladungskarten für den Kindergeburtstag selbst gebastelt, weil du so gerne malst, schneidest und klebst, oder weil du denkst, das wird von dir erwartet und zeichnet dich als „gute Mutter“ aus?

Wenn du die Bastelzeit genossen hast, Spaß daran hattest und am Ende stolz auf das von dir geschaffene Kärtchen warst – perfekt, weiter so! Vielleicht habt ihr auch zusammen gebastelt, euch kreativ ausgetobt und lustige Unikate geschaffen? Das war bestimmt eine tolle Zeit für euch!

Wenn du es jedoch getan hast, um anderen zu gefallen, dann hinterfrage das nochmal. Der Versuch, anderen die Vorzeige-Mama zu präsentieren, ufert schnell aus und schluckt die Zeit, die du mit deinem Kind, deinem Partner oder dir selbst verbringen könntest. Von der von dir selbstgebastelten Einladungskarte hat dein Kind in den meisten Fällen nämlich gar nichts. Frage dich also, was **VERA** fragen würde: Wie viel Zeit und Energie verwende ich darauf, den Schein zu wahren? Ist es das wert? Was wird passieren, wenn ich das aufgebe und mich so zeige, wie ich wirklich bin?

**EHRLICHKEIT ENTLASTET ALLE**

Hast du schon mal versucht, dich zu öffnen? Gezeigt, dass du unperfekt bist, dass du manche Aspekte des Mamaseins gar nicht leiden kannst? Sei dir versichert, wenn du es wagst, werden viele andere erleichtert seufzen, weil sie sich nicht mehr allein fühlen. Es ist ja auch viel wahrscheinlicher, dass bei den vielen Aufgaben, die das Leben mit Kindern mit sich bringt, irgendwas dabei ist, was ein Elternteil nicht so gerne tut oder nicht gut kann.

Wie gut, dass es im Leben deines Kindes mehr als nur dich gibt! Denn das erhöht die Wahrscheinlichkeit, dass darunter auch Menschen sind, die vielleicht genau das liebend gern tun, was dir so gar keine Freude bereitet. Dann bastelt das Kind eben im Kindergarten. Und geht mit Opa in den Wald, um Steine und Blätter zu suchen. Wenn es dir darum geht, dass dein Kind diese Erfahrungen macht, oder wenn dein Kind dies auch einfordert, dann kannst du sie auch teilweise outsourcen. Du bist doch nicht allein für alles verantwortlich – und wer nicht allein verantwortlich ist, der muss auch nicht die ganze Last der Schuldgefühle auf seinem Rücken tragen, erinnert dich VERA. Oder alle Bedürfnisse und Wünsche allein erfüllen. Dafür ist das sprichwörtliche Dorf ja da.

Frag doch mal den Opa oder die Patentante. Vermutlich freuen sie sich, wenn sie Zeit mit deinem Kind verbringen können und du sie um Hilfe bittest. Wenn dein Kind vehement auf dir beharrt, dann geht es vermutlich viel weniger um das Tun als vielmehr um die gemeinsame Zeit. Dann findet eine andere Beschäftigung, die das Bedürfnis nach Nähe und Zweisamkeit ebenso befriedigt.

### VOM BEDÜRFNIS HINTER DEM WUNSCH

Es gibt einen Unterschied zwischen Bedürfnissen und Wünschen. Bei Bedürfnissen ist es auf lange Sicht gesehen lebensnotwendig, dass sie erfüllt werden. Bei Wünschen nicht. Das gilt vor allem für die körperlichen Bedürfnisse nach Sauerstoff, Essen, Trinken, Schlaf und Wärme, aber tatsächlich auch für die psychischen Bedürfnisse nach Nähe, Liebe, sozialer Zugehörigkeit, Bindung, Anerkennung und Wertschätzung. Werden diese Bedürfnisse längere Zeit ignoriert, kann das krank machen. Wir Menschen sind uns unserer Bedürfnisse nicht immer vollends bewusst und verlangen dann deren Erfüllung. Stattdessen haben wir andere Wege entwickelt, unsere Bedürfnisse zu befriedigen. Das geschieht dann oftmals über Wünsche. Der Teenie wünscht sich mit Inbrunst eine ganz bestimmte Markenjeans, da sie ihm den Zugang zur coolen Clique ermöglichen wird. So zumindest die Hoffnung. Hinter einem Wunsch versteckt sich also ein Bedürfnis (im Beispiel das Bedürfnis nach Zugehörigkeit). Entdeckst du als Mutter, welches Bedürfnis hinter einem dringlichen Wunsch deines Kindes liegt, dann wird es dir vielleicht möglich, das Bedürfnis auf andere Art zu stillen.

## InKrit und VERA

**InKrit:** Das Kind wollte spielen, und sie hat es schon wieder abgewiesen.

**VERA:** Es wollte ein Rollenspiel machen. Sie mag das wirklich nicht, das ist okay. Sie hat ihm Alternativen angeboten und es darf lernen, dass sie nicht alles gerne macht.

**InKrit:** Zum Beispiel basteln. Das gehört doch zur Kindheit dazu.

**VERA:** Das Seelenheil des Kindes hängt ganz sicher nicht davon ab. Außerdem bastelt es im Kindergarten und mit Opa, der das sehr gerne macht.

**InKrit:** Trotzdem, für ihr Kind könnte sie sich schon etwas Mühe geben oder zumindest so tun, als hätte sie Spaß daran.

**VERA:** Und was lernt es daraus? Dass wir uns für andere verbiegen müssen. Natürlich macht sie ab und an auch mal etwas, was ihr nicht so liegt, aber doch nicht permanent.

**InKrit:** Sie bietet ihm ja aber auch sonst kaum etwas. Der Kindergeburtstag war ja auch nichts Besonderes.

**VERA:** Sie ist doch keine Animateurin! Die Kinder hatten Spaß. Und auch sonst (er-)lebt ihr Kind hier den Alltag, sie verbringen gemeinsam Zeit, sie liest zum Beispiel sehr gerne vor. Aber es kann und darf auch mal versuchen, selbst kreativ zu werden.

**InKrit:** Eine Rabenmutter!

**VERA:** Eine authentische Mutter!

# ERZIEHUNG

*Der Weg mit deinem Kind ist gepflastert von guten Ratschlägen, Erwartungen anderer, Unsicherheiten, unzähligen Elternratgebern sowie diversen Beratungs- und Kursangeboten rund um Erziehungsthemen. Die Informationen, die auf dich einprasseln, sind jedoch meist widersprüchlich, manchmal sogar veraltet. InKrit hat also immer einen Angriffspunkt, egal wie du erziehst. Das wollen wir ändern.*

„Erziehen ohne Schimpfen" heißt das neuste Kursangebot im Elternbildungscafé des Ortes. *„Das arme Kind erfriert ja"*, weiß die Nachbarin, nachdem sie die kleinen kalten Fingerchen deines Babys ertastet hat. Die Schwiegermutter findet, dass Schreien die Lungen stärkt, Kartoffelbrei ihrem Sohn mit sechs Monaten auch nicht geschadet hat und Söhne nicht ins Ehebett gehören, weil die ja sonst Muttersöhnchen werden. Deine beste Freundin erzieht jetzt gar nicht mehr. „Unerzogen" nennt sie das. Die Mutter aus dem Babymassagekurs hingegen hat bereits einen komplett ausgearbeiteten Plan vom Pekip-Kurs über den Waldkindergarten bis hin zur Montessori-Schule. Dir qualmt der Kopf? Verständlich. Denn eines können wir dir hier schwarz auf weiß versichern: Du kannst es in Sachen Erziehung nur falsch machen. Es wird mit Sicherheit immer jemanden geben, der etwas auszusetzen hat, meckert oder es einfach ganz demonstrativ anders macht. InKrit wird immer neuen Stoff für neue Kritteleien bekommen.

Viele Eltern, vielleicht auch du, wollen in der Erziehung neue Wege gehen, weil sie spüren, wie negativ sich die Erziehungsstile der vorangegangenen Generationen ausgewirkt haben.

Der aktuelle Forschungsstand sieht im autoritativen, bedürfnisorientierten Erziehen die größten Vorteile für dein Kind und die beste Alternative zu den veralteten Vorstellungen: Es fördert Selbstbewusstsein und Eigenständigkeit und mindert das Risiko für psychische Krankheiten.

Wenn du autoritativer/bedürfnisorientierter erziehen möchtest, helfen dir diese Eckpunkte, dich zu orientieren:

- Es geht um Sensibilität, Akzeptanz und Offenheit deinem Kind gegenüber.
- Besprich Grenzen, die du setzt, mit deinem Kind auf Augenhöhe und begründe sie.
- Biete dem Kind genügend und passenden Raum, sich zu entwickeln.
- Setze diese Regeln bedürfnisorientiert um; das beinhaltet auch, sie anzupassen oder Ausnahmen zu machen, wenn es dem Kind gerade nicht gut geht oder ein Bedürfnis besonders dringend ist.
- Die Bedürfnisse aller Familienmitglieder sind wichtig, auch deine.
- Es herrscht ein ausgewogenes Verhältnis von Sicherheit (Wurzeln) und Autonomieförderung (Flügel).

### BEDÜRFNISORIENTIERTE ERZIEHUNG UNTER DER LUPE

Die bedürfnisorientierte Begleitung ist keine Checkliste, die man abhaken kann. Sie ist weit mehr als

- Bonding (intensiver Hautkontakt nach der Geburt),
- Tragen,
- Familienbett/Co-Sleeping,
- Stillen, usw.

Sie ist eine Haltung, die verinnerlicht hat, dass die Bedürfnisse **aller** Familienmitglieder bedeutsam und beachtenswert sind. Die prompte und angemessene Bedürfniserfüllung ist wichtig für die Entwicklung einer sicheren Basis für das Baby. Von dieser aus kann das Kind mit fortschreitendem Alter die Welt erkunden. Feinfühlige Eltern helfen dann, die Bedürfnisse nach Sicherheit und Autonomie in ein Gleichgewicht zu bringen, negative Emotionen zu regulieren und Bedürfnisaufschub zu lernen, sodass die Bedürfnisse der anderen Familienmitglieder wieder mehr Raum erhalten können.

Diese Bedürfnisorientierung ist auch der Grund, warum es für diese Art des Erziehens oder Begleitens (wie es immer häufiger genannt wird) keine starren Regeln, kein eindeutiges Richtig oder Falsch gibt. Menschen teilen zwar die grundlegenden psychischen Bedürfnisse, jedoch in unterschiedlichen Ausprägungen. Wie sehr wir uns nach dem einen oder dem anderen sehnen, ist sehr individuell. Es ist die Aufgabe der Eltern, die einzelnen Bedürfnisse und deren Dringlichkeit gegeneinander abzuwiegen und dann für alle Familienmitglieder einen Weg zu finden. Dieser Weg kann und darf sich vom Weg anderer Familien (im Rahmen der Gewaltfreiheit) unterscheiden.

Auf welche Erziehungsmittel du zurückgreifst, ist meist keine bewusste Entscheidung, die wenigsten setzen sich intensiv mit ihrer Haltung und deren Auswirkungen auseinander. In erster Linie ist dein Erziehungsstil ein Produkt vieler Faktoren:

- deiner eigenen Erziehung und Sozialisation,
- deines Umfelds,
- deiner Bildung und
- deines sozioökonomischen Status, also deiner Lebensumstände.

Und selbst, wenn du dich bewusst für einen Weg entschieden hast, ist es schwierig, gegen die eigenen Prägungen zu arbeiten, vor allem dann, wenn dir die Vorbilder fehl(t)en.

Im Folgenden schauen wir uns an, in welchen Bereichen der Erziehung InKrit und ihre Unterstützer*innen zur Höchstform auflaufen.

## Hilfe, ich verwöhne mein Kind!

Beginnen wir mit dem Klassiker: das Kind verwöhnen. Viele Eltern sorgen sich darum, ihre Kinder zu verwöhnen. Durch zu viel Süßes oder Spielzeug, vor allem aber durch emotionale Zuwendung. Diese Angst sitzt tief und bestimmt unsere Gedanken, unsere Reaktionen und unsere Vorstellung von Erziehung. Noch viel tiefer sitzt sie in unseren Vorgänger-Generationen, in denen „verwöhnen“ fast schon ein Schimpfwort war. Du kennst vielleicht Ratschläge, du müsstest dein Kind „abhärten“ und „auf die Schwierigkeiten des Lebens vorbereiten“. Diese Sicht hat uns, hat dich geprägt. Viele Eltern haben deshalb eine ganz genaue (und falsche!) Vorstellung davon, was es bedeutet, ein Kind zu verwöhnen und welch großer Schaden dadurch entsteht. Für die sie gar nichts können. Schuldgefühle sind also fehl am Platz, findet VERA, weil du nicht allein verantwortlich bist.

Mit der Stimme deiner Großmutter flüstert dir InKrit ins Ohr, dass du einen kleinen Tyrannen großziehen wirst, wenn du so weitermachst! Ach Quatsch, denkst du dir, und kümmerst dich weiter liebevoll und feinfühlig um dein Kind. Bis es sich mitten in der Autonomiephase im Supermarkt auf den Boden wirft (und nein, das ist kein Klischee) und du dich fragst: War da vielleicht doch was dran? War ich nicht streng genug, habe ich zu wenig Grenzen gesetzt? Und schon landen die Selbstvorwürfe neben den Fruchtzwergen im Einkaufswagen.

Auch der Uropa hat deiner inneren Kritikerin einigen Stoff zum Nachdenken mitgegeben: *„Ein solch verwöhntes Kind wird es in unserer harten und kalten Welt einmal sehr schwer haben! Es muss lernen, dass das Leben kein Wunschkonzert ist!“* Stimmt das? Wird es dein Kind schwerer haben, weil du jetzt eine gute Beziehung mit ihm hast, die ohne Bestrafung, Strenge und Disziplinierung auskommt? Die auf Verständnis, Akzeptanz, Miteinander und Kooperation fußt? Nein, es wird es nicht schwerer haben, sondern leichter. Studien zeigen, dass sich Kinder, die ohne Angst aufwachsen, stärker, selbstbewusster, psychisch stabiler und körperlich gesünder entwickeln.

Es ist schwer, Oma und Opa diese Denkweise vorzuwerfen, da damals angesehene Fachleute Bücher darüber verfasst haben, welch schlimme Auswirkungen Verwöhnen und Verzärteln hätte und was unbedingt zu vermeiden sei. Bücher über Schlaftrainings, Machtkämpfe und kleine Tyrannen. Die Liste ist nicht nur lang, sie ist auch schmerzvoll. **All diese Bücher waren prägend.** Über die Generationen hinweg prägten sie auch uns, die wir heute versuchen, uns davon freizumachen. Hörst du solche Äußerungen wiederholt von Menschen, die du aufgrund ihrer Erfahrung oder Expertise respektierst, ist es nicht verwunderlich, dass sie dich verunsichern. Geht es jedoch um die Bedürfnisse deines Kindes gilt: DU bist die Expertin. Du kennst es am besten und weißt, was es braucht.

**UNGESUNDES VERWÖHNEN BEGINNT, WO ZUTRAUEN ENDET**

Du kannst dein Kind nicht durch zu viel Liebe verwöhnen. Wohl aber, indem du es ungesund überbehütest und es mit materiellen Gütern überschüttest. Das ist deshalb problematisch, weil du deinem Kind nichts zutraust und deswegen alle Probleme für es löst und Hindernisse aus dem Weg räumst. Oder du scheust jeden Konflikt, der durch ein „Nein" entstehen würde, und setzt dich nicht mit deinem eigenen Konsumverhalten auseinander. Hier traust du dir womöglich selbst zu wenig zu. Es kann schwer sein, die negativen Gefühle des Kindes auszuhalten und ihm bei der Regulation zu helfen. Oder du traust deinem Kind nicht zu, mit diesen Gefühlen umzugehen oder den Umgang damit zu lernen. Mögliche Folgen einer Überbehütung sind ein Mangel an Selbstbewusstsein und Mut. Im Gegenzug entwickelt dein Kind Verantwortungsbewusstsein, wenn es immer wieder die Chance bekommt, **Mitverantwortung im Familienalltag** zu übernehmen. Materielles Verwöhnen kann später ein schwieriges Konsumverhalten zur Folge haben, zusätzlich zu Schwierigkeiten, die eigenen Emotionen gesund zu regulieren. Zwickt an dieser Stelle dein schlechtes Gewissen, ist es ein Warnsignal, dein Verhalten zu überdenken. Unsere Erfahrung zeigt jedoch: Wenn du eh schon aufmerksam dafür bist, ob du dein Kind vielleicht etwas zu sehr behütest, dann bist du auf einem guten Weg zu mehr Zutrauen.

## Löse dich von veralteten Annahmen

Es gibt ein paar wiederkehrende Phrasen, die dich auf deinem Weg der bedürfnisorientierten Begleitung verunsichern. Sie vergiften Stück für Stück deine Haltung, deine Reaktionen und somit die Beziehung zu deinem Kind. Stell dir einmal vor, du siehst einen Videoclip, in dem eine Frau durch eine Allee joggt. Das Video ist mit einer dynamischen, fröhlichen Lauf-Musik unterlegt und die Szene wirkt angenehm. Stell dir nun vor, du würdest die genau gleiche Szene, die exakt gleichen Bilder sehen, allerdings sind sie dieses Mal mit einer gruseligen, düsteren Musik untermalt, wie man sie aus alten schwarz-weiß Psychothrillern kennt. Plötzlich wirkt die genau gleiche Szene unglaublich bedrohlich und es entsteht der Eindruck, als wäre die Frau auf der Flucht und nicht joggen. Der Kontext wirkt sich auf die Interpretation einer Situation aus.

Wie wird sich deine Sicht darauf, was das Kind denkt, fühlt oder braucht, ändern, wenn in deinem Kopf all diese abwertenden Aussagen über Kinder nachklingen? Es ist nicht deine Schuld, dass dich das manchmal verunsichert oder du dich sogar davon beeinflussen lässt. Dein Umfeld, deine Kindheit und deine Sozialisation haben auf **deine Hintergrundmusik** eingewirkt und tun es noch. Du kannst nun aktiv dagegen ansingen, indem du prinzipiell immer von den besten, reinsten und nicht gegen dich gerichteten Motiven für das Verhalten deines Kindes ausgehst. Die allermeisten Handlungen deines (Klein-)Kindes führt es FÜR SICH aus, nicht GEGEN DICH. Im Zweifel für das Kind. Im Folgenden überschreiben wir außerdem die ein oder andere Melodie mit ein paar Fakten:

### „Spring doch nicht immer gleich, lass es doch mal weinen!"

Wenn du schnell auf dein weinendes Baby oder Kind reagierst, stößt du auf Unverständnis oder sogar (innere) Kritik. Das liegt wieder an den Erziehungshaltungen der Vergangenheit, als Eltern sich sorgten, das Kind würde sie durch Weinen „manipulieren". Denn es war wichtig, dass Mutter und Vater die „Macht" in der Beziehung behielten. Die logische Konsequenz auf dein Verhalten – rasch die Bedürfnisse deines Kindes erfüllen – wäre aus dieser Sicht ein Kind, das dir auf der Nase herumtanzt, ungehörig und unangepasst ist. Mittlerweile wissen wir, dass Kinder uns nicht manipulieren KÖNNEN – zumindest nicht in diesem negativen Sinn, wie es hier gemeint ist.

## AB WANN KANN EIN KIND MANIPULIEREN?

Manipulieren bedeutet laut DUDEN: „durch bewusste Beeinflussung in eine bestimmte Richtung lenken, drängen". Nimmt man diese neutrale Definition, können das Babys schon relativ früh. Sie nutzen die ihnen gegebenen Möglichkeiten – weinen, schreien, mit den Ärmchen rudern und Ähnliches –, um deine Aufmerksamkeit zu erhalten und sich damit ihre Bedürfnisbefriedigung zu sichern. Reagierst du sehr schnell auf die Laute deines Babys, lernt es, dass es dich mit diesen Tönen erreichen kann. Es handelt sich um grundlegende Kommunikationsmöglichkeiten, die das kindliche Überleben sichern sollen.

Durch deine zuverlässige Reaktion lernt das Baby: *„Ich kann etwas bewirken."* So baut sich eine sichere Bindung auf.

Lange Zeit wurde angenommen, es sei wichtig, sich vom eigenen Kind nicht beeinflussen zu lassen und auch das Bedürfnis nach Aufmerksamkeit nicht zu fördern. Dabei ist der Wunsch nach Aufmerksamkeit (besonders wenn es um Bedürfniserfüllung geht) keinesfalls verwerflich und du würdest ihn vermutlich nicht abtun, wenn er beispielsweise von deinem Partner käme.

Für den manipulierenden Einsatz von Gefühlen braucht es deutlich mehr kognitive Fähigkeiten, als ein Baby sie mitbringt. Das gilt übrigens auch für Provokation. (Mindblowing fact: Das Grinsen, das Kleinkinder oftmals zeigen, wenn sie erwischt oder geschimpft werden, ist eine uralte Beschwichtigungsgeste und keine Provokation! Das ändert einiges, nicht wahr?) Dafür ist Empathie nötig, das heißt, deinem Kind muss klar sein, dass andere Menschen andere Gefühle haben, und es muss fähig sein, die Perspektive des anderen einzunehmen. Vollends entwickelt ist die Empathiefähigkeit erst zwischen dem vierten und dem sechsten Lebensjahr.

Die eigentliche Folge deines Handelns ist also kein widerspenstiges Kind, sondern eines, das weiß, dass es etwas bewirken kann und das sicher gebunden ist. Erzähl das InKrit, wenn sie das nächste Mal über dich spottet, weil dein Kind lautstark seinen Willen kundtut. Und füge gleich noch an, dass eine sichere Bindung viele weitere positive Entwicklungen ermöglicht.

### „Es will doch nur Aufmerksamkeit!"

Sich Aufmerksamkeit zu wünschen hat einen richtig schlechten Ruf. Besonders bei Kindern. Das liegt wohl an der Sorge, später ein Kind zu haben, das sich immer in den Mittelpunkt drängt und andauernd abhängig von der Aufmerksamkeit, Anerkennung und Wertschätzung anderer sein wird. Dabei ist das, was oftmals als Suche nach Aufmerksamkeit abgetan wird – die vielen *„Guck mal, Mama! Schau mal her, Papa!"* – eigentlich die Bitte deines Kindes um Verbindung. Das ist keine Bitte um Lob oder Bestätigung. Allerdings, so ehrlich müssen wir sein, wird die Bitte um Verbindung irgendwann zu einer Bitte um Lob, wenn das Kind gelernt hat, dass es nur dadurch beachtet wird. Denn allzu oft reagieren wir in der Hektik des Alltags auf die Kontaktaufnahme unserer Kinder mit einem unaufmerksamen *„Ja, ja, toll …"*, statt einen Moment innezuhalten und wirklich in Kontakt zu gehen. Nicht, weil wir uns diesen Kontakt nicht ebenfalls wünschen, nein. Sondern weil dich die Unvereinbarkeit deines Alltags als Mama immer wieder daran hindert.

Stress und Zeitdruck sind Beziehungskiller, das gilt auch für die Eltern-Kind-Beziehung. Diese Unvereinbarkeit ist aber ebenfalls nicht deine Schuld, sie liegt im System begründet und wandelt sich nur ganz, ganz langsam.

## ACHTSAM LOBEN

Deine Art zu loben – falls du dich im vorhergegangenen Absatz über deine eigenen *„Ja, ja, toll"*s geärgert hast – kannst du übrigens ändern, indem du deine Worte achtsam wählst und authentisch lobst. Die ersten Schritte deines Kindes? Juble, tanze und lobe, was das Zeug hält – drücke deine Gefühle aus, wie du es gerne tust. Das hundertste Kritzel-Bild, auf dem du nichts erkennen kannst? Wenn es keinen Begeisterungssturm (mehr) in dir auslöst, dann spiele auch keinen vor. Beschreibe stattdessen, was du siehst oder lass es dir beschreiben. Beschreiben ist auch der Schlüssel zur achtsamen Wortwahl. *„Ich sehe dich. Du bist ganz allein hochgeklettert."* statt *„Wow, gut gemacht"* macht einen kleinen, aber feinen Unterschied.

### „Kinder brauchen Grenzen!"

Es gibt viele von diesen *„Kinder brauchen ...*"-Aussagen. Sie brauchen Grenzen, Regeln, Rituale, Struktur, Sicherheit und, und, und. In all diesen Aussagen steckt ein Körnchen Wahrheit, aber meist nicht das, was dein Umfeld oder InKrit darunter verstehen. Dein Kind kann grenzenlos geliebt werden, es kann aber nicht grenzenlos leben. **Überall sind Grenzen, ganz natürliche**. Es gibt Dinge, die es noch nicht kann und erst lernen muss. Es gibt die Grenzen anderer Menschen, deine zum Beispiel. Es gibt Regeln des Anstands (die auch gerne immer mal wieder hinterfragt werden dürfen) und es gibt Gesetze. All diese Begrenzungen sind da, ob wir sie nun brauchen oder nicht. Dein Kind muss lernen, wie man mit diesen Einschränkungen umgeht. Auch mit den eigenen. Es braucht dich, um ihm das vorzuleben. Du musst ihm zeigen, wie man persönliche Grenzen setzt und wie man „Nein" sagt. Wichtig dabei ist, dass es authentische Grenzen sind, keine willkürlichen, und dass gesetzte Grenzen akzeptiert werden müssen. Deine Stärke als Mutter wird sein, zu erkennen, wann du Grenzen anpassen oder aufgeben musst, weil sie nicht mehr altersgemäß sind. Das Leben mit Kindern ist stets im Wandel, ebenso wie eure Grenzen, Regeln und Rituale. Über die Zeit hinweg werden nicht Grenzen, sondern Gefühle wie Liebe, Respekt und Geborgenheit das sein, was in eurer Familie zentral ist.

### „Da muss das Kind durch, später bekommt es auch nicht alles auf dem Silbertablett serviert!"

Lernt ein Kind früh, dass es nicht alles haben kann, sondern sich alles erkämpfen muss, beziehungsweise dass es Herausforderungen allein meistern muss, wird das Kind es später einmal im Leben leichter haben und nicht auf dem kalten Boden der bösen Realität aufschlagen. Das ist ein Denkfehler! Vergiss den Satz am besten gleich!

Die Intention ist ja eine prinzipiell gute, denn dein Kind soll aufs Leben vorbereitet werden. Nur zeigt uns die Forschung, dass das Gegenteil der Fall ist! Was du dir für dein Kind wünschst, ist eine Fähigkeit namens Resilienz. Wie du die psychische Widerstandskraft förderst, kannst du im Kapitel →„Hilfe, ich bin krank!" nachlesen. Früh Schwierigkeiten allein und ohne Hilfe meistern zu müssen, ist nicht der Weg, im Gegenteil. Herausforderungen meistern und Konflikte lösen sind gute Erfahrungen für dein Kind, wenn es diese in einer Gemeinschaft oder in Beziehung macht.

Zudem bringt dein Kind bereits ein **Grundgerüst an Resilienz** mit. Es kommt mit einem gewissen Temperament und individuellen Fähigkeiten auf die Welt, die in seine Widerstandskraft einfließen. Offene und gesellige Kinder finden zum Beispiel schneller Anschluss und knüpfen sich somit ein soziales Netz, das sie in Krisenzeiten stützt. Diesem Grundgerüst verdankst du es auch, dass du gar nicht immer alles richtig machen musst. VERA möchte dich beruhigen, denn dein Kind wird nicht daran kaputt gehen, wenn du mal vom Weg abweichst und doch mal schimpfst, oder Druck ausübst. Wenn Stress, Anspannung und die gruslige Musik der Umwelt dich einen Fehler machen lassen und du nicht so friedlich mit deinem Kind umgehst, wie du es dir vorgenommen hast.

## InKrit und VERA

**InKrit:** Das Kind hat sie aber echt ganz schön um den Finger gewickelt.

**VERA:** Das stimmt, sie liebt ihr Kind wirklich sehr.

**InKrit:** Ach, du weißt genau, dass ich das nicht so gemeint habe.

**VERA:** Wenn du meinst, dass sie gleich reagiert, wenn das Kind weint, dann ja. Da hast du recht. Und das tut sie aus gutem Grund.

**InKrit:** Ach, und der wäre?

**VERA:** Ihr ist wichtig, dass ihr Kind weiß, dass es sich auf ihre Fürsorge verlassen kann. Es soll sich sicher fühlen. Diese Sicherheit wird zu einem Grundgefühl werden, das es sein Leben lang begleitet.

**InKrit:** Das klingt schön.

**VERA:** Das war's? Einfach so?

**InKrit:** Ja. Wo du recht hast, hast du recht.

## Hilfe, ich schimpfe zu viel!

So, hier wird es jetzt richtig schwierig. Entweder gehörst du zu der Hälfte der Mütter, die ein schlechtes Gewissen bekommen, wenn sie laut werden, eine Wenn-Dann-Drohung aussprechen oder ihr Kind bestrafen. Oder du gehörst (noch) zu der anderen Hälfte, die sich noch nicht intensiv mit Schimpfen und Strafen auseinandergesetzt haben und ihren Umgang damit bisher nicht oder nur wenig hinterfragt haben. Gehörst du zur zweiten Gruppe, ist es möglich, dass die folgenden Zeilen ein schlechtes Gewissen in dir auslösen, weil sie dir aufzeigen, wie umfangreich Gewalt ist. Das ist nicht unser Ziel. Wir wollen dich auf deinem Weg ohne Schuldgefühle begleiten. Dazu gehört es auch, dass wir dir helfen, keine Schuld auf dich zu laden. Und dafür brauchst du ein paar Fakten.

Was in deiner Kindheit und in der deiner Eltern noch relativ normal war – Strenge, Erziehung mit Angst und körperlicher Bestrafung (Klaps, Ohrfeige und Schlimmeres), verbale Demütigung und viele weitere Verhaltensweisen – wird heute als gewaltvoll eingestuft. *„Ein Klaps hat noch keinem geschadet“* hat sich als definitiv falsch herausgestellt, obwohl 2020 immer noch jede*r Zweite genau dieser Auffassung war. Besonders hinsichtlich der psychischen Gewalt gibt es noch viel Aufklärungsbedarf. Darum kommt jetzt ein bisschen Aufklärungsarbeit. Trage sie gern in die Welt hinaus!

### GEWALTFREIE ERZIEHUNG

Das Recht auf eine gewaltfreie Erziehung ist gesetzlich verankert. Im § 1631 BGB steht: „Kinder haben ein Recht auf gewaltfreie Erziehung. Körperliche Bestrafung, seelische Verletzungen und andere entwürdigende Maßnahmen sind unzulässig.“

Unter körperlicher Bestrafung kannst du dir sicher etwas vorstellen. Schwieriger wird es bei den „seelischen Verletzungen“, hier gehen die Vorstellungen oder auch das Wissen darüber, was man darunter versteht, weit auseinander. Wir fassen ein paar Eckpunkte psychisch gewaltvollen Verhaltens für dich zusammen:

- Erziehen mit Angst und Lüge
- Liebesentzug und Ignorieren
- Direkte oder indirekte verbale Demütigung/Beschämung
- Diskriminierung und Adultismus (Vorurteile gegenüber jüngeren Menschen, die ein Hinwegsetzen über deren Meinungen und Ideen rechtfertigt)
- Absprechen eigener Wahrnehmungen, Bedürfnisse, Gefühle
- Ausgrenzung (aus Familie, Beziehung, sozialer Gruppe)
- Überwachung und Verletzen der Privatsphäre
- Überbehütung, Kontrolle

Es ist aber auch wichtig zu sehen, was keine Gewalt ist und daher nicht um jeden Preis vermieden werden muss: Grenzen setzen und Konflikte erleben. **Es ist keine Gewalt, dem Kind eine Grenze zu setzen, das Wie ist entscheidend.** Auch Konflikte stellen eine wertvolle Lernerfahrung dar, die nicht umgangen werden sollte.

## Vision: gewaltfreie Erziehung

Vollkommen gewaltfrei zu erziehen ist, so behaupten wir, zum jetzigen Zeitpunkt sehr schwer bis unmöglich. Es ist eine erstrebenswerte Vision und du bist bereits auf einem guten Weg. Aber die Rahmenbedingungen für eine absolut gewaltfreie Begleitung sind (noch) nicht gegeben. Wenn du also jetzt gerade an dir zweifelst und dir Vorwürfe machst, weil du deinen Ansprüchen nicht genügst, dann sei versichert, es ist nicht deine Schuld. Wir sind uns ziemlich sicher, dass du selbst nicht vollkommen gewaltfrei aufgewachsen bist. Dass Druck auf dich ausgeübt wurde und Angst ein Erziehungsmittel war. Ebenso, dass du keine Vorbilder hattest, die dich einen solchen Weg gelehrt haben könnten.

Und nicht nur die fehlen, sondern auch die Unterstützung in deinem Umfeld. Wie umfassende Gewaltfreiheit aussieht und auch gelebt werden kann, müssen viele von uns erst noch herausfinden. Es fehlt oftmals noch das Bewusstsein dafür. Deswegen erleben wir Eltern, die, ohne wirklich darüber nachzudenken, ihrem Kind sagen, dass sie es im Supermarkt zurücklassen, wenn es sich nicht zusammenreißt. Das Drohen mit dem Christkind wird ebenso wenig hinterfragt, wie die gängige Forderung, das Kind müsse wenigstens probieren, bevor es das Essen ablehnt. Eine Forderung, die auch in vielen Kinderbetreuungseinrichtungen noch alltäglich ist. Leider wissen noch zu wenig Menschen, wie viele Facetten von Gewalt es gibt, wie man sie vermeidet und wie die Alternativen aussehen können.

Vielleicht warst auch du an manch einer Stelle in diesem Text überrascht, dass das schon Gewalt sein soll. Wenn das der Fall war und du dich deswegen jetzt grämst, lass dir gesagt sein: Es ist noch ein weiter Weg zu gewaltfreier Erziehung, nicht nur für dich, sondern für unsere ganze Gesellschaft. **Jeder Weg beginnt mit einem ersten Schritt.** Es findet gerade im Moment ein Umbruch statt und wir alle lernen in dieser Hinsicht noch hinzu. Du kannst nicht ändern, was passiert ist, aber du kannst in Zukunft auf dieses Wissen zurückgreifen und es umsetzen.

## NUTZE DEINE INNERE KRITIKERIN

Im Großteil dieses Buches geht es darum, InKrit zum Schweigen zu bringen oder sie davon zu überzeugen, dass sie gar nicht so kritisch sein muss. An dieser Stelle wollen wir dich jedoch dazu ermuntern, sie als Wegweiserin zu sehen. Höre genau hin, was sie kritisiert, denn InKrit hat einen besonders scharfen Blick für deine Abweichungen von deinen Ansprüchen. Sie kann dir helfen, herauszufinden, wo es Stolpersteine in eurem Miteinander gibt und welche Stellschrauben gedreht werden können, um gemeinsam zu einem friedvollen Familienleben zu finden. Statt ihre Kritik wegzuwischen, geh mit ihr in den Dialog und wachse daran.

Dabei wirst du, werdet ihr Fehler machen, eure Handlungen und eure Haltungen anpassen müssen und immer wieder dazulernen. InKrit kann dir zeigen, wo das nötig ist.

Perfektionismus ist nicht möglich und nötig, weil die Rahmenbedingungen, ganz besonders der Stress der Mehrfachbelastungen, maßgeblich dazu beitragen, dass du auf Erziehungsmethoden zurückgreifst, denen du eigentlich bereits abgeschworen hast. Weil Vorbilder und Unterstützer*innen fehlen. Zum anderen, weil es die Summe an Erfahrungen ist, die ausmacht, wie sich unsere Kinder entwickeln. Ob sie sich respektiert, gesehen und geliebt fühlen.

## Schritte zum friedvollen Miteinander

Wir wissen, dass uns bei Stress die Kraft für geduldigeres und beziehungsorientiertes Begleiten fehlt und wir deshalb auf andere (teils harschere) Methoden zurückgreifen. Daraus lassen sich mehrere Ansätze für einen friedvolleren Weg und somit weniger schlechtes Gewissen ableiten.

**Erstens kannst du den Stress reduzieren.** Wie du mit Familienorganisation, Kommunikation und einem guten Netzwerk zu mehr Zeit für dich und deine Selbstfürsorge kommst, beschreiben wir in unserem Buch „Die Klügere gibt ab.“ Wenn du weniger Stress und mehr Beziehung im Familienalltag möchtest, schau dir das gerne an. Stress, also Zeitdruck, zu viele Verpflichtungen, zu viel Last auf deinen Schultern und eine endlose To-do-Liste sind deshalb Gift für die Beziehung zu deinem Kind, weil DU zu kurz kommst. Weil du dich, jedes Mal, wenn es „es oder ich“ heißt, für dein Kind entscheidest, und somit deine Bedürfnisse auf den letzten Platz der Prioritätenliste rutschen. Werden deine Bedürfnisse und Grenzen wieder und wieder übergangen, sorgt irgendwann deine Wut dafür, dass sie Beachtung finden. Statt dir Vorwürfe zu machen, solltest du die Wut als Signal dafür sehen, dass sich etwas ändern muss: Dein Stresslevel muss sinken, deine selbstfürsorgliche Haltung steigen.

**Zweitens kannst du herausfinden, was in dir besonders starke Emotionen auslöst, also deine Trigger finden.** Einige dieser Auslöser haben ihren Ursprung in deiner Kindheit, was bedeutet, dass du im Trigger-Moment mit kindlichen Gefühlen konfrontiert wirst, nämlich mit denen deines inneren Kindes. Diese „Abspaltung“ bestimmter Teile von dir (wie dein inneres Kind oder deine innere Kritikerin) ist ein gedankliches Hilfsmittel, damit du besser damit arbeiten kannst. Das heißt, dass du deine eigenen Wunden verstehen und erkennen und vielleicht sogar heilen kannst. Dass du deine Glaubenssätze erkennst und ändern kannst.

## AUSLÖSER FINDEN

Trigger sind kleine fiese Reize, die gerne dazu führen, dass deine emotionale Reaktion von außen oder im Nachhinein betrachtet, unangemessen erscheint. Diese Reize lösen schmerzliche Erfahrungen aus, die tief in deinem Gedächtnis vergraben sind. Um diese Reize ausfindig zu machen, achte darauf, wann du dir folgende Frage stellst: *„Wo kam das denn jetzt her?!"* oder *„Was hat mich denn da geritten?!"* Wenn du selbst zum Schluss kommst, dass deine Gefühle nicht zur Situation gepasst haben, entweder inhaltlich oder was ihre Stärke angeht, dann hast du vermutlich eine Trigger-Situation gefunden.

Diese gilt es nun zu analysieren. Dabei hilft dir ein **Wut-Tagebuch.** Notiere dir am Ende eines Tages kurz eine Situationsbeschreibung und, das ist besonders wichtig, wie du dich im Verlauf gefühlt hast. Frage dich, ob du das Gefühl bereits kennst und ob es dich an irgendwas erinnert. Egal ob dann eine Kindheitserinnerung oder eine kürzlich vergangene Situation aufploppt. Achte auf deinen Körper. Hast du die Faust geballt? Oder den Kiefer fest zusammengepresst? So lernst du dich und deine Gefühle besser kennen, ihre Auslöser und ihre körperlichen Anzeichen und kannst sie künftig frühzeitig wahrnehmen.

Übrigens lassen sich mit dieser Methode auch übergangene Bedürfnisse und Grenzen sehr gut aufdecken.

**Drittens kannst du dir Hilfe suchen.** Es gibt Hilfe für deine Überlastung, für Erziehungsfragen und -unsicherheiten und auch für die Bearbeitung deiner Vergangenheit oder Gegenwart. Es gibt Hilfe und es ist okay, sie anzunehmen. Sogar mehr als das: Es ist super! InKrit wird das Gemecker vergehen, wenn du aktiv und lösungsorientiert für deine Familie eintrittst und eure Herausforderungen anpackst.

**Viertens:** Beobachte deinen Zyklus, damit du auf emotionale Schwankungen während der PMS-Phase vorbereitet bist und dir entsprechend mehr Ruhe gönnen kannst. Deine Familie freut sich bestimmt auch über eine kleine Warnung.

Zum Beispiel bekommst du einen unbändigen Wutausbruch (Reaktion), weil der Vierjährige ins Bett gemacht hat (Reiz). Die Vernunft weiß, dass das in diesem Alter einfach noch passieren kann und es überhaupt keinen Grund gibt, wütend zu sein. Dieser Reiz kann jedoch Gefühle einer vergangenen Verletzung auslösen, die mit dem eigentlichen nächtlichen Unfall überhaupt nichts mehr zu tun haben. Vielleicht, weil du selbst bestraft wurdest, wenn du ins Bett gemacht hast. Du reagierst ungewöhnlich heftig, obwohl das, was jetzt gerade passiert ist, gar nicht der Grund für deine Wut ist.

Kindheit ist prägend. Die meisten deiner Werte, Ansprüche, Glaubenssätze und tief vergrabenen Verletzungen sind dort entstanden. Als du Mama wurdest, hast du dich mit deiner Kindheit nochmal besonders auseinandergesetzt. Das passiert fast automatisch. Plötzlich liegen dann längst unterdrückte Gefühle ganz nah an der Oberfläche und warten darauf, hervorkommen zu dürfen und endlich gesehen, vielleicht sogar geheilt zu werden. Das Verhalten deines Partners oder eben deines Kindes ist Auslöser, nicht Ursache für den Gefühlssturm. Es löst eine emotionale Zeitreise aus, zurück in eine Zeit, in der du kleiner und verletzlicher warst. In der du von größeren, mächtigeren Menschen abhängig warst. Oder auch in die Zeit, in der dir etwas Traumatisches geschehen ist und du dich hilflos und ohnmächtig gefühlt hast. Das ist eine Reaktion, die du nur schwer beeinflussen kannst. Dafür braucht es Übung, beruhigt dich VERA. Je schwerer es dir fällt, deine erwachsenen Gefühle von deinen kindlichen Verletzungen zu unterscheiden, desto wichtiger ist es für dich, dich in der Gegenwart zu verankern und den Gefühlssturm zu stoppen. Hast du ein anhaltendes Problem mit deiner Wut, dann such dir unbedingt therapeutische Hilfe.

### IM HIER UND JETZT VERANKERN

Folgende erprobte Methoden können dir als Anker dienen:

- Atme einen scharfen/intensiven Geruch ein (den du bspw. als ätherisches Öl in der Hosentasche hast).
- Zähle Dinge auf, die du im Hier und Jetzt siehst, hörst und fühlst. Unser Gehirn kann nicht drei Sinne abfragen UND dein komplettes Nervensystem unter Strom setzen.
- Sage deine eigene Telefonnummer rückwärts auf.
- Erzeuge laute Geräusche, zum Beispiel durch Klatschen oder Aufstampfen.
- Trinke kaltes Wasser oder spritze es dir ins Gesicht.
- Massiere deine Daumenwurzel oder drücke deine verschränkten Finger. Dein Gehirn kann sich besser orientieren, wenn es den eigenen Körper wahrnimmt.

Nicht jeder Anker passt zu jeder Person, du wirst daher vielleicht erst ausprobieren müssen, was dir hilft. Mit etwas Glück verschafft dir die Übung die 90 Sekunden, die dein Körper braucht, um die Stressreaktion wieder abklingen zu lassen. Dann kannst du – nach einer Verschnaufpause – mit klarem Kopf angemessen auf die Bedürfnisse ALLER Beteiligten eingehen.

## Verantwortung übernehmen

Alle Vorsätze und Bemühungen für eine friedvolle Erziehung sind keine Garantie, dass es nicht doch mal passiert: Du wirst laut, schreist und schimpfst. Niemand ist davor gefeit, keine*r von uns ist perfekt. Wir machen Fehler, sagen verletzende Dinge, haben uns nicht immer vollständig unter Kontrolle. Im Affekt geben wir dafür auch meist unseren Kindern die Schuld, die sich dann für unsere negativen Gefühle verantwortlich fühlen und eine Last tragen müssen, die nicht die ihre ist.

Das schlechte Gewissen danach ist berechtigt und sinnvoll, denn es zeigt dir, dass du einen Fehler gemacht hast, den du wieder gut machen musst. InKrit hat also in diesem Fall ausnahmsweise mal recht. Dass du Verantwortung übernehmen musst. Weil du die Erwachsene, die Mutter, bist. Was nicht sinnvoll ist, ist ein sich selbst geißelndes Gedankenkarussell darüber, was für ein furchtbarer Mensch du bist und dass dich dein Kind nun ewig hassen wird. Hab Mitgefühl mit dir und geh nicht zu hart mit dir ins Gericht. Fehler machen ist menschlich. Du bist ein Mensch. Ein erwachsener Mensch, der für seine Fehler geradesteht, sich entschuldigt und daraus lernt. Behandle dich selbst, wie VERA dich behandeln würde.

## RICHTIG ENTSCHULDIGEN

Wenn du dich bei deinem Kind für dein Fehlverhalten entschuldigst, dann altersgemäß und ehrlich. Erkläre, warum du laut, grob oder unfair geworden bist, warum dir das passiert ist. Gib deinem Kind nicht die Schuld an deinem Fehler. Übernimm vollumfänglich die Verantwortung dafür und beschreibe, wenn möglich, welcher Stress, welches Gefühl oder welches unbefriedigte Bedürfnis dich so viele Ressourcen gekostet hat, dass du jetzt nicht mehr geduldig reagiert hast. Keine Angst, du verlierst nicht das Gesicht, wenn du „Schwäche" zeigst. Im Gegenteil. Du zeigst dich als der Mensch, der du bist. Mit deinen Stärken und Bedürfnissen.

Wenn dein Kind bereits älter ist, dann bezieh es in den Prozess mit ein und frage nach, welche Gefühle in ihm ausgelöst wurden und was es nun braucht, um wieder in Kontakt zu dir zu kommen. Kinder haben hier oftmals gute Ideen und beliebte Strategien. Braucht dein Kind noch etwas Zeit, dann gib sie ihm. Du kannst nicht erwarten, dass es deine Entschuldigung sofort annimmt.

Denk dabei auch daran, dass du ein Vorbild bist. An deinem Beispiel wird dein Kind lernen, wie man verantwortungsbewusst mit Fehlern umgeht und wie man sich dafür entschuldigt. Es lernt, dass man nicht perfekt sein muss, Fehler machen darf und trotzdem in Kontakt und Beziehung bleiben kann. Das ist eine unglaublich wertvolle Lektion fürs Leben.

## Schützende Gewalt

Vielleicht hast du dich beim Lesen der letzten Seiten gefragt, ob es nicht Situationen gibt, in denen es notwendig ist, dass du dein Kind (beispielsweise) zu etwas zwingst. Oder du hast über Situationen nachgedacht, in denen du Gewalt angewendet hast und hast dich gefragt, wie du diese nun einordnen kannst.

Dazu möchten wir abschließend noch etwas sagen. Es gibt drei Arten der Gewalt und zwei haben wir bereits vorgestellt: die **körperliche und die psychische Gewalt.** Beide lassen sich mit der bedürfnisorientierten und gewaltfreien Erziehung nicht vereinen. Die dritte Form ist die **schützende Gewalt.** Sie kommt immer dann zum Tragen, wenn du in einer Notsituation blitzschnell handeln musst, um dein Kind vor großem Schaden oder dem Tod zu schützen.

Ein Beispiel, das du sicher aus dem Alltag kennst, ist der Straßenverkehr mit Kleinkindern. Dein Kleinkind läuft einfach los, direkt auf eine stark befahrene Straße und in deinem Schreck packst du es am Arm und schreist es vielleicht an. Dieser kurze Moment, das grobe Packen und der Eingriff in die Selbstbestimmung des Kindes, ist zwar ein gewaltvoller Akt, jedoch ein unvermeidlicher, weil das Leben des Kindes jederzeit oberste Priorität hat.

Ein anderes Alltagsbeispiel ist der Griff in den Mund deines Kindes, wenn du Sorge hast, dein Kind könnte etwas Gefährliches im Mund haben und sich daran verschlucken. Für diese Art der Gewalt musst du dich nicht entschuldigen, denn du hast keine Schuld auf dich geladen. Du hast dein Kind beschützt. Wichtiger ist, mit welcher Haltung du in so einem Fall handelst. Und wie du deinem Kind danach begegnest, wenn es vielleicht erschrocken, traurig oder wütend ist. Die Haltung ist ganz klar: Ich beschütze dich. Ich füge dir nicht absichtlich Schmerz zu, ich übernehme meine elterliche Verantwortung.

Schützende Gewalt ist manchmal auch nötig bei der Verabreichung von Medikamenten oder in anderen medizinischen Situationen (Blut abnehmen, Ultraschall, Corona-Test ...). Da diese in der Regel aber planbar sind, versuche es immer erst auf dem friedvollen Weg. Versuche herauszufinden, warum das Kind nicht mitmachen möchte. Hat es Angst? Möchte es den Zeitpunkt lieber selbst bestimmen? Oder mitmachen, soweit es geht? Das ist bei einem Termin in der Kinderarztpraxis natürlich schwierig, aber auch dort kannst du es versuchen. Wenn sich dein Kind dennoch verweigert, musst du seine Gesundheit schützen.

### DAS KIND NACH SCHÜTZENDER GEWALT AUFFANGEN

Nach solch einem gewaltvollen Moment ist dein Kind vermutlich erschrocken, perplex, erstarrt, traurig oder wütend, weil es in seiner Selbstbestimmung beschränkt wurde. Begleite dein Kind durch diese Reaktion, indem du Verständnis zeigst und deinem Kind Raum für seine Gefühle gibst. Benenne die Gefühle und lass dem Kind dazwischen Zeit, sich zu beruhigen und deine Worte anzunehmen. Biete Körperkontakt an, er hilft euch, euch zu beruhigen. Warte mit deiner Erklärung, bis ihr euch wieder entspannt habt. Sage beispielsweise: *„Ich bedauere es, dass ich grob/laut geworden bin. Es ist meine Aufgabe, dich zu beschützen. Das gerade eben gehörte dazu.“* Bleib in Beziehung zu deinem Kind und lass es deine friedvolle, schützende Haltung spüren.

## InKrit und VERA

**InKrit:** Toll, wie sie sich heute Morgen beim Verlassen des Hauses im Griff hatte und ihr Kind wütend in den Kindersitz gepackt hat. Ganz großes Kino.

**VERA:** Ja, das war keine Glanzleistung. Da war ihre Geduld plötzlich futsch.

**InKrit:** Futsch? Zum Mond geschossen meinst du wohl!

**VERA:** Ja. Und sie hat sich dafür entschuldigt. Sie wird schauen, wie sie den Ablauf morgens anders gestalten können, damit sich das nicht wiederholt. Du kannst aufhören, sich damit zu quälen. Botschaft angekommen.

**InKrit:** Bis zum nächsten Ausrutscher. Dann halt wegen ... was weiß ich ... Einschlafbegleitung? Sachen rumwerfen? Essen ausspucken?! Irgendwas ist doch immer.

**VERA:** Das stimmt nicht. Sie kann mit all dem sehr oft sehr gut umgehen. Nur manchmal, wenn sie schon lange zu kurz gekommen ist und keine Ruhe hatte, dann überkommt es sie.

**InKrit:** Jetzt forderst du auch noch Ruhe für sie? Darf es vielleicht noch eine Belohnung für ihr garstiges Verhalten sein?

**VERA:** Nein, keine Belohnung. Wenn es ihr gut geht und sie erholt ist, kann sie sich auch geduldiger und ausgeglichener um ihr Kind kümmern. Es ist also vorbeugend. Genau. Ich sage ihr gleich, dass sie das tun soll.

## Hilfe, mein Kind entwickelt sich nicht „normal"!

Wir alle kennen doch diese Personen, die mit bedeutungsschwangerer Stimme verkünden, dass dein Kind dies oder jenes lernen muss, weil das eine wertvolle Lektion fürs Leben ist. Überraschung: Von denen gibt es eigentlich viel weniger, als wir annehmen. Es gibt welche, keine Frage. **Großgeliebt werden ist sicherlich eine der wertvollsten Erfahrungen, die ein Kind machen kann.** Es geht aber nicht darum, dass du mit deinem Kind bestimmte Meilensteine und Lektionen „abarbeitest". Wir wünschen uns, dass du dein Kind staunend kennenlernst und dich daran erfreust, wie es seinen Weg findet. Ein weit entferntes Ideal, ja. Aber wie schon gesagt: Jede Reise beginnt mit einem Schritt.

Noch bist du gefangen in dem Glauben, die Entwicklung deines Kindes und seine Leistungen stünden in direktem Zusammenhang zu deinen erzieherischen Fähigkeiten. Weicht dein Kind auf irgendeinem Maß – egal, ob es Körpergröße, Kopfumfang, die sprachliche, motorische oder emotionale Entwicklung, die schulische oder sportliche Leistung ist –, von der Norm ab, dann fühlst du dich verantwortlich, sorgst oder schämst dich gar und hast das Gefühl, versagt zu haben. Dabei ist Entwicklung ein komplexes Unterfangen!

### HAUEN, SCHUBSEN, SPUCKEN

Wenn dein Kind aggressives Verhalten (beißen, schubsen, kneifen, fluchen usw.) zeigt, kann es sein, dass dir das Sorgen bereitet. Das muss aber nicht zwangsläufig ein „Erziehungsfehler" oder eine Entwicklungsproblematik sein. Tatsächlich ist es phasenweise ganz normal, dass Kinder so wütend werden, dass sie sich nicht mehr zu helfen wissen und zuhauen. Besonders, wenn die Fähigkeit sich mitzuteilen und die richtigen Worte zu finden, noch nicht ausreichend entwickelt ist, ist das aggressive Verhalten ein Ausdruck von Hilflosigkeit. Zeigt dein Kind solche oder ähnliche Verhaltensweisen, ist ein Blick auf seinen emotionalen und sprachlichen Entwicklungsstand sehr wichtig. In der akuten Situation kann es hilfreich sein, wenn du in Worte fasst, was geschieht und die Wut deines Kindes umlenkst. Stampft, boxt in ein Kissen oder Ähnliches.

## Einflussfaktoren der Entwicklung

Entwicklung ist zu vielschichtig und facettenreich, um nur die Genetik, nur die Umwelt oder eben nur DICH dafür verantwortlich zu machen. Schau dir die Wortwolke mit den Einflussfaktoren mal an. Manches bringt dein Kind bereits mit, sein Temperament beispielsweise. Ob ein Kind eher schüchtern und zurückhaltend oder eher aggressiv und impulsiv ist, ist zu einem gewissen Grad bereits in ihm angelegt, und es ist an dir, dies anzunehmen. Das heißt nicht, dass du deinem Kind nicht dabei helfen kannst, mit seinem Temperament gut zurecht zu kommen (wenn es denn überhaupt Schwierigkeiten damit hat).

*Einflussfaktoren der Entwicklung*

Manche Einflussfaktoren auf dein Kind kannst du überhaupt nicht beeinflussen: Kriege, Pandemien, Naturkatastrophen, traumatische Lebensereignisse. Andere Dinge kannst du nur sehr schwer und unter großen Anstrengungen beeinflussen, wie zum Beispiel die Kultur und Gesellschaft, in der ihr lebt oder den Zugang zu Bildung und medizinischer Versorgung.

Und dann bist da noch du. Ein Einflussfaktor unter vielen. Ein wichtiger, keine Frage. Besonders in der Schwangerschaft und im ersten Lebensjahr. Dann nimmt dein Einfluss langsam immer weiter ab, weil andere Faktoren auftauchen und mehr Raum einnehmen, die Großfamilie, die ersten Kontakte außerhalb der Familie, der Besuch von Krippe oder Kindergarten und viele mehr. Du trägst die Last der Verantwortung für die Entwicklung deines Kindes bei Weitem nicht allein. Liebe Grüße von VERA an deine Kritikerin InKrit.

Schreib dir den folgenden Satz auf ein Blatt Papier oder in dein Notizbuch. Und dann: Streiche ihn durch!

~~Ich bin allein verantwortlich für die Entwicklung meines Kindes~~

Wenn du möchtest, schreibe die anderen Einflussfaktoren auf Post-its oder Heftpflaster und klebe sie über den durchgestrichenen Satz. Du spielst auch eine Rolle – aber eben nur eine unter vielen. Am Ende schreibst du darüber:

Ich trage einen Teil zur Entwicklung meines Kindes bei.

### WAS IST SCHON „NORMAL"?

Entwicklungstabellen, die eine normale Entwicklung abbilden, sind inzwischen nicht mehr nur Kinderärzt*innen vorbehalten, sie finden sich auch in jedem zweiten Elternratgeber. Das macht Druck, denn es entsteht der Eindruck, dein Kind müsse gewisse Entwicklungsschritte zu einem bestimmten Zeitpunkt erreichen, weil das normal ist. Normal, also der Norm entsprechend. Aus medizinischer oder psychologischer Sicht dient der Vergleich mit einer großen Gruppe (der Norm) dem Ziel, förderungswürdige Entwicklungsverzögerungen zu finden. Das Vergleichen solltest du daher auch den Expert*innen überlassen, denn der Einzelvergleich ist überhaupt nicht aussagekräftig. Wenn überhaupt, **vergleiche dein Kind nur mit sich selbst**. Sieh dein Kind in seiner eigenen Entwicklung, in seinem Fortschritt. Und was die Entwicklungsschritte selbst angeht: Häng dich nicht zu sehr an bestimmten Zeitvorgaben auf. Für die großen Meilensteine der kindlichen Entwicklung gelten Zeiträume als Orientierung (!), beispielsweise wird der Meilenstein „freies Gehen" zwischen 9 und 18 Monaten erreicht. In vielen Tabellen wird jedoch nur das durchschnittliche Alter und nicht die ganze Zeitspanne angegeben. Daher sind diese Angaben mit Vorsicht zu genießen.

## Schule & Co

Betrachten wir die Schulzeit, nimmt das Vergleichen und Bewerten noch einmal drastisch zu. Das ganze Schulsystem ist darauf ausgelegt, nicht nur zu lehren und zu fördern, sondern auch zu bewerten und zu beurteilen. Du, als Mitglied einer Leistungsgesellschaft, hast vermutlich bestimmte Erwartungen an dein Kind. Oder Vorstellungen davon, was es einmal erreichen soll. Vielleicht hoffst du, dass dein Kind später beruflich einen ähnlichen Weg geht, wie du – oder dich sogar überflügelt.

**UNSER SCHULSYSTEM HILFT INKRIT**

Die Schule und die Gesellschaft haben große Erwartungen und Ansprüche an dich als Elternteil. Du bist, so deren Ansicht, verantwortlich für den schulischen Erfolg deines Kindes. Kaum einer hinterfragt, ob die Lehrinhalte noch zeitgemäß sind. Mal ehrlich, wann hast du das letzte Mal ein Gedicht aufsagen müssen? Nur wenige überlegen, ob es vielleicht eine Alternative gibt zu unserem Schulsystem mit seinen Noten. Wer stellt die Ausbildung der Lehrkräfte infrage? Dabei weiß die Forschung längst, dass Lernen mit Begeisterung und Freude viel besser funktioniert als mit Druck. Wir alle haben gerade in den letzten Jahren gelernt, wie wichtig Medienkompetenz ist. Stichwort: Fake News. Aber in den Lehrplänen wird das (noch) nicht ausreichend berücksichtigt. Der Schwerpunkt liegt leider auch nicht auf sozialen Fähigkeiten, obwohl diese so zentral sind.

Lernen zu lernen ist, wie die anderen Bereiche der Entwicklung, ein vielschichtiger Vorgang, auf den viele verschiedene Faktoren einwirken. Gibt es also tatsächlich Schwierigkeiten rund um die Schule, also beim Lernen, Konzentrieren, Prüfungen ablegen oder Hausaufgaben machen, dann halten dich Selbstvorwürfe womöglich davon ab, die anderen Einflussfaktoren zu sehen. Zum Beispiel die **Lern-Umgebung**. Kann dein Kind sich zum Hausaufgabenmachen und Lernen zurückziehen, hat es Ruhe? Braucht es überhaupt Ruhe oder kann es in Bewegung oder mit Geräuschkulisse besser lernen? Wird es in der Nachmittagsbetreuung beim Hausaufgaben machen begleitet oder abgelenkt? Passt der Zeitpunkt zu den Bedürfnissen deines Kindes oder wäre es besser, die Hausaufgaben erst nach einer Frischluft-Runde anzugehen?

Außerdem passiert während der Schulzeit deines Kindes so viel anderes: Es wird unabhängiger, findet einen Freundeskreis, bekommt ein Verständnis dafür, dass es zu Hause eine andere Rolle hat als in der Schule oder unter Freund*innen und lernt, was Moral und Gewissen sind. Das sind nur einige Beispiele. Manchmal nimmt eine dieser Aufgaben gerade viel Energie in Anspruch. Das kann die schulische Leistung etwas in den Hintergrund drängen.

**Einfluss auf den Verlauf der Schulzeit deines Kindes haben auch:**

- seine Intelligenz und Gedächtnisleistung,
- sein Temperament,
- seine Motivation und
- seine Talente.

Für ein schüchternes Kind ist der Schulbesuch eine größere Herausforderung als für ein aufgeschlossenes Kind, das leichter Anschluss findet. Das schüchterne Kind empfindet den Schulbesuch möglicherweise als unangenehm, was sich auf seine Leistung auswirken kann. Ein temperamentvolleres, wilderes Kind hat hingegen vielleicht größere Schwierigkeiten, sich an die Regeln der Schule zu halten und eckt daher vor allem bei Lehrkräften an. Der individuelle Blick auf dein Kind lohnt sich ganz bestimmt – auf jeden Fall mehr als die spitzen Bemerkungen deiner inneren Kritikerin. Die bringen dich in der Regel eher nicht weiter.

Neue Studien zeigen, dass der **Freundeskreis** großen Einfluss auf die Motivation hat, was sich wiederum positiv auf die Leistungen auswirkt. Darüber hinaus wurde deutlich, dass es sich eher ungünstig auswirkt, wenn Eltern Druck und Kontrolle ausüben. Die Unterstützung der kindlichen Unabhängigkeit ist erfolgversprechender. Als Mama hast du die Möglichkeiten, dein Kind durch die Schulzeit hindurch zu begleiten, indem du ihm hilfst, seine Stärken und Schwächen kennenzulernen, dich mit ihm über seine und eure Erwartungen austauschst und es dabei unterstützt, eigene Lernstrategien zu entwickeln. Es gibt aber auch eine Menge Einflussfaktoren, die du nicht kontrollieren kannst. Gibt es Schwierigkeiten rund um das Thema Schule, bist du die Anlaufstelle und gemeinsam erarbeitet ihr (vielleicht auch mit professioneller Hilfe) Lösungswege. Gleichzeitig dürfen Erfolg und Misserfolg nicht allein auf deinen Schultern lasten. Wie du gesehen hast, trägst du nicht allein die Verantwortung dafür, daran kann **V**ERA dich von nun an stets erinnern!

### SPORTLICHE (UND SONSTIGE) LEISTUNGEN

Wenn wir grad von Erfolg und Misserfolg sprechen, müssen wir auch noch einen kurzen Blick auf die außerschulischen Aktivitäten werfen. Wende dich einmal vom Leistungsprinzip ab und löse den alten Glaubenssatz *„einmal angefangen, muss man das auch durchziehen"* auf. Hobbys bieten dir und euch die wundervolle Möglichkeit, Talente und Stärken zu entdecken und mit Freude wachsen zu lassen. Es macht daher viel mehr Sinn, dein Kind unterschiedlichste Dinge ausprobieren zu lassen und es dabei zu unterstützen, die eine Sache zu finden, die es glücklich macht. Hast du also ein schlechtes Gewissen, weil dein Kind (schon wieder) ein Hobby hinschmeißt, dann sieh es so: Es gibt nicht auf, es sucht weiter.

## InKrit und VERA

**InKrit:** Hast du gehört, Lisas Tochter spricht jetzt schon ganze Sätze! Und die ist gerade mal zwei Wochen älter als ihr Kind.

**VERA:** Ja, habe ich gehört. Das ist ok. Kinder entwickeln sich in den unterschiedlichen Bereichen unterschiedlich schnell.

**InKrit:** Langsam, wolltest du wohl sagen.

**VERA:** Nein. Im eigenen Tempo wollte ich sagen. Der Vergleich mit einem einzelnen anderen Kind ist außerdem überhaupt nicht zielführend.

**InKrit:** Aber sie muss doch darauf achten, ob sich ihr Kind gut entwickelt. Davor sollte sie nicht die Augen verschließen! Das ist ein doofer Ratschlag.

**VERA:** Ist es nicht. Da hast du recht, es ist ihre Verantwortung. Sie achtet ja auch darauf. Sie sieht seine Entwicklung und geht sein Tempo mit. Sie unterstützt ihr Kind.

**InKrit:** Und wenn sie etwas übersieht?

**VERA:** Sie sind doch regelmäßig beim Kinderarzt. Der hat das gut im Blick und fragt sie auch nach ihrer Meinung.

**InKrit:** Und wenn nicht?

**VERA:** Dann ermutige ich sie, das selbst anzusprechen.

# LEBEN MIT KIND

*Das Leben mit Kind ist voller Überraschungen – und voller Herausforderungen. So viele Entscheidungen, die man treffen, Dinge, die man bedenken muss! Vielleicht hat das Leben mit Kindern nicht nur schöne Seiten. Besonders nicht, wenn einem die innere Kritikerin dauernd dazwischenfunkt und über alles meckert. Sie kann schon wirklich richtig gemein sein, nicht wahr? Lass sie meckern. Krönchen richten und weiterlesen. Dann hat sie keine Chance mehr.*

Der Alltag mit Kind besteht, zum Glück, nicht nur aus Erziehung. Sondern aus Leben. Du lebst mit deinem Kind, deiner Familie, ihr lacht und weint, ihr tobt und ihr ruht euch aus. In diesem Alltag gibt es aber einige Themen, die regelmäßig für Stress und Schuldgefühle sorgen. Zum einen, weil sie herausfordernd sind. Zum anderen aber auch, weil du hier genauso unter Dauerbeobachtung stehst und euer Leben mit dem anderer verglichen wird. Weil auch hier Erwartungen eine große Rolle spielen und wirklich jede*r mindestens einen „superguten Tipp" für dich hat. Wir konzentrieren uns in diesem Buch auf die Themen Medien, Geschwister und Außer-Haus-Betreuung. Ihnen allen gemeinsam ist: Wenn du auf dich und eure Familie schaust, auf das, was ihr braucht und was euch glücklich macht, dann hat InKrit gleich viel weniger Angriffsfläche.

# Hilfe, mein Kind sieht zu viel fern!

*„Wie viel Medienzeit hat dein Kind eigentlich?“* Bricht dir bei dieser Frage der Schweiß aus, weil du weißt – oder zu wissen glaubst – dass dein Kind viel zu viel Zeit vor dem Fernseher oder mit dem Tablet verbringt? InKrit tanzt vor Freude, wenn andere Eltern dieses Thema ansprechen. Denn wenig lässt sich so schön vergleichen, wie der Medienkonsum des Nachwuchses: Theo darf mit drei noch überhaupt nichts schauen und Klara nie mehr als 30 Minuten. Alles andere schadet: Es macht dumm, dick und krank. Oder etwa doch nicht? Wird dein gesundes und aufgewecktes Kind zum sabbernden Zombie, weil es jeden Tag 40 Minuten seine Lieblingsserie sieht? Und wie steht es eigentlich mit deiner eigenen Mediennutzung?

Du kriegst es mit der Angst zu tun, wenn du Schlagzeilen wie *„Fernsehen macht Kinder dumm“* liest oder Horrorszenarien von digital dementen Erwachsenen hörst. Und natürlich verbringen die Kinder anderer Eltern erstaunlich wenig Zeit vor Fernseher & Co, wenn man das denn glauben darf. Diese gefühlten Wahrheiten sorgen dafür, dass fast alle Eltern Medienkonsum mit schlechtem Gewissen verbinden. Den der Kinder, aber auch den eigenen. Mit Sicherheit ist völlig unkontrolliertes „Vor-dem-Bildschirm-Kleben“ nichts, was man empfehlen kann; weder Groß noch Klein. Aber die Panikmache, die rund um das Thema verbreitet wird, ist einem vernünftigen Umgang damit nicht zuträglich.

## Die berüchtigte „30-Minuten-Regel“

InKrit gibt dir das Gefühl, in eurer Medienerziehung liefe etwas schief. Das tut sie gern, man könnte sagen, es ist ihre Lieblingsbeschäftigung. Aber einem Faktencheck hält sie nur selten Stand, wetten?

### Die Mischung macht's

Der gängige Ratschlag lautet: Nicht mehr als 30 Minuten Medienzeit am Tag. Manchmal wird das auf Kinder im Kindergartenalter beschränkt, manchmal bis ins Grundschulalter ausgedehnt. Vor dem dritten Geburtstag sollen überhaupt keine Bildschirmmedien genutzt werden. Diese fragliche 30-Minuten-Regel ist weder realistisch, noch passt sie in unsere digitalisierte Gesellschaft. Aber dennoch wird hierzulande hartnäckig an ihr festgehalten. Auch die WHO arbeitet mit streng begrenzten Zeitkontingenten, aber siehe da: Sie empfiehlt für Zwei- bis Dreijährige schon eine maximale Medienzeit von 60 Minuten am Tag. Viel interessanter aber: Sie ergänzt die Empfehlungen um Bewegungszeiten, die im jeweiligen Alter angemessen und gesund sind, hat also das große Ganze im Blick, den Ausgleich zwischen Medienkonsum und körperlicher Betätigung. Bewegt sich dein Kind ausreichend, spielt es mit anderen Kindern und ist es oft draußen, dann werden auch 20 Minuten mehr aus ihm keinen sabbernden Fernsehzombie machen.

Eine Studie der Universität Texas besagt, dass Medienkonsum dann keine negativen Auswirkungen hat, wenn das Kind ausreichend Ausgleich im Alltag hat: Ausflüge, Spielen, viel draußen sein, Bewegung, Lesezeit, soziale Kontakte, Kuscheln und so weiter. Es ist nicht ausgeschlossen, dass erhöhter Konsum negative Auswirkungen hat, wir wissen es aber nicht hundertprozentig und können auch noch nicht sagen, ob das in späteren Jahren nicht ausgeglichen werden kann. Die reißerische Berichterstattung zu diesem Thema und die klare, aber unwissenschaftliche Trennung in gute (Bücher) und schlechte (Fernsehen & Co) Medien tragen zu deiner Verunsicherung bei.

Das war schon immer so: Im 18. Jahrhundert wurde Büchern ein schlechter Einfluss nachgesagt, im 20. Jahrhundert war das Fernsehen der Übeltäter, um die 2000er waren es Videospiele und jetzt sind es die sozialen Medien. Dennoch sind nicht ganze Generationen völlig verdummt.

## SO VIEL MEDIENZEIT HABEN KINDER WIRKLICH

Tatsächlich schauen 3- bis 13-Jährige in Deutschland im Schnitt 95 Minuten am Tag fern, bei den 2- bis 5-Jährigen schauen knapp 34 % täglich 30 bis 60 Minuten, fast 12 % sogar 60 bis 120 Minuten.

Interessanterweise bleiben diese Zahlen seit den 1990er Jahren relativ konstant. Dabei sind Streaming- und kostenlose Videoportale im Kommen und laufen dem normalen Fernsehen den Rang ab. In Deutschland nutzt diese Altersgruppe (2 bis 5 Jahre) das Smartphone täglich weniger als 30 Minuten, in Australien zum Vergleich fast 26 Stunden pro Woche!

Was nicht überrascht, wenn man bedenkt, wie sehr Medien Teil unseres eigenen Alltags sind. Warum sollte es bei Kindern anders sein?

### Medien sind kein Teufelszeug

Natürlich hat Medienkonsum eine Auswirkung auf dein Kind, aber welche genau, da ist sich die Wissenschaft auch nicht einig. Abgesehen davon, dass auch hier gilt: Jedes Kind hat einen individuellen Umgang damit und auf jedes Kind wirken Medien anders. Immer wieder werden Zusammenhänge zwischen geringerer Intelligenz, diversen Erkrankungen wie Diabetes Typ II und Übergewicht mit der vor dem Bildschirm verbrachten Zeit von Kindern hergestellt. Ja, es gibt diese Studien. Das Problem ist das gleiche wie bei den Studien zur Ernährung: Nur weil eine etwas geringere Intelligenz mit längerem Medienkonsum einhergeht, heißt das nicht, dass es einen ursächlichen Zusammenhang gibt. Vielleicht sitzen Kinder mit einem von Haus aus höheren IQ nur weniger vor dem Bildschirm?! Auch hier hat das soziale Umfeld einen entscheidenden Einfluss, der nicht so einfach rauszurechnen ist. VERA weiß das. Hör auf sie, nicht auf InKrit.

## WENN KINDER VOM MEDIENKONSUM ÜBERFORDERT SIND

Wenn dein Kind allerdings klare Signale sendet, dass ihm der Medienkonsum nicht mehr guttut, dann musst du natürlich etwas ändern. Wie schnell dein Kind überfordert ist, ist sehr individuell. Aber bei diesen Anzeichen solltest du euren Medienkonsum tatsächlich hinterfragen:

Dein Kind ...

- wird direkt im Anschluss an den Konsum aggressiv oder überdreht.
- hat Probleme sich zu konzentrieren.
- wirkt durch die konsumierten Inhalte verstört oder verängstigt (sofort abschalten!).
- interessiert sich für (fast) nichts anderes mehr.
- hat (Ein-)Schlafprobleme.

Schlafprobleme können viele Ursachen haben und sind in bestimmten Altersgruppen auch völlig normal – aber falls du einen Zusammenhang vermutest, lohnt es sich hier, die Inhalte und die Zeiten der Mediennutzung in den Blick zu nehmen. Gerade Fernsehkonsum am Abend KANN einige Kinder aufputschen. Andere kommen damit gut zur Ruhe.

Achtung! Darüber hinaus gibt es auch eine krankhafte Mediensucht, die eher im Jugendalter auftritt. Hier braucht ihr auf jeden Fall professionelle Hilfe. Entsprechende Informationen und weitere Tipps rund um Medien findest du beispielsweise unter: https://www.schau-hin.info

## Qualität statt Quantität

Es geht also nicht darum, den Medienkonsum restriktiv zu unterbinden oder massiv im Ausmaß zu beschränken, womöglich auf die fragwürdigen 30 Minuten. Das würde häufig auch bedeuten, dass du dein Kind zwingen müsstest, mitten in einer Serie, einem Film oder einem Spiel zu unterbrechen. Da sind Frust und Wut ja schon vorprogrammiert.

Wichtig ist stattdessen Qualität:

- Was sieht dein Kind?
- Ist es altersgerecht?
- Hast du ihm den Umgang mit dem entsprechenden Medium erklärt?
- Kommt dein Kind damit zurecht? (Einige sind viel empfindlicher als andere, die Altersangabe ist also nur ein Richtwert, den du an dein Kind anpassen musst.)
- Nutzt dein Kind die Bildschirmmedien (von denen reden wir hier im Besonderen) vorwiegend, um sich berieseln zu lassen, gegen Langeweile? (Das sollte nicht die Regel sein.)
- Oder ist das Kind mit den Medien aktiv und kreativ, zum Beispiel mit verschiedensten Apps?
- Lernt es vielleicht sogar oder sieht sich Wissenssendungen an? Genau dann greifen nämlich die positiven Auswirkungen:

**POSITIVE WIRKUNG VON MEDIENKONSUM**

Fernsehen und andere Bildschirmmedien haben durchaus auch ihre Vorteile:

- Zum Beispiel bekommt dein Kind dadurch mehr denn je einen Einblick in die Welt und ihre vielen Facetten, erwirbt Wissen und lernt Vielfalt kennen.
- Die Medien sind kognitiv anregend, durch ihre Inhalte (viele Wissenssendungen und Apps) wie auch durch ihre Struktur (das trifft auf Apps, die man aktiv nutzt, noch deutlich mehr zu als auf Fernsehsendungen oder Videos); das heißt, dein Kind lernt dadurch etwas.
- Dein Kind kann durch diese Medien auch emotional lernen, sie dienen also der Identitätsfindung.
- Durch das mittlerweile gute Angebot kann dein Kind auch sozial davon profitieren, weil es in Serien etc. verschiedenste Interaktionsmuster beobachten kann.

Klingt nicht so dramatisch, findet VE**R**A.

Das heißt nicht, dass du Medienzeiten überhaupt nicht beschränken sollst. Aber du musst dir wirklich keine Gedanken machen, wenn du dich nicht sklavisch an irgendwelche Minutenangaben hältst oder aber in Ausnahmesituationen (Kind krank, du krank, eine weltweite Pandemie ...) deine eigenen Regeln – oder besser noch eure gemeinsam gefundenen Regeln – etwas oder auch nochmal etwas mehr dehnst. Dein Kind vor den Fernseher zu setzen, damit du kurz durchatmen kannst und nicht durchdrehst, ist in jedem Fall besser, als erschöpft zusammenzubrechen oder laut zu werden.

## Ein gutes Gewissen beim Umgang mit Medien

Wie immer gilt: Schau auf dein Kind, auf eure Familiensituation. Wir wollen hier nicht zum stundenlangen Medienkonsum aufrufen, aber sagen, dass es durchaus Situationen gibt, in denen das auch okay sein kann – wenn es nicht die Regel ist. Die viel zitierten 30 Minuten sind nicht der Königsweg, sondern in manchen Fällen sogar eine praktische Ausrede, um sich nicht näher mit den Plattformen, Inhalten und Interessen des Kindes auseinandersetzen zu müssen. Dabei ist es wichtig, dass du nicht komplett den Anschluss verlierst, sondern dein Kind auch im Jugendalter kompetent durch den Mediendschungel begleiten kannst.

### GANZ OHNE REGELN?

Einige Familien kommen, wie auch beim Thema Süßigkeiten, ganz ohne Regulation aus. Sie setzen auf Eigenverantwortung, beschränken den Medienkonsum zeitlich überhaupt nicht und das klappt wunderbar. Wenn du möchtest, probiert es doch aus. Die meisten Familien haben aber sehr wohl Regeln für den Medienkonsum. Zum einen, weil viele Kinder noch nicht über die nötige Fähigkeit zur Selbstregulation verfügen. Zum anderen, weil die Eltern sich damit oft wohler fühlen – und auch Kinder Struktur zu schätzen wissen.

Achtung: Ist dein Kind noch jung, hat es noch sehr wenige Techniken zur Selbstregulation zur Verfügung und braucht dich auf jeden Fall, um einen gesunden Umgang mit Medien zu lernen. Es hat kein Zeitgefühl und braucht deine Unterstützung.

Im Folgenden findest du einige grundsätzliche Anregungen, wie ihr als Familie einen passenden Umgang mit Fernseher, Tablet & Co finden könnt.

- Stellt **gemeinsame Medien-Regeln** für eure Familie auf. Sie sollten altersgerecht sein, gemeinsam erstellt werden (wenn das Kind alt genug ist), flexibel sein, alle Medien im Haus abdecken und vor allem für alle gelten. Der Vorteil ist, dass sich dein Kind dann automatisch mit den Vor- und Nachteilen und auch den Gefahren diverser Medien auseinandersetzt und bewusster damit umgeht. Zumindest ab einem bestimmten Alter.
- **Digital Detox**: Definiert medienfreie Zeiten und Orte. Zum Beispiel während des Essens, im Bett, bei gemeinsamen Ausflügen und so weiter. Ohne Ablenkung miteinander sein, etwas spielen, sich unterhalten – diese Auszeiten entstressen euch alle.
- Sei auf dem Laufenden, WAS dein Kind konsumiert und achte auf **altersgerechte Inhalte**. Es ist gut, wenn du mitreden kannst. Wenn dein Kind alleine Medienzeit hat, dann stelle sicher, dass es Zugriff nur auf von dir „geprüfte" Inhalte hat. Es gibt Nachrichtensendungen für Kinder und Recherche-Seiten im Internet extra für Kinder. Die meisten Plattformen haben einen Kindermodus, auf dem Tablet kann man diesen ebenfalls einrichten und altersgerechte Apps installieren. Oder einfach das WLAN deaktivieren, sodass dein Kind nicht aus Versehen Inhalte sieht oder etwas kauft, was du nicht möchtest. Der Aufwand ist am Anfang etwas größer, aber dann weißt du, dass dein Kind sicher schauen oder spielen kann. Altersangaben sind übrigens ein guter Richtwert, sagen aber nicht wirklich, ob dein Kind sich nicht doch ängstigt oder überfordert ist. Bei neuen Inhalten also unbedingt erstmal gemeinsam testen, wie sie auf dein Kind wirken.
- Je kleiner das Kind, desto eher solltest du die Medienzeit auch **begleiten.** Vielleicht kannst du auch ein Buch nebenbei lesen, aber habe dein Kind auf jeden Fall im Auge, sodass du reagieren kannst, wenn es Angst bekommt. Für alle Altersstufen gilt:

Sprecht über das, was ihr gesehen habt. Biete es zumindest an, sodass die Eindrücke verarbeitet werden können. Das kann auch richtig Spaß machen.

- Lernt gemeinsam die **Medienvielfalt** kennen, wechselt ab. Einmal aktiv am Tablet spielen, dann eine Serie streamen, Hörspiele hören, gemeinsam lesen oder auch alleine mit TipToi & Co. Es gibt so viele Möglichkeiten und jede einzelne hat ihre Reize, aber auch ihre Gefahren. Abgesehen davon: Biete immer auch Spielmöglichkeiten abseits von digitalen Medien an, bewegt euch, geht an die frische Luft.
- **Begrenze die Inhalte** und locke nicht immer mit neuen Möglichkeiten. Dadurch erhalten sie einen ähnlichen Status wie andere Spielzeugarten, die nur auf eine oder ein paar wenige Arten verwendet werden können. Beispielsweise reichen auf einem Tablet für eine geraume Zeit nur 1 bis 3 verschiedene Puzzle, Memorys oder Mal-Apps aus. Bei Netflix gibt es nur zwei verschiedene Serien und so weiter. Je jünger die Kinder, desto mehr lieben sie diese Wiederholung. TipToi-Stift und Toniebox funktionieren ja ähnlich begrenzt.
- Jeder hat seine **eigenen Interessen**, lasst das zu. Dir müssen die Sendungen nicht zusagen, die dein Kind sieht. Seinen Geschwistern ebenfalls nicht. Solange sie altersgerecht sind und ihm gefallen, ist das in Ordnung. Ob du Peppa Wutz nun lustig findest oder nicht, ist erstmal zweitrangig. Natürlich kannst du die Medienauswahl auch steuern und Inhalte nicht anbieten, die dir völlig zuwider sind. Aber bedenke immer, dass dein Kind eine eigenständige Persönlichkeit ist, an anderem Spaß finden kann als du und mit zunehmendem Alter auch die Sehgewohnheiten Gleichaltriger eine Rolle spielen. Da ist es eben manchmal wichtig, dass man die Hunde der Paw Patrol zumindest kennt.

### PROBIER DOCH EIN GUTSCHEIN-SYSTEM

Ab etwa drei Jahren funktioniert manchmal ein Gutschein-System. Dein Kind hat zum Beispiel eine gewisse Anzahl an Münzen, Steinen oder Murmeln, die es gegen Medienzeit eintauschen kann. Auch hier der Ratschlag: Am besten nicht gegen eine bestimmte Minutenanzahl, sondern zum Beispiel gegen eine Folge der Lieblingssendung. Es sollte sich nicht um ein Belohnungssystem handeln! Das Kind erhält die Münzen etc. und kann selbst über ihren Verbrauch entscheiden. Ein solcher Umgang mit einem Kontingent (auch bei Süßigkeiten) muss geduldig geübt werden. Strenge ist nicht hilfreich, wenn es mit der Impulskontrolle noch nicht so gut klappt, und gleich alles aufgebraucht/aufgegessen wird. Ein Gleichgewicht von konsequentem Handeln und Nachsicht hilft deinem Kind, Selbstregulation zu lernen.

#### Was du tatsächlich vermeiden solltest

Mit diesen Anhaltspunkten, die flexibel an eure Situation anpassbar sind, fällt es dir vielleicht auch leichter, die folgenden Regeln einzuhalten, die wirklich einen Unterschied machen können:

- **Nutze Medien nicht als Belohnung oder Bestrafung!** Wenn überhaupt, dann in direktem Zusammenhang mit dem Medienkonsum. Das heißt, Belohnungen oder auch Strafen (die generell kritisch zu sehen sind), müssen einen Bezug zum Verhalten des Kindes haben. „*Du hast deinen Bruder geärgert, also gibt es keine Fernsehzeit.*“ Das funktioniert nicht. „*Du hast diese Woche selbstständig am Ende der Folge ausgeschaltet, also darfst du am Wochenende eine Folge mehr*“ ist hingegen eher eine Möglichkeit.
- **Halte dich nicht komplett raus!** Sei Ansprechpartnerin für das Thema, sprich mit deinem Kind darüber und lerne mit ihm Neues kennen. Das und dein eigenes Vorleben sind die beste Vorsorge für ein gesundes Medienverhalten und einen vertrauensvollen Umgang damit.

## Dein eigener Medienkonsum

Du gehst also, wie so oft, auch beim Thema Medienkonsum mit gutem Vorbild voran. Das soll dir nicht zusätzlichen Druck machen, sondern wir laden dich dazu ein, diese Tatsache auch mal aus einem anderen Blickwinkel zu betrachten: Wie wichtig ist dir zum Beispiel dein Smartphone, für welche Aktivitäten nutzt du es? Möchtest du auf deine Lieblingsserie verzichten? Brauchst du zum Feierabend, wenn die Kinder schlafen, nicht auch manchmal etwas Berieselung, um runterzufahren? Für viele von uns ist das alles ein essenzieller Teil unseres Lebens. Mit welchen Argumenten können wir unsere Kinder davon ausschließen? Dein Kind ist **Digital Native**, wurde also in eine Zeit hineingeboren, in der digitale Medien wie Internet, Smartphone, Tablets und soziale Medien selbstverständlich genutzt werden. Du solltest ihm die nötigen Fähigkeiten an die Hand geben, um auch in Zukunft mit den technischen Entwicklungen Schritt zu halten. Es kann Medien durchaus kompetent und zu seinem Wohl nutzen.

Immer wieder wird trotzdem über „diese Mütter" geschimpft, die, während sie den Kinderwagen schieben, nur aufs Handy starren. Es wurde schon viel zu diesem Aspekt geschrieben, aber wir können nur noch einmal betonen: Ja, natürlich musst du auf dein Kind achten, gerade im Verkehr. Aber wer von denen, die mit dem Finger zeigen, weiß denn schon, was du mit deinem Smartphone gerade erledigst, während du auf dem Spielplatz am Rande des Sandkastens sitzt? Es geht auch bei dir nicht um die reine Bildschirmzeit. Du liest am Handy Bücher, suchst Rezepte, bestellst Dinge, kommunizierst und pflegst soziale Kontakte. Du organisierst euren Familienalltag, führst Einkaufs- und Geschenkelisten, koordinierst die Freizeitaktivitäten der Kinder ... Und ja, du verdaddelst dort auch mal deine Zeit. Das ist völlig okay! Auch du musst mal abschalten.

Smartphones sind aus unserem Alltag nicht mehr wegzudenken, sie sind genauso wenig zu verteufeln wie der Fernseher für die Kinder. Diese Technik wird bleiben und sich weiterentwickeln. Wenn du dir also ab und an die oben genannten Fragen stellst und auf dein Kind hörst, wenn es dir ganz klar sagt *„Leg bitte das Handy weg“*, wenn du auch mal Zeit mit ihm ohne Handy verbringst, dann wird auch diese Sache deutlich heißer gekocht als gegessen. Das kannst du deinen Kindern auch beibringen beziehungsweise sie darum bitten: *„Bitte sag mir, wenn ich zu unaufmerksam oder abgelenkt bin. Dann lege ich mein Handy weg. Auch ich brauche dabei manchmal Hilfe.“* Für dein Kind ist es sicher erleichternd zu sehen, dass auch du als Erwachsene noch an deiner Selbstkontrolle arbeiten musst.

## EIGENE SMARTPHONEZEIT BESCHRÄNKEN

Wenn du deinen eigenen Medienkonsum einschränken möchtest, hier einige Punkte, die dir dabei helfen können:

- Halte dich ebenfalls an eure Familienregeln.
- Beschränke die Nutzungszeiten am Smartphone – dafür gibt es mittlerweile unzählige Apps.
- Miste deine Apps aus: Was brauchst du wirklich? Was ist nützlich oder macht dir Freude? Bei welchen Anwendungen schaust du nur noch aus Gewohnheit vorbei oder schließt sie jedes Mal mit einem unguten Gefühl im Bauch?
- Prüfe auch, wem du in den sozialen Medien folgst: Welche Accounts bieten dir einen Mehrwert, bereichern dich, machen dir Freude? Welche lösen nur Schuldgefühle in dir aus?
- Definiere feste Zeiten, wann du dein Handy, Tablet & Co in die Hand nimmst. Schließe es, wenn nötig, in den Pausen auch weg.
- Schalte die Benachrichtigungstöne ab, damit du nicht bei jedem Pieps zum Handy greifst.
- Wenn du dein Smartphone auch beruflich nutzt, überlege, ob du nicht auf zwei Geräte umstellst.

## InKrit und VERA

**InKrit:** Hast du schon mal auf die Uhr gesehen? Ihr Kind sieht schon seit 50 Minuten fern.

**VERA:** Ja, ich weiß. Ich habe das schon im Blick.

**InKrit:** Aber findest du das nicht zu lang? Ihr wisst doch genau, mehr als 30 Minuten sind schlecht für das Kind.

**VERA:** Nein, sind sie nicht. Es kann gut damit umgehen. Sie waren gerade auf dem Spielplatz, es hat sich ausgetobt und will sich so jetzt etwas entspannen. Also hat sie zwei Folgen seiner Lieblingsserie erlaubt.

**InKrit:** Aber gestern, da waren sie gar nicht draußen. Und trotzdem hat es so lange geschaut.

**VERA:** Ja, da hatte sie furchtbare Kopfschmerzen und war froh um ein bisschen Ruhe.

**InKrit:** Ach, und dann muss der Fernseher als Babysitter herhalten, oder was?

**VERA:** Ja. Ihr ging es nicht gut, sie hatte keine Energie. Sonst wäre sie vielleicht laut geworden, wäre das besser gewesen? Nein!

**InKrit:** Tzz. Aber überhaupt: Ihr Kind hängt so am Bildschirm, weil es von ihr nichts anderes kennt. Sie hat ihr Handy ja auch immer griffbereit.

**VERA:** Na klar, weil sie ihr Leben damit organisiert. Und sich manchmal auch damit entspannt. Wir leben im 21. Jahrhundert, damit musst du mal klarkommen jetzt! Soll sie ihr Kind ewig von etwas fernhalten, was zum Alltag gehört? Besser ist doch, es lernt einen guten Umgang damit.

**InKrit:** ....

**VERA:** Siehst du, jetzt fällt dir auch nichts mehr ein.

# Hilfe, meine Kinder streiten sich!

Mit dem ersten Kind ziehen die Schuldgefühle ein, mit dem zweiten verdoppeln sie sich. Ganz so dramatisch es ist es natürlich nicht, aber mit mehreren Kindern hat das schlechte Gewissen auch mehr Angriffsfläche und InKrit ein ganz neues Feld, auf dem sie sich austoben kann. *„Wirst du allen Kindern gerecht?"*, *„Warum streiten sie so viel?"* und *„Warum hast du mit dem zweiten/dritten/... Kind nicht noch ein bisschen gewartet?"* Denn nicht erst, wenn das Geschwisterchen da ist, beginnt es in deinem Kopf zu rattern.

Wie so oft ist auch dein Umgang mit Geschwister-Themen stark von deinen eigenen (kindlichen) Erfahrungen geprägt. Der Umstand, wie viele Geschwister du hattest und wie du die Beziehung zu ihnen erlebst oder erlebt hast, beeinflusst deine Erwartungen. Die an deine Kinder und ihre Beziehung, aber auch die an deinen Umgang mit Streit und Konflikten. Ganz abgesehen von den Ansprüchen, die auch hierbei von außen auf dich einprasseln. VERA meint, von denen darfst du dich gerne lösen.

## Deine Familie wächst

Die Geburt eines Geschwisterkindes ist oft eine kritische Zeit für die gesamte Familie. So sehr sich das „große" Kind auch auf eine Schwester oder einen Bruder gefreut haben mag (was nicht sein muss!): Wenn das Baby erst mal da ist und ihm klar wird, dass es von nun an deine Aufmerksamkeit teilen muss, erschüttert das meist seine kleine Welt. Einige Kinder gehen lockerer damit um als andere, aber das Gefühl der „**Entthronung**" bleibt wohl den wenigsten erspart. Das ist nichts, wofür du dich schlecht fühlen musst, sondern eine unvermeidliche Tatsache, wenn mehr als ein Kind in der Familie ist.

Fühle dich also nicht schuldig, wenn das ältere Kind

- **Regressionstendenzen zeigt**, also in Verhaltensmuster aus einem jüngeren Alter zurückfällt: Es will mehr getragen werden, brabbelt wieder, verlangt plötzlich den Schnuller zurück oder sogar die Windeln. In der Regel ist das eine vorübergehende Phase, in der dein Kind die Aufmerksamkeit einfordert, die es braucht. Gib dem ruhig nach, wenn du die Kraft dafür hast. Wenn du das Bedürfnis nach Nähe und Aufmerksamkeit so wieder auffüllst, kann das Kind sich besser an die neue Situation gewöhnen und diese Phase hinter sich lassen. Wenn du damit überhaupt nicht umgehen kannst, das über Monate so geht oder sich mit der Zeit verstärkt, kannst du dir auch professionelle Hilfe holen.
- sich dem Baby gegenüber **ablehnend oder sogar aggressiv** verhält. Gerade Kleinkinder, die sich mit Worten noch nicht so gut ausdrücken können, zeigen so ihren Unmut über den „Eindringling". Sie kneifen, schubsen oder zwicken. Eventuell sogar einfach nur aus Neugier. Natürlich musst du dazwischengehen und verhindern, dass dem Baby wehgetan wird. Aber auch hier hast du nichts falsch gemacht, sondern das ältere Kind konkurriert mit dem jüngeren um die Aufmerksamkeit von Mama (und Papa).

Wenn ein weiteres Familienmitglied hinzukommt, dauert es einige Wochen, manchmal sogar Monate, bis sich alle mit ihrer neuen Rolle und den geänderten Umständen angefreundet haben. Das betrifft nicht nur große Geschwister, auch du als Mutter musst oftmals nochmal neu justieren. Nehmt und gebt euch diese Zeit, um als Team zusammenzuwachsen. Das geht nicht von heute auf morgen und meistens auch nicht ohne Konflikte. Die bedeuten aber nicht, dass du etwas falsch gemacht hast. Erinnere dich, wie sich dein Leben mit dem ersten Kind verändert hat. Deinem großen Kind geht es jetzt ähnlich!

Auch wenn das alles – Rivalität, Regression, Aggressivität – keine ungewöhnlichen Verhaltensweisen sind und du wenig tun kannst, um das zu verhindern, gibt es dennoch einige Tipps, den Geschwistern das Aneinandergewöhnen etwas einfacher zu machen.

### Geschwister aneinander gewöhnen

Am besten beginnst du schon damit, das große Geschwisterkind auf den Familienzuwachs vorzubereiten, wenn du schwanger bist. Je älter dein Kind, desto früher kannst du es einweihen. Kleinere Kinder können neun Monate kaum überblicken, da reicht es, über die Schwangerschaft zu sprechen, wenn sie nicht mehr zu übersehen ist.

Bevor das Baby kommt:

- Lest Bücher zum Thema. Hier gibt es viel Auswahl für alle Altersstufen, die das Thema sehr realistisch behandeln.
- Verrate das Geschlecht und/oder den Namen, damit es konkreter wird.
- Lade euren Beziehungstank auf, verbringt, wenn es dir möglich ist, viel 1:1-Zeit.
- Lass dein Kind an den Vorbereitungen teilhaben und vielleicht sogar etwas aussuchen.
- Kauft gemeinsam ein Willkommensgeschenk für das Baby.
- Behaltet Rituale bei, wenn möglich, oder schafft neue, gemeinsame.
- Gewöhne dein Kind gegebenenfalls an eine weitere Bezugsperson, falls diese öfter einspringen wird, wenn das Baby da ist.
- Lass dein Kind deinen Bauch streicheln, die Tritte fühlen, mit dem Bauch sprechen. Wenn es will!
- Übt eventuell mit einer Puppe, wie man ein Baby versorgt.
- Besucht vielleicht im Bekanntenkreis jemanden mit Baby, um zu sehen, wie das so läuft.
- Es gibt manchmal auch vorbereitende Geschwisterkurse für größere Kinder.

Wenn das Baby da ist:

- Überlege, wo das erste Treffen stattfinden soll. Viele Kinder finden die Krankenhaus-Umgebung unheimlich. Andere freuen sich, wenn sie schon mal zu Besuch kommen dürfen und der „Eindringling“ nicht gleich nach Hause kommt.
- Wenn es dir nach der Geburt sehr schlecht geht, dann warte vielleicht mit dem Besuch etwas. Sonst verbindet dein großes Kind die „kranke“ Mama mit dem neuen Geschwisterchen.
- Kann das Baby dem großen Geschwisterkind auch ein Geschenk mitbringen?! Das hilft, das erste Eis zu brechen.
- Beziehe dein großes Kind mit ein: Kann es z. B. am Wickeltisch die Windel anreichen? Oder sogar selbst beim Wickeln mithelfen, wenn es schon größer ist?
- Schaut Babyfotos des großen Kindes an: *„Schau, du warst auch so klein, du hast auch viel geschlafen/geschrien/wurdest gestillt.“*
- Nutzt 1:1-Zeiten, aber achte auf dich! Im Bett kuscheln während des Wochenbetts ist auch schön.
- Wenn 1:1-Zeit mit dir gerade am Anfang schwierig ist, sorg dafür, dass andere Bezugspersonen dem großen Kind die nötige Aufmerksamkeit schenken.
- Wenn Besuch kommt, achte darauf, dass auch das große Kind etwas von der Aufmerksamkeit abbekommt. Ihm ist es viel wichtiger als dem Baby, das mit dir vollkommen zufrieden ist.
- Gib ruhig zu, dass die Zeit für dich auch etwas anstrengend ist. Dein großes Kind fühlt sich dann nicht so allein mit seinen Emotionen.
- Wenn das große Kind alt genug ist, kannst du auch viel erklären: Warum schreien Babys so viel? Warum wachen sie nachts so häufig auf?
- Erzwinge keine Interaktion. Wenn das große Kind helfen will, wenn es Interesse am Baby hat: gut so. Wenn nicht, dann lass ihm Zeit. Es wird in seinem Tempo das neue Familienmitglied begrüßen.
- Etabliert neue gemeinsame Rituale: alleine mit dem großen Kind, aber auch gemeinsam.

Für beide Zeiträume gilt: Sei ehrlich, versprich nichts, was du nicht halten kannst und beschönige nichts.

## PLANE EXKLUSIVZEIT EIN

Zeiten, die du exklusiv nur mit einem Kind verbringst, sind Gold wert. Sie zeigen ihm: Mama schenkt mir Aufmerksamkeit, ich bin ihr wichtig und sie ist für mich da. Fehlt die unmittelbare Konkurrenz mit den Geschwistern, fällt es zurückhaltenden Kindern leichter, ihre Bedürfnisse zu äußern und auch wildere Kinder können noch mehr sie selbst sein. Dadurch, dass sie aufmerksamer gesehen werden, fällt es ihnen noch einmal leichter, sich zu öffnen.

Worauf kommt es bei der Exklusivzeit an?

- Es muss kein besonderes Event sein! Reine Spielzeit mit dir im Kinderzimmer oder auf dem Spielplatz reicht oft schon aus. Die Zeit mit dir ist entscheidend, nicht unbedingt, was ihr zusammen unternehmt.
- Lass dein Kind entscheiden, worauf es (im Rahmen eurer Möglichkeiten) Lust hat. Auch wenn du nicht gerne Rollenspiele spielst oder bastelst, fällt es dir in einem begrenzten Zeitrahmen vielleicht leichter, dich darauf einzulassen.
- Eure gemeinsame Zeit muss nicht lang sein, wichtiger ist eine Regelmäßigkeit. Beispielsweise einmal in der Woche hat jedes Kind seine Mama 30 Minuten nur für sich. Darauf können sich die Kinder, vielleicht mit Hilfe eines Wochenplans, einstellen und freuen.
- Schau, dass ihr in dieser Zeit möglichst ungestört seid. Kein Telefon, kein Handy, keine Geschwister, die etwas von dir wollen. Das ist natürlich vor allem bei kleinen Kindern nur möglich, wenn jemand anderes auf die Geschwister aufpasst. Vielleicht können Opa und Oma einspringen?

Das gilt natürlich nicht nur für dich, sondern für alle engen Bezugspersonen, die die Möglichkeit für 1:1-Zeiten haben.

## Gleich behandeln ist nicht immer gerecht

Die Rivalität der Kinder um deine Aufmerksamkeit ist von Beginn an vorhanden und liegt in der Natur ihrer Beziehung. Deshalb hast du wahrscheinlich auch häufig das Gefühl, dich zerteilen zu müssen – und dennoch keinem deiner Kinder gerecht zu werden. Auch das ist normal und kein Grund für ein schlechtes Gewissen. Das sieht InKrit aber leider anders, wenn du Pech hast. Sie redet dir ein, du wärst eine schlechte Mutter, weil du vielleicht mit einem Kind zeitweise mehr Zeit verbringst, dich zum Beispiel erst um das Füttern des Babys kümmerst, anstatt dem älteren Kind etwas vorzulesen. Und so weiter. Das ist vor allem dann der Fall, wenn eines deiner Kinder gerade besonders viel von dir fordert. Aber muss man nicht alle seine Kinder gleich behandeln?

Die Antwort ist: nein! Es geht vielmehr darum, sie gerecht zu behandeln, also gleichwertig. Das ist manchmal das Gegenteil von gleich. Denn: **Jedes Kind hat unterschiedliche Interessen und Bedürfnisse.** Einmal aufgrund des unterschiedlichen Alters, aber auch, weil jedes Kind einen einzigartigen Charakter mitbringt, individuelle Wesenszüge, eigene Stärken und auch Schwächen, denen du zugewandt begegnen solltest. Diese ändern sich auch immer wieder. Mal braucht ein Kind besonders viel körperliche Nähe, einige Wochen später hat es vielleicht eher das Bedürfnis, für sich zu sein. Oder dein großes Kind spielt gerne allein in seinem Zimmer, dein kleines braucht über den ganzen Tag enge Begleitung. Würdest du nun mit beiden exakt gleich viel Zeit beim gemeinsamen Spielen verbringen, wäre eines wahrscheinlich genervt, das andere traurig. Auch in diesem Fall sind Vergleiche fehl am Platz, es geht nicht um ein „genauso".

Zugegeben, auch wenn du die Bedürfnisse deiner Kinder siehst und sie dementsprechend gerecht behandelst, wird es zu Konflikten kommen, weil zur gleichen Zeit unterschiedliche Bedürfnisse aufeinanderprallen: von deinen Kindern, aber auch von dir und deinem

Partner. Anstatt vor schlechtem Gewissen zu vergehen, weil du mindestens eine geliebte Person vermeintlich enttäuschen musst, hilft es, an dieser Stelle zu entscheiden: Welches Bedürfnis wiegt aktuell schwerer? Dieses kannst du dann zuerst angehen.

Manchmal hilft es auch schon, das Bedürfnis zu erkennen und zu formulieren – es lässt sich dann leichter aufschieben, falls nötig. Um die Dringlichkeit der Bedürfnisse abzuwägen, helfen dir vielleicht folgende Fragen und Überlegungen:

- Ist ein Kind verletzt oder hat starke **Schmerzen**? Dann hat es immer Vorrang.
- Ebenso gehen **Sicherheit und Schutz** immer vor.
- Körperliche (Hunger, Durst, Müdigkeit) und psychische (siehe Infokasten) **Grundbedürfnisse** aller sind wichtig, aber unterschiedlich dringend. Das dringendste Bedürfnis ist nicht immer das lauteste. Du kennst deine Kinder und weißt, wie es aussieht, wenn ihnen der Schuh besonders drückt. Spür da hin.
- Wie dringend sind die **eigenen Bedürfnisse** und wie oft sind sie schon aufgeschoben worden?
- Wer ist alt genug, um **Bedürfnisaufschub** leisten zu können? In der Regel geht man davon aus, dass sich die Fähigkeit, Bedürfnisse aufzuschieben, nach dem ersten Lebensjahr stetig entwickelt. Das heißt für die Praxis, dass du ab dem ersten Lebensjahr damit beginnen kannst, das Baby auch kurz warten zu lassen. Bis zum 2. und 3. Lebensjahr sind die Kinder dann deutlich weiter, allerdings stehen dann oft fehlende Impulskontrolle und Autonomiebestrebungen im Weg.
- Wer musste **das letzte Mal** zurückstecken?

## MENSCHLICHE GRUNDBEDÜRFNISSE

Neben den körperlichen Bedürfnissen (Nahrung und Wasser, Schlaf, usw.) unterscheidet das Modell des Psychotherapeuten Klaus Grawe vier psychische Grundbedürfnisse:

- **Bindung**, tiefgreifende emotionale Beziehungen zu wichtigen Bezugspersonen und die Erfahrung, dass diese Bezugspersonen in belastenden Situationen zuverlässig zur Seite stehen.

- **Selbstwertschutz und Selbstwerterhöhung**, das meint die Erfahrung, „gut" oder „okay" zu sein und das Bestreben sich davor zu schützen, sich „schlecht" oder „falsch" zu empfinden. Eine positive Selbsteinschätzung ist ein schützender Faktor für psychische Belastungen. Wertschätzende und authentische Rückmeldungen von Bezugspersonen unterstützen das.

- **Orientierung und Kontrolle** geben uns ein Gefühl von Sicherheit, weil die Welt, in der wir leben, durch sie vorhersehbarer und beeinflussbarer wird. Die Befriedigung des Bedürfnisses nach Orientierung und Kontrolle schützt vor Ohnmachts- und Hilflosigkeitsgefühlen. Die Erfahrung von Selbstwirksamkeit ist ein wichtiger Schutzfaktor für die psychische Entwicklung.

- **Lustgewinn/Unlustvermeidung**, also die Vermeidung unangenehmer Zustände und das Streben danach, angenehme Momente zu erleben. Welche Erfahrungen als unangenehm oder angenehm bewertet werden, ist ganz individuell und kann nicht von außen bestimmt werden. Außerdem kann sich das im Laufe der Zeit auch ändern.

Die Beantwortung dieser Fragen geht in der Regel sehr schnell und passiert irgendwann automatisch. Am Anfang sind sie sehr hilfreich, um eine Entscheidung für dich zu begründen und den Schuldgefühlen so vorzubeugen. Vergiss nicht, auf dich und deine Bedürfnisse zu achten. Es gibt genügend Situationen, in denen es wichtig ist, dass du zuerst eine Pause bekommst, bevor du dich wieder um die vielen Bitten kümmern kannst, die täglich auf dich einprasseln. Wenn du deine Bedürfnisse deinen Kindern mitteilst, dann achte auf deine Sprache: Besser kein *„Ich muss noch“* – sonst bekommt es die Einfärbung einer lästigen Verpflichtung. Besser ein *„Ich will noch …“* oder *„Ich brauche noch …“*.

Säuglinge und Babys sind in der Regel sehr von dir abhängig, du musst dann dafür sorgen, dass eine andere Bezugsperson einspringt. Ältere Kinder haben zwar auch noch Schwierigkeiten mit dem Konzept „Geduld“, aber wenn nichts mehr geht – und am besten schon vorher – darf es zum Beispiel auch mal der Fernseher sein, der dir eine Verschnaufpause verschafft.

## ICH FÜHLE MICH EINEM KIND NÄHER ALS DEM/DEN ANDEREN

Kaum ein Elternteil mag darüber reden, dabei kommt es gar nicht so selten vor, dass man sich einem Kind näher fühlt als dem oder den anderen, dass man ein „Lieblingskind“ hat. Aber es ist ein Tabu, darüber zu sprechen und solche Gefühle sind oftmals nicht nur von Schuldgefühlen, sondern auch von Scham begleitet. Phasenweise ist das wahrscheinlich bei allen Eltern so, dass sie mal mit dem einen Kind mehr können, mal mit dem anderen. Aber was, wenn dauerhaft zu einem Kind eine besondere Beziehung besteht?

Der Wissenschaftsjournalist Jeffrey Kluger geht davon aus, dass es 90 % aller Eltern so geht. *Favoritism*, so der Fachbegriff, ist also eher die Regel als die Ausnahme. Musst du also ein schlechtes Gewissen haben, weil du eines deiner Kinder (phasenweise) sympathischer findest? Auch hier gilt: nein! Denn: Auch wenn dir vielleicht ein Kind aus welchen Gründen auch immer näher ist, musst du das ja nicht ausleben. Nur wenn deine Präferenz im Alltag zu permanenter Bevorzugung führt, du systematisch ein oder mehrere Kinder deshalb ungerecht behandelst, kann das zu seelischen Schäden führen.

Wenn du dir Gedanken machst, ob du immer gerecht bist und allen Kindern gerecht wirst – dann kann es eigentlich gar nicht passieren, dass du ein Kind völlig vernachlässigst. Wie immer gilt auch hier #gutgenug statt perfekt. Völlige Gleichbehandlung ist nicht realistisch und auch gar nicht wünschenswert.

### Rollen sprengen

Wenn es darum geht, Kinder gleichwertig zu behandeln und ihre Bedürfnisse zu sehen, dann vermeide möglichst Rollenzuschreibungen und Vergleiche. Beispielsweise muss das ältere Geschwisterkind nicht immer „großer Bruder“ oder „große Schwester“ sein. Denn von diesen erwarten wir oft, dass sie beschützen, vernünftiger sind und aufpassen. Vielleicht wollen und können sie solche Erwartungen aber nicht immer erfüllen, oder sie haben einen Charakter, der dazu überhaupt nicht passt.

Natürlich ist es in Ordnung und auch hilfreich, wenn du bestimmte Wesenszüge an deinen Kindern erkennst und sie entsprechend behandelst und förderst. Darüber hinaus:

- Versuche, offen für alle anderen Facetten zu sein, die dein Kind zeigt oder zeigen könnte. Niemand ist „nur“ sprachbegabt oder „nur“ motorisch geschickt.

- Die Kinder sollten die Möglichkeit haben, zu wachsen, Rollen neu zu definieren, Interessen zu entwickeln und Grenzen zu überschreiten.
- Wer immer als ängstlich wahrgenommen und so behandelt wird, dem fällt es wahrscheinlich noch schwerer, sich mal etwas zuzutrauen.

Es ist nicht immer leicht, einerseits auf individuelle Besonderheiten Rücksicht zu nehmen, sie andererseits aber auch nicht zu zementieren. Aber es lohnt sich, damit alle in der Familie sich gesehen fühlen.

### Vergleiche sein lassen

Mit Vergleichen verhält es sich ähnlich: Der Mensch neigt dazu zu vergleichen, Geschwister untereinander sowieso. Unsere Leistungsgesellschaft meint, damit Höchstleistungen hervorbringen zu können. Das ist meist auch der Beweggrund, aus dem wir Eltern unsere Kinder vergleichen: *„Schau mal, wie schön dein Bruder seinen Teller aufgegessen hat“* oder *„Hast du gehört, welch gute Note deine Schwester in der Schule hatte?“* – Sätze wie diese nutzen wir, um anzuspornen. Dabei sind sie kein geeignetes Erziehungsmittel, sondern sie machen Druck, werten ab und befeuern die Rivalität der Geschwister noch. Wenn schon vergleichen, dann mit den vergangenen eigenen Leistungen: *„Schau mal, diesmal hast du den Schuh allein zugebunden. Das freut mich für dich.“* Hier fühlt das Kind sich wertgeschätzt und als Individuum wahrgenommen.

Wenn du das im Hinterkopf hast, bist du der Gerechtigkeit schon ein ganzes Stück näher, selbst wenn es dir nicht immer und in jeder Situation gelingt.

## Streit begegnen

*„Sie streiten schon wieder! Was mache ich nur falsch?“* Kommt dir dieser Gedanke bekannt vor? InKrit liebt ihn sehr. Wenn du es nicht „schaffst“, dass sich deine Kinder vertragen, fühlst du dich oft schuldig. Aber: Hast du das überhaupt in der Hand? Wie ist das mit Streit unter Geschwistern? Kannst du etwas dagegen tun und musst du das überhaupt?

Die Beziehung zwischen Geschwistern ist eine ganz besondere. Sie besteht ein Leben lang und wahrscheinlich länger als die zwischen Eltern und Kindern. Egal wie viel Kontakt sie in späteren Jahren noch haben, ob sie besonders innig miteinander sind oder sich kaum noch sehen: Sie bleiben Geschwister. Eine Konstellation, die sie sich nicht ausgesucht haben, aus der sie aber nicht mehr rauskommen. In den meisten Fällen ist das eine sehr positive Erfahrung. Das Großwerden, die Loslösung vom Elternhaus, die ersten eigenen Schritte in die Welt, vielleicht eine eigene Familiengründung und so weiter: Man hat jemanden an der Seite, der einen so lange kennt wie sonst niemand. Laut Studien verbringen Geschwister ab dem 3. Lebensjahr mehr Zeit miteinander als mit der eigenen Mutter. Ob sie wollen, oder nicht.

### Geschwister streiten oft

Da ist es doch nicht verwunderlich, dass es auch mal zu Auseinandersetzungen kommt. Und zwar ziemlich oft! Die Familienforscherin Laurie Kramer nennt Zahlen: Geschwister im Alter von drei bis sieben Jahren streiten 3,5-mal pro Stunde, im Alter von zwei bis vier Jahren sogar 6-mal pro Stunde. Alle zehn Minuten! Vielleicht streiten deine Kinder also gar nicht häufiger als der Durchschnitt, sondern eben einfach „normal“ viel. Und das ist nicht ungesund, sondern schult ihr Sozialverhalten.

**WOZU DIENT STREIT UNTER GESCHWISTERN?**

Streit ist nicht angenehm und Konflikte zwischen unseren Kindern sind für uns Eltern oft schwer auszuhalten. Dabei hat Streit, nicht nur im Kindesalter, auch positive Aspekte:

- Die Kinder lernen, wie man Kompromisse oder sogar eine Übereinkunft findet.
- Sie lernen, ihre Interessen zu vertreten.
- Sie lernen den Umgang mit Wut.
- Streit schult Empathie.
- Er hilft den Kindern, sich ihrer Gefühle, Bedürfnisse und Werte bewusst zu werden.
- Er lehrt den Umgang mit und das Aufstellen von gemeinsamen Regeln.

Natürlich wird das nicht alles sofort passieren. Das ist ein langer Prozess, der in verschiedenen Altersstufen unterschiedlich ausfällt. Aber mit der Zeit profitiert das Sozialverhalten der Kinder davon. Deshalb weiß auch VE**R**A: Es gibt keine dramatischen Resultate, wenn deine Kinder viel streiten.

### Geschwisterbeziehungen müssen nicht immer harmonisch sein

Auch wenn du dir wünschen würdest, dass immer Harmonie zwischen deinen Kindern herrscht, ist das eine ziemlich unrealistische Vorstellung. Zur Beziehung von Geschwistern gehört die ganze Gefühlspalette: Freude, Liebe und Spaß genauso wie Neid, Eifersucht und Hass. Sie müssen sich nicht immer lieben, aber sollten sich respektieren. Negative Gefühle dürfen also sein. Das könnt ihr als Mutter und Vater vorleben, denn auch eure Beziehung ist nicht ohne Konflikte. Auch Eltern haben Auseinandersetzungen, aber im Normalfall respektiert ihr euch und findet gemeinsam Lösungen (→ „Hilfe, wir streiten uns dauernd!“). Es ist an sich auch nicht schädlich, wenn Kinder dich und deinen Partner streiten sehen.

Wenn ihr eine gesunde Streitkultur vorlebt, lernen sie, dass man sich streiten und vertragen und trotzdem immer lieben kann. Wirklich tabu ist aber ein Streit ÜBER das Kind VOR dem Kind!

**RICHTIG STREITEN**

Hier einige Leitlinien, die ihr gerne übernehmen könnt:

- Nicht schreien und nicht handgreiflich werden.
- In Ich-Botschaften sprechen.
- Nicht beleidigen.
- Das Gespräch weg von der Schuldfrage, hin zur Lösung lenken.
- Perspektivenübernahme üben und anwenden.
- Zuhören und den anderen ausreden lassen.
- Respektvoll mit den Gefühlen und Meinungen des anderen umgehen.
- Eine Einigung oder einen Kompromiss finden, nicht gewinnen.
- Den Streit pausieren und sich Zeit nehmen, emotional abzukühlen oder nachzudenken, wenn nötig.
- Er muss aber wieder aufgenommen und geklärt werden.
- Sich am Ende entschuldigen, wenn nötig.

Abgesehen von solchen Grundsätzen ist die Streitkultur auch etwas, was Paare untereinander individuell aushandeln und immer wieder anpassen können. Mal bewusst, mal unbewusst. Neigt ein Partner oder eine Partnerin dazu, zu monologisieren, können die beiden ausmachen, dass man einander unterbrechen darf. Das ist etwas, was ihr den Kindern vorleben könnt. Wenn deine Kinder schon etwas älter sind, könnt ihr auch gemeinsam Streitregeln aufstellen, z. B. *„Mama hält sich raus“* oder *„Jeder darf schlechte Gefühle haben.“*

### Warum Geschwister streiten

Beim Streit von Geschwistern geht es vordergründig oft um Besitzverhältnisse. Gerade kleine Kinder haben kein ausgereiftes Verständnis von Besitz und können sich noch nicht in andere hineinversetzen: Sie verstehen weder, warum sie etwas teilen sollen, noch, dass ihr Gegenüber bei einem Streit auch leidet. Sie haben teilweise wirklich starke Verlustängste, wenn ihnen etwas weggenommen wird, und sehen keine Notwendigkeit für eine Entschuldigung. Naturgemäß sind sie nur auf ihren eigenen Vorteil bedacht.

Deswegen hilft es in der Regel gar nichts, wenn du deine Kinder zum Teilen oder zu einer Entschuldigung zwingst. Sie werden dem vielleicht nachkommen, aber nichts daraus lernen – weil ihnen die nötigen geistigen Voraussetzungen fehlen. Hier hilft wieder nur: **im Alltag vorleben, wie man teilt, und was eine Entschuldigung ausmacht**. Je älter die Kinder werden, desto besser können sie das nachvollziehen und desto eher auch ins eigene Handeln übernehmen. Ein langer und für dich anstrengender Prozess, der sich aber lohnt. Du musst also kein schlechtes Gewissen haben, wenn zum häufigen Streit auch noch vermeintlich uneinsichtige Kinder kommen, die sich nicht einmal entschuldigen wollen. Sie können es schlicht und einfach noch nicht richtig.

Was hingegen hilft, ist Aufmerksamkeit. Denn das ist der eigentliche Grund, warum Geschwister so stark konkurrieren. Sie möchten einen möglichst großen Anteil deiner Zeit und deiner ungeteilten Aufmerksamkeit. Denk also immer wieder an die kleinen 1:1-Zeiten, die du bereits beim Thema „Gerechtigkeit“ kennengelernt hast. Sie reduzieren das Gefühl der Kinder, ständig um dich kämpfen zu müssen, und vermeiden so vielleicht auch den ein oder anderen Streit.

### Tipps für den Umgang mit Streit unter Geschwistern

- Höre nach einem Streit allen beteiligten Kindern zu und versuche, zu vermitteln beziehungsweise zu helfen, eine gemeinsame Lösung zu finden. Akzeptiere aber auch, wenn es keine gibt.

- Ergreife keine Partei. Nimm die Argumente und Gefühle aller Kinder ernst und spiele sie nicht herunter, auch wenn du sie nicht nachvollziehen kannst.
- Vermittle ihnen, dass es nicht um Schuld geht oder darum, wer angefangen hat, sondern darum, wie sie eine gute Lösung finden können.
- Übersetze die Wünsche und Bedürfnisse, die hinter dem Verhalten der Kinder stecken, wenn sie selbst dazu nicht in der Lage sind: *„Ich verstehe, dass du wütend bist, weil dein Bruder / deine Schwester …“* Zum einen fühlen sie sich dann von dir verstanden, zum anderen lernen sie, ihre Gefühle zu kommunizieren und die der anderen zu lesen.
- Stelle körperliche Nähe her, wenn die Kinder das wünschen. Das Kuschelhormon Oxytocin beruhigt alle Gemüter.
- Vielleicht könnt ihr nach einem Streit auch gemeinsam über seine Absurdität lachen. Lachen verbindet.
- Vorbeugend kann es auch helfen, Möglichkeiten für gute Begegnungen und gemeinsames Spiel zu schaffen und diese vielleicht sogar zu begleiten. Schaffen die Kinder es, gemeinsam einen hohen Turm zu bauen? Können ältere Kinder zusammen beim Bäcker Brötchen holen? Das Gefühl, gemeinsam etwas geschafft zu haben, verbindet.
- Definiert klar, welches Spielzeug zur gemeinsamen Nutzung „freigegeben“ ist, und welche Dinge nicht geteilt werden müssen. Das ist auch hilfreich, wenn Besuchskinder bei euch sind.
- Wenn es räumlich möglich ist, sind Rückzugsmöglichkeiten für die Kinder eine gute Idee, wo sie alleine sein und den Geschwistern aus dem Weg gehen können. In der Regel ist das ein eigenes Zimmer. Aber es kann vielleicht auch eine Kuschelecke im Flur sein oder die Erlaubnis, sich ausnahmsweise in dein Schlafzimmer zurückziehen zu können. Schick die Kinder nicht als Bestrafung dorthin, sondern biete die Option an!

- Streit ist schon unangenehm genug, bestrafe sie nicht auch noch dafür. Begleite sie bei ihrem Konflikt und hilf ihnen, sich danach zu beruhigen und wieder zu versöhnen.
- Wenn gar nichts mehr hilft und die Stimmung kocht, ist oft ein Tapetenwechsel eine gute Idee: gemeinsam in den Garten oder auf den Spielplatz, wo die Kinder sich besser aus dem Weg gehen und ihre Energie loswerden können.

### WANN SOLL ODER MUSS ICH EINGREIFEN?

Du musst nicht immer eingreifen, wenn deine Kinder streiten. Denn Streit, das weißt du mittlerweile, schult ihr Sozialverhalten und sie sollen lernen, Konflikte selbst zu lösen. Halte dich also durchaus zurück, auch wenn du bei jeder Meinungsverschiedenheit das Gefühl hast, dazwischengehen zu müssen. Oder frag nach, ob du helfen sollst, bevor du direkt eingreifst.

Es gibt aber Streitigkeiten, bei denen du auf jeden Fall eingreifen musst:

- Wenn ein oder mehrere Kinder in Gefahr sind, wenn es also handgreiflich wird. (Oder auch, wenn Einrichtungsgegenstände „in Gefahr" sind.)
- Wenn ein Kind dich um Hilfe bittet.

Kinder bis 2 oder 3 Jahren brauchen in der Regel zumindest deine Anleitung dabei, Konflikte zu lösen.

Natürlich solltest du auch sonst aufmerksam sein. Wenn du dich wahnsinnig unwohl fühlst, ist es auch nicht verboten, dich einzuklinken. Aber versuche, dich vorher zu fragen: Ist es wirklich nötig? Kommen sie ohne mich klar? Es ist nicht immer einfach, ruhig zu bleiben und abzuwarten, vor allem wenn die Konflikte bei dir selbst ungute Emotionen auslösen. Aber versuche, diese auszuhalten.

## InKrit und VERA

**InKrit:** Streiten die schon wieder?! Unglaublich. Dass sie es nicht schafft, dass die beiden friedlich miteinander spielen, das kann doch nicht sein.

**VERA:** Was heißt hier „schaffen“? Sie hilft ihnen, wenn sie möchten, und sie greift ein, wenn es nötig ist. Streiten gehört dazu, ohne geht es nicht. Siehst du doch an uns. Die Kinder lernen sogar daraus. Außerdem sind sie nah beieinander, da knallt es eben noch häufiger.

**InKrit:** Dann hätte sie eben etwas mehr Abstand zwischen den Kindern planen sollen.

**VERA:** Hätte, hätte ... Erstens konnte sie das nicht so genau planen, zweitens wusste sie das nicht, drittens gibt es auch genug Vorteile eines engen Altersabstands.

**InKrit:** Dafür bevorzugt sie jetzt das Nesthäkchen, oder etwa nicht? Sie mag es doch ein kleines bisschen lieber, sei ehrlich.

**VERA:** Ja, wahrscheinlich ist es ihr ein bisschen näher. Das heißt aber nicht, dass sie weniger Liebe für ihr anderes Kind übrighat. Jede Beziehung ist ganz individuell, warum vergleichst du, wo es keinen Sinn macht. Außerdem bemüht sie sich, eben niemanden zu bevorzugen. Auch nicht aus schlechtem Gewissen heraus.

**InKrit:** Also wird sie lieber keinem von beiden gerecht?

**VERA:** Sie tut ihr Bestes und bemüht sich um Gerechtigkeit. Alle in der Familie haben Bedürfnisse und versuchen, sie auszubalancieren. Klappt nicht immer – aber immer öfter.

# Hilfe, mein Kind wird fremdbetreut!

Es geht heutzutage kaum noch ohne außerfamiliäre Betreuung. Das scheint auch für das schlechte Gewissen zu gelten. Egal aus welchem Grund du „Fremdbetreuung" in Anspruch nimmst, Schuldgefühle sind im Preis mit inbegriffen.

Du sorgst dich vielleicht, diese Art der Betreuung könne sich nachteilig auf die Bindung, die Gesundheit oder die Entwicklung deines Kindes auswirken. Wir möchten dir diese Sorgen gern nehmen.

## Die Außer-Haus-Betreuung als Bereicherung

Dein Kind hat in der Regel in der Außer-Haus-Betreuung eine feste Bezugsperson, an die es sich von Anfang an wenden kann. Mal ist es die, die es von der Eingewöhnung her kennt, manchmal suchen sich Kinder aber ihre Vertrauensperson auch aktiv aus.

### Dein Kind hat mehrere Bezugspersonen

Diese Beziehung ersetzt eure nicht, sie ergänzt sie. Dein Kind kann verschiedene Bindungen, auch unterschiedlicher Qualität, zu verschiedenen Menschen eingehen und in der Regel sogar von dieser Vielfalt an Bindungs- und Beziehungserfahrungen profitieren. So kann es sich dann in der Einrichtung geborgen fühlen und eine Art zweiten (oder dritten ...) sicheren Hafen neben eurem Zuhause finden.

### Kita-Kinder sind auch gesund

Weitere sensible Bereiche, um die du dich im Zusammenhang mit der Außer-Haus-Betreuung vielleicht sorgst, sind die Gesundheit und die Entwicklung deines Kindes. Die folgenden Fakten aus einer groß angelegten amerikanischen Studie helfen dir, deine Sorgen etwas einzuordnen. Was die Ausbildung des Immunsystems anbelangt, kam das Team rund um die Studie zu folgenden Ergebnissen:

- Kleinkinder, die in öffentlichen Einrichtungen betreut werden, haben aufgrund des hohen Ansteckungsrisikos häufiger Ohrentzündungen und Infektionen der oberen Atemwege als ausschließlich familiär betreute Kinder.
- Noch häufiger krank waren hingegen die Kindergartenkinder, die vorher ausschließlich familiär betreut worden waren.
- Das erhöhte Erkrankungsrisiko der Kinder, die in Krippe oder Kita betreut wurden, wirkte sich nicht unmittelbar auf die kognitive oder sprachliche Entwicklung aus.

### Außer-Haus-Betreuung ist gut für die Denk- und Sprachentwicklung

Weitere spannende Ergebnisse zeigen, dass besonders Feinfühligkeit und ein fördernder Umgang (egal ob durch die Mutter oder Betreuer*innen) einen positiven Einfluss auf diese Entwicklungsbereiche hatten. In größeren Gruppen kann dieser vermutlich weniger geleistet werden als bei einer Kleingruppenbetreuung durch eine Tagesmutter oder eine 1:1-Betreuung. Die Groß-Gruppen-Betreuung macht das aber mit der Vielfalt an sozialen Kontakten wieder wett. Von dieser Vielfalt profitieren die intellektuelle und sprachliche Entwicklung.

Was die **emotionale Entwicklung** deines Kindes angeht, so verunsichert es dich vielleicht, wenn dein Kind beim Abholen irgendwie „anstrengender" ist als gewohnt. Es ist womöglich unausgeglichener und viel schneller frustriert als an den Tagen, an denen ihr ausschließlich daheim seid. So entsteht der Eindruck, die Kinderbetreuung könnte sich negativ auf die Stimmung deines Kindes auswirken. Dieser Unterschied kann jedoch darauf zurückzuführen sein, dass sich dein Kind in größeren Gruppen mehr anpassen und öfter kooperieren muss. Vermutlich muss es auch öfter seine Bedürfnisse aufschieben als zu Hause. Zurück in deinen Armen fühlt es sich sicher genug, um den Gefühlen freien Lauf zu lassen, die vielleicht schon den ganzen Vormittag in ihm schlummerten. Mit seinem für dich auffälligen Verhalten füllt es quasi seinen Autonomietank auf. Du brauchst also keine generellen Auswirkungen auf die emotionale Stabilität deines Kindes befürchten.

Insgesamt wirkt sich eine qualitativ hochwertige Betreuung positiv auf die kindliche Entwicklung (besonders auf die kognitive und sprachliche Entwicklung) aus, während sich eine qualitativ schlechtere Betreuung nicht nachteilig auswirkt! VERA freut sich mit dir, denn das klingt eher nach einem Nutzen als nach dramatischen Resultaten. Dein Kind kann sich sowohl zu Hause als auch in Kinderkrippe und Kita gut entwickeln, da es vorrangig auf die Menschen ankommt, mit denen es seinen Alltag verbringt. Das gilt übrigens auch für die oft betonte Sozialkompetenz, die Kinder in Spielgruppen & Co lernen sollen.

## Trennungsschmerz trifft euch beide

Die Trennung von dir ist für dein Kleinkind ein großer Stressfaktor. Allein aus dem Umstand, dass du anwesend bist, bezieht dein Kind genügend Sicherheit, um mit Stress und Angst umgehen und die Umwelt mit Interesse und Neugier erkunden zu können. Du hast bestimmt bemerkt, dass es deinem Kind manchmal schon reicht, kurz Blickkontakt mit dir aufzunehmen, um weiter den Spielplatz oder andere unbekannte Orte auf eigene Faust zu erkunden. Diese Sicherheit ist auch der Grund, warum Kinder gegen die Trennung von Mutter oder Vater ausgiebig protestieren.

Gleichzeitig gilt: **Bindung ist nicht auf Mama oder Papa beschränkt**, sondern kann sich auch mit anderen Menschen entwickeln. Daraus folgt, dass auch andere Menschen deinem Kind ein Gefühl von Sicherheit geben und ihm dabei helfen können, mit Stress umzugehen. Für den Aufbau einer solchen Bindungsbeziehung zu einer Betreuungsperson ist die Eingewöhnung da. Hat dein Kind vorher schon die Erfahrung gemacht, dass auch andere Menschen fürsorglich sind und trösten, hat es hier einen kleinen Vorteil. Dieses Wissen kann dein Kind jetzt auf die neue Bezugsperson anwenden, sie bekommt sozusagen einen kleinen Vertrauensvorschuss.

Nicht nur dein Kind tut sich anfangs schwer mit der Trennung von dir, sondern auch du. Du machst dir Sorgen, ob die Bedürfnisse deines Kindes dort ausreichend berücksichtigt werden und ob sich dein Kind in die Gruppe einfindet und Freundschaften schließen wird. Um diese Ängste zu überwinden, brauchst du Vertrauen in die Einrichtung und die betreuenden Personen. Dieses Vertrauen kann sich dann wiederum positiv auf dich auswirken: Wenn du dich wohl damit fühlst, dass dein Kind gerade anderswo betreut wird, kannst du diese Zeit ohne schlechtes Gewissen nutzen.

### Was heißt das nun für die Eingewöhnung?

Wir empfehlen daher für die Eingewöhnung von Babys und Kleinkindern in die außerfamiliäre Betreuung folgendes:

- Nehmt euch ausreichend Zeit. In der Regel braucht es zwei bis drei Wochen, um dem Kind schrittweise beim Ankommen in der Einrichtung sowie beim Aufbau einer tragfähigen Erzieher*innen-Kind-Bindung zu helfen. Hatte dein Kind bisher wenig andere Kontakte oder ist es schüchtern, könnte es auch etwas länger dauern.
- Mach dich mit der Einrichtung, den Betreuungspersonen und ihrer pädagogischen Haltung vertraut, damit du deine eigenen Sorgen und Ängste hinsichtlich der Betreuung abbauen kannst. Entscheidend sind die Menschen, die das pädagogische Konzept umsetzen. Stelle jede Frage, die dir wichtig erscheint.
- Bring dich in die Eingewöhnung aktiv ein, indem du vermittelnd für Erzieher*innen und Kind anwesend bist. Die betreuende Person profitiert von wichtigen Hinweisen deinerseits für den Umgang mit deinem Kind.

- Es wird Kindertränen geben, stell dich darauf ein. Euer Ziel sollte nicht sein, diese zu vermeiden, sondern mitfühlend und zugewandt darauf zu reagieren.
- Wichtig ist in diesem Zusammenhang auch: Verabschiede dich unbedingt bei jeder (!) Trennung und schleiche dich nicht einfach raus, wenn dein Kind ins Spiel versunken ist. Durchschaut dein Kind, dass du jeden Moment verschwinden könntest, ohne dass es darüber informiert wird, klammert es sich vielleicht an dir fest und lässt dich nicht mehr aus den Augen, damit sich diese Erfahrung nicht wiederholt.
- Plane für die Zeit nach der Eingewöhnung und wenn möglich auch künftig für die Zeit nach der Gruppenbetreuung eine Ruhephase ein, in der keine weitere Aktivität geplant ist und du deinem Kind beim Entspannen und Stress abbauen helfen kannst.
- Verlange eine Verlängerung der Eingewöhnung, wenn du das Gefühl hast, dein Kind ist dort noch nicht angekommen und fühlt sich dort (noch) nicht wohl. Ein schlechtes Gewissen musst du deswegen nicht haben, es gibt vielfältige Gründe, warum es bei euch länger dauern könnte. Suche das Gespräch mit den Betreuer*innen, wenn dir Missstände auffallen, Unklarheiten vorliegen oder wenn du glaubst, dass ihr mehr Unterstützung braucht.
- Gibt es nach der Eingewöhnung noch hin und wieder Situationen, in denen dein Kind nicht in die Betreuung möchte und sich dagegen wehrt, verursacht das erneut ein schlechtes Gewissen. Oftmals liegt es aber gar nicht daran, dass das Kind nicht zu den anderen Kindern und der Betreuerin möchte, sondern daran, dass ihm der Übergang schwerfällt. Begleite diese Gefühle und findet gemeinsam etwas, was deinem Kind hilft: Ein Übergangsobjekt (Kuscheltier, Schnuffeltuch, Kuss-Speicher-Stein), ein Ritual, Orientierung (Wochenplan, nachvollziehbare Ankündigungen wie die Abholung nach dem Mittagessen, usw.). Sprich auch mit seiner Bezugsperson darüber, was helfen könnte und wie sich das Kind

nach Ankunft in der Einrichtung verhält und beruhigen lässt. Dann kannst auch du beruhigter deinen Tätigkeiten nachgehen.

## Die richtige Entscheidung treffen

Neben deinen eigenen Sorgen rund um die Entwicklung deines Kindes musst du dich auch noch mit Kritik von außen und von InKrit herumschlagen. Weil du dein Kind „zu früh", „zu spät" oder „zu lange" von nicht familiären Betreuungspersonen betreuen lässt. *„Wieso bist du Mutter geworden, wenn du es eh gleich zu einer Tagesmutter abschiebst?"* oder *„Das arme Einzelkind braucht doch andere Kinder! Gib es doch endlich mal in die Kinderkrippe."* Danke dafür. Einen „richtigen" oder auch gesellschaftlich rundum akzeptierten Weg gibt es für die frühkindliche Betreuung nicht. Es gilt, für dich und deine Familie einen individuellen Weg zu finden und eine Entscheidung zu treffen, hinter der ihr dann auch stehen könnt. Gut durchdachte Entscheidungen zu treffen und sie dann auch zu vertreten, wirkt wie ein Schutzschild gegen das schlechte Gewissen und Angriffe von deiner inneren Kritikerin und ihren Unterstützer*innen.

Der naheliegende erste Schritt auf dem Weg zu deiner/eurer Entscheidung ist, euch ausführlich über die Betreuungsmöglichkeiten zu informieren, die ihr habt. Und das möglichst rechtzeitig, denn es stimmt: Über wichtige Entscheidungen schläft man besser noch die ein oder andere Nacht. Recherchiere online und offline:

- Gibt es in der Nähe **Tageseltern**, wenn ja, wo?
- Haben sie Platz und für wie viele Stunden zu welchen Betreuungszeiten?
- Lassen sich diese Betreuungszeiten mit deinem/eurem Bedarf vereinen?
- Was kostet die Betreuung dort?
- Wie sehen die Räumlichkeiten aus?
- Wie steht es um die pädagogische Haltung?

- Gibt es ein Konzept für die Eingewöhnung?
- Wie sieht der Betreuungsschlüssel (für Kleinkinder wird ein Schlüssel von 1:3 oder 1:4 empfohlen, also 1 Betreuungsperson auf 3 oder 4 Kinder) aus?

Den gleichen Fragenkatalog arbeitet ihr für die **öffentliche Betreuungsmöglichkeit** in eurer Nähe ab sowie für die **Betriebs-Kita**, die **private Kinderkrippe** und was es sonst noch in eurer Nähe gibt. Erstelle eine Übersicht mit den Möglichkeiten und den Informationen, die du gesammelt hast, damit du sie mit deinen Ansprüchen, Anforderungen und finanziellen Gegebenheiten abgleichen kannst.

### OHNE WAHL KEIN SCHLECHTES GEWISSEN

Eine Entscheidung aus einer Notwendigkeit heraus wendet eine Not ab. Sei dir dessen immer bewusst und erinnere InKrit daran. Musst du dein Kind zum Beispiel früher in Betreuung geben als du es eigentlich vorhattest, vielleicht weil du aus finanziellen Gründen früher in den Beruf zurückkehren musst oder zwischenzeitlich alleinerziehend geworden bist, dann bist du aus Mangel an Alternativen gezwungen, deinen und euren Weg zu ändern. Steht dir nur eine Kinderbetreuungsmöglichkeit zur Verfügung, mit der du nicht 100-prozentig zufrieden bist, und du hast gar keine große Wahl, gilt das genauso. Ohne Wahl kein schlechtes Gewissen: Quäle dich nicht damit, dass du tust, was getan werden muss. Es ist VE**R**A sehr wichtig, dass du das weißt.

Setze dich in einem zweiten Schritt aktiv mit deinen Gefühlen und ganz besonders mit deinen Ängsten hinsichtlich Außer-Haus-Betreuung auseinander. Wir hoffen, dass wir einige Ängste bereits lindern konnten. Prüfe auch, ob du sozialen Druck empfindest. Egal in welche Richtung er dich drückt und zieht: Als Teil einer sozialen Gemeinschaft kannst du dich nicht vollständig frei davon machen, aber die folgende Übung kann dir vielleicht ein paar Anhaltspunkte für deine Entscheidung liefern:

### WANDERE GEDANKLICH AUS

Stell dir vor, du bist mit deiner ganzen Familie ausgewandert, irgendwohin, wo euch niemand kennt. Ihr baut euch ein komplett neues Leben und ein neues Umfeld auf. Eure neue Heimat habt ihr gut gewählt, denn dort ist man aufgeschlossen und tolerant den Lebensentscheidungen anderer gegenüber. Niemand wird euch für eure Wahl verurteilen. Frei vom Druck, den Erwartungen anderer gerecht zu werden oder nicht negativ aufzufallen: Wie entscheidest du dich?

Mach dich frei von den Ansprüchen anderer, von überhöhten Idealen und bestimmten Geschlechterbildern. Vertraue VERA. Die Schwiegermutter findet, dass man ein Kind bis zum Kindergarten ausschließlich selbst betreut? Nun, sie ist sicher davon überzeugt, dass das eine gute Sache ist, schließlich hat sie es auch so gemacht und aus ihrem Jungen ist ja was geworden. Und den Glauben daran, dass sie damals gut und richtig entschieden hat, müssen wir ihr auch gar nicht nehmen. Viel schöner wäre es doch, wenn du ihr vermitteln kannst, dass dein Weg ebenfalls ein guter Weg ist. Im Gespräch mit den (Schwieger-)Eltern bzw. unseren Vorgängergenerationen ist es immer hilfreich eine Haltung einzunehmen, die ausdrückt, dass unser heutiger Weg keine Kritik an ihrem damaligen Weg ist.

Lass deine Entscheidung auch nicht davon leiten, dass frau doch heute alles unter einen Hut kriegen muss. Oder von der immer noch in vielen Köpfen abgespeicherten Annahme, nur eine Frau könne sich richtig um ein Baby kümmern. **Fürsorge ist nicht weiblich, sie ist menschlich.** Also wenn ihr das Ganze komplett auf den Kopf stellen wollt, du nach drei Monaten wieder arbeiten gehst und dein Partner die restliche Elternzeit übernimmt: Go for it! Eure Familie, euer Weg.

## FREMDBETREUT OHNE SCHLECHTES GEWISSEN

Interview mit Expertin Barbara Weber-Eisenmann

*Weil wir wissen, dass das Thema Außer-Haus-Betreuung eines ist, bei dem die Gemüter hochkochen und Mütter sehr schnell sehr verunsichert sind, haben wir uns von Barbara Weber-Eisenmann, Diplom-Sozialpädagogin und Kita-Leiterin, Verstärkung geholt:*

**Oft plagt Mütter ein schlechtes Gewissen, wenn sie ihr Kind in „fremde" Hände geben und es außer Haus betreuen lassen. Was raten Sie diesen Müttern?**

Meine spontane Antwort lautet: Sofort ablegen! Da ich aber weiß, dass dies nicht immer einfach ist, möchte ich auf ein paar Punkte eingehen, die dies erleichtern können. Zuerst einmal möchte ich mit dem Begriff der „Fremdbetreuung" beginnen. Nach der Eingewöhnungszeit sind die Pädagog*innen zu wichtigen Bezugspersonen außerhalb der Kernfamilie geworden. Klar, am Anfang ist die Kita etwas Fremdes, die Erzieher*innen unbekannt und alles ist erstmal neu und ungewohnt. Sie werden dann aber zu wichtigen und vertrauten Personen, die das Kind durch den Tag begleiten. Sie trösten das Kind und begleiten es in den Schlaf; sie kennen das Lieblingskuscheltier, wissen, wie der letzte Urlaub war, was das Kind gerade beschäftigt und vieles mehr.

Fühlt sich das Kind wohl, ist die Kita ein wichtiger Ort, an dem es sich ausprobieren kann und an dem es viel für seine persönliche Entwicklung lernt. Es profitiert nicht nur von weiteren Erwachsenen in seinem Leben, sondern auch von den anderen Kindern. Das Gleiche gilt natürlich auch für die Betreuung durch eine Tagesmutter oder einen Tagesvater.

Ob eine Familie sich nun dafür entscheidet, das Kind zu Hause, in einer Kita oder bei Tageseltern betreuen zu lassen, ist einzig und allein die Entscheidung dieser Familie. Außenstehenden steht eine Bewertung oder Beurteilung nicht zu. Dabei spielt es auch überhaupt keine Rolle, ob beide Elternteile wieder arbeiten müssen oder wollen. Sie haben sich für ihre Art der Betreuung ihres Kindes entschieden und das ist in einer modernen Gesellschaft okay. Ich rate daher allen Müttern, sich nicht von außen beeinflussen zu lassen. Was für eine Familie passt, kann für die andere völlig unpassend sein. Geht euren Weg, eurem Kind geht es in der Kita / bei der Tagesmutter gut.

**Was kann helfen, Schuldgefühle im Vorfeld im Zaum zu halten?**

Eine gute Eingewöhnung. Bereits im Aufnahmegespräch dürfen die Eltern alle Fragen stellen, die sie beschäftigen. Je besser die Mütter auf die Kita vorbereitet sind, desto leichter fällt ihnen auch die Trennung. Wichtig zu wissen: Auch nach einer sicheren Eingewöhnung kann es Tage geben, an denen das Kind nicht gerne in die Kita geht. Das ist völlig normal, wir gehen ja auch nicht immer gleich gerne zur Arbeit. Oft ist es so, dass sich ein Kind recht schnell wieder wohlfühlt und Spaß am Kitaalltag hat. Manchmal ist das Ankommen schwer, aber bei einer guten Begleitung durch die Erzieher*innen findet das Kind dann doch schnell ins Spiel und in den Tag.

Die Kitas arbeiten nach einem Bildungsplan, der zwar von Bundesland zu Bundesland verschieden ist, jedoch in der Regel folgende Bildungsbereiche beinhaltet:

Bewegung, Körper, Gesundheit und Ernährung, Sprache und Kommunikation, Soziale und (inter-)kulturelle Bildung, Musisch-ästhetische Bildung, Religion und Ethik, Mathematische Bildung, Naturwissenschaftlich-technische Bildung.

Teile davon wird man sicher auch zu Hause dem Kind vermitteln können, aber niemals in der Fülle wie in der Kita. Auch Tageseltern halten sich an diese Pläne. Die Kita ist also ein neuer Lebensraum außerhalb der Familie, der viele Impulse für die Kinder bereithält. Ein Geschenk, bei dem das Kind neue Erfahrungen sammeln darf und einen weiteren wichtigen Schritt Richtung Selbstständigkeit geht.

Hilfreich kann auch sein, über Schuldgefühle und Sorgen zu sprechen. Am besten mit dem Partner oder der Partnerin, mit einer guten Freundin, der es ähnlich geht, oder einer anderen Vertrauensperson. Der Blick auf das Kind hilft ebenfalls: Geht es meinem Kind gut?

Zum Abschluss möchte ich den Müttern mit auf den Weg geben, dass sie nicht nur Mütter sind, sondern auch nach wie vor eigenständige Persönlichkeiten, die sich auch weiterhin beruflich entwickeln und Zeit für sich in Anspruch nehmen dürfen. Die Kinder haben von einer ausgeglichenen Mama sehr viel mehr. Die anschließende gemeinsame Familienzeit wird intensiver genutzt und bewusster erlebt.

Entscheiden sich die Mütter also, ihre Kinder in eine Kita oder zu Tageseltern zu geben, so darf das mit gutem Gewissen geschehen. Die Kinder sind dort rundum gut betreut.

## InKrit und VERA

**InKrit:** Ein Kind bekommen und dann andere die Arbeit machen lassen. Klasse, große Klasse!

**VERA:** Jetzt mal halblang. Das ist kein Abschieben, das ist eine Ergänzung zur Familie. Ihr Kind liebt seine Bezugsbetreuerin. Hast du nicht gesehen, wie es heute Morgen in den Gruppenraum gesaust ist?

**InKrit:** Klar, es sieht sie ja auch öfter als seine eigene Mama. Und sie macht die ganzen tollen Sachen mit ihm. Basteln, singen, tanzen, spielen und, und, und. Bald wird es sie lieber haben als seine Mutter.

**VERA:** Ein Glück stimmt das nicht, das würde mich wirklich traurig machen. Ihre Beziehung ist von dieser Beziehung nicht bedroht. Wir freuen uns beide, dass es sich dort so wohlfühlt!

**InKrit:** Weil sie sich dann, von mir unbehelligt, anderen Dingen widmen kann …

**VERA:** Ha! Wenn das wirklich mal möglich ist, mach ich drei Kreuze im Kalender. Aber ja, du hast recht. Sie weiß, dass es ihm dort gut geht und kann sich dadurch auf ihre Arbeit konzentrieren oder sich mal etwas erholen.

**InKrit:** Und dann chillen sie am Nachmittag auch noch, statt was Tolles zusammen zu machen …

**VERA:** Ja, weil das Kind nach der Kita etwas Ruhe braucht. Und ganz ehrlich: Beide genießen diese Kuschelzeit sehr. Viel feiner als immer Action zu haben.

## Hilfe, hier schaut's aus …!

Wer kümmert sich bei euch zu Hause um den Haushalt? Du, dein Partner, ihr gemeinsam? Bleibt viel an dir hängen? Das ist, leider, nicht ungewöhnlich. Je nach Studie kümmern sich in Partnerschaften 40 bis 80 % der Frauen allein oder größtenteils allein um den Haushalt. Wenn man das mit den Daten zur Berufstätigkeit von Frauen vergleicht (knapp 73 % in Deutschland im Jahr 2019) wird deutlich: Da kann doch was nicht stimmen.

Denn selbst Frauen und Mütter, die nicht berufstätig sind, sollten nicht allein für den Haushalt verantwortlich sein. Schließlich lebt dein Partner in den meisten Fällen auch in eurem Haushalt. Ob er auch so ein schlechtes Gewissen hat, wie du, wenn dort etwas liegen bleibt? Frage ihn bitte mal, ob auch sein innerer Kritiker dann loslegt. Nicht provokativ, sondern ernsthaft interessiert. Wir glauben die Antwort zu kennen, auch wenn man natürlich nicht alle Männer über einen Kamm scheren kann. Hast du einen Partner zu Hause, der sich genauso verantwortlich fühlt wie du, dann legt gemeinsam euer schlechtes Gewissen ab. Wenn nicht, dann darfst du dich trotzdem von deinen Schuldgefühlen dahingehend verabschieden. Die Infos und Tipps in diesem Kapitel helfen dir dabei.

Abgesehen von der Frage der Arbeitsteilung (→ „Hilfe, wir streiten uns dauernd!") sind Haushaltstätigkeiten meistens einfach nicht besonders beliebt, fressen aber einen großen Teil unserer Zeit. Gerade mit Kind im Haus oder in der Wohnung, sind sie nie erledigt, es gibt quasi immer etwas zu tun und gewisse Aufgaben, wie das Waschen der Wäsche, sind wahre Sisyphusarbeiten. Diese Unendlichkeit, das Gefühl, nie fertigzuwerden, stresst dich und beschert dir des Öfteren ein schlechtes Gewissen. Weil du deinem eigenen Anspruch oder den Erwartungen anderer phasenweise nicht (mehr) gerecht wirst. VERA findet, das ist kein guter Grund. Vor allem, wenn du den Zustand deines Haushalts mit dem in der Werbung, den sozialen Medien oder der Nachbarin vergleichst. Bei anderen sieht nicht nur das Gras grüner aus, sondern auch die Wäsche weißer und der Boden glänzender. Du ahnst, dass wieder überzogene Erwartungen und ungesunde Vergleiche ihre Finger im Spiel haben, wenn InKrit beim Thema „Haushalt" Alarm schlägt.

Wir geben dir im Folgenden Tipps, wie du den Frust reduzieren kannst. Vorher quatschen wir nochmal mit VERA. Denn bei allen Schuldgefühlen, die den Haushalt betreffen, lohnt es sich zu fragen: Was passiert, wenn du die Fenster nicht putzt? Wenn der Haushalt liegen bleibt? Erwartest du schwerwiegende Folgen? In den allermeisten Fällen wird die Antwort „Nein" lauten. Denn beim schlechten Gewissen rund ums Putzen, Waschen und Aufräumen hast du selten Sorge, deinem Kind zu schaden, sondern es geht primär darum, dass du irgendwelche vermeintlichen Ansprüche erfüllst oder diversen Vorstellungen gerecht werden willst. Genau diese hinterfragen wir jetzt gemeinsam mit dir.

## Unordnung ist kein Verbrechen

Eine Erwartung ist, dass ein Haushalt „ordentlich" zu sein hat. Aufgeräumt. Nicht zuletzt seit dem Erfolg der Aufräum-Queen Marie Kondo ist Ordnung ein Synonym geworden für „das eigene Leben im Griff haben". Wer unordentlich ist oder wessen Zuhause unordentlich ist, der hat das falsche System, nicht genügend Motivation und die Kontrolle über sein Leben verloren.

Dass es so einfach eben nicht ist und wir gerade ordentlich übertrieben haben, hast du hoffentlich gemerkt. Auch wenn einige Tipps, die Marie Kondo gibt, durchaus hilfreich sind, entsteht durch diverse Life-Hacks, Ordnungs-Coaches und Literatur zum Thema ein zusätzlicher Druck. Auch dieser Lebensbereich wird neuerdings bis in die letzte Schachtel hinein optimiert. Aber noch mehr Druck hat hier überhaupt niemand gebraucht. Denn mit der Erwartung eines ordentlichen Haushalts sahen sich schon unsere Mütter, Großmütter und Urgroßmütter konfrontiert.

### Ordnung ist NICHT das halbe Leben

Dabei ist Ordnung, von wirklich großem Chaos abgesehen (Stichwort „Messies"), eine vorwiegend ästhetische Frage. Unordnung ist, wenn sie keine krankhaften Züge annimmt, für niemanden eine Gefahr. Viele unordentliche Menschen finden sich in dem, was von außen wie Chaos wirken mag, auch wirklich gut zurecht. Sie wissen, wo der Schlüssel liegt, in welchem Eck im Keller die Christbaumkugeln auf ihren Einsatz warten und welches Buch auf welchem Stapel liegt.

**Es geht allein darum, wie du dich, wie ihr euch, als Familie wohlfühlt.** Wie viel Ordnung braucht ihr um euch herum, welcher Grad an Ordnung ist nötig, damit nicht wirklich Chaos ausbricht, weil niemand mehr etwas findet? Das mag extrem klingen, aber das ist eure Richtschnur. Manche Menschen mögen es sehr clean, extrem aufgeräumt und beschriften mit Leidenschaft jede einzelne Box, andere haben ihre Habseligkeiten gerne um sich, sichtbar, eine eher lebhafte Umgebung. Das alles ist keine Wertung. Es geht um Vorlieben.

Schwierig wird es meist dann, wenn einzelne Familienmitglieder unterschiedliche Vorstellungen von Ordnung haben. Das ist tatsächlich relativ häufig der Fall. Doch ihr könnt euch auf grundlegende Regeln einigen, mit denen alle gut leben können. Denn der Grad der Ordnung ändert sich eigentlich immer, sobald Kinder im Haus sind. Du musst dich deshalb vielleicht von alten Gewohnheiten trennen, Ansprüche senken. Aber vielleicht hilft dir das neue Durchdenken eurer Ordnungsregeln auch dabei, überzogene Erwartungen loszulassen, die dich schon immer eingeschränkt oder genervt haben.

### Ordnungsregeln in der Familie

Im Folgenden listen wir dir einige Beispiele (!) auf, wie solche Ordnungsregeln und Kompromisse aussehen können. Wichtig bleibt: Ihr entscheidet, was zu euch passt und was euch hilft.

- Der Wohnbereich wird am Abend gemeinsam aufgeräumt. Es ist erstaunlich, wie gut auch kleine Kinder schon dabei helfen können. In den Kitas klappt das sehr gut: Lego in Kisten werfen, Bücher in den Schrank legen ... Je älter dein Kind, desto eher ist es dabei wirklich eine Hilfe. Wer klein anfängt, lernt fürs Leben.
- Aufbauten, die länger stehen sollen, zum Beispiel die Lego-Burg oder der Märchenwald, werden in einem Raum aufgebaut, in dem sie nicht stören: Kinderzimmer, Hobbyraum o. Ä.
- Für wichtige Dinge (z. B. Schlüssel, Geldbeutel) gibt es feste Ablage-Orte, die alle einhalten sollen. Wenn möglich, gibt es in der Garderobe einen Platz für all das, was ihr bei euch habt, wenn ihr nach Hause kommt oder wieder geht: eure Familien-Boxengasse, wo die Schlüssel an den Haken wandern, Mützen, Handschuhe und Schals in die große Schublade, die Handtasche parat steht und die Schuhe gegen die Hausschuhe eingetauscht werden.
- Minimalanforderungen festlegen: keine Straßenschuhe in der Wohnung; nasse Handtücher müssen aufgehängt werden; der Boden im Kinderzimmer muss abends so freigeräumt werden, dass man nachts zum Kind ans Bett kann, wenn dieses ruft; Speisereste müssen gleich in den dafür vorgesehenen Behälter geschüttet werden; Spuren im Klo werden sofort beseitigt; Schmutzwäsche kommt direkt in den Wäschekorb etc.
- Die Belohnung für ein ordentliches Heim ist ein Wohnraum, in dem sich alle Familienmitglieder wohlfühlen, kein Eis oder neues Spielzeug.

- Das Kinderzimmer muss nur aufgeräumt werden, wenn Putzen angesagt ist. Je älter die Kinder sind, desto eher kann man ihnen das auch allein überlassen. Auch wenn die Ordnung dann etwas eigenwillig ist, der Wille zählt. Hier helfen kindgerechte Beschriftungen/Bebilderungen an Boxen und Schubladen.
- Was nicht mehr benutzt wird, wird weggeräumt. In diesem Punkt kannst du selbst deinem Kind ein sehr gutes Vorbild sein und mit deinen Sachen genauso verfahren.
- Die Schublade im Hausflur, der Stuhl in der Garderobe, der Sofatisch ... jede*r kennt diese Ecken, die nie ordentlich werden. Akzeptierst du das und nennst die entsprechenden Orte sogar „Inseln des Chaos", erträgst du sie leichter.
- Definiert Zuständigkeiten: Ein Familienmitglied ist für die Garderobe zuständig, eines für das Bad und so weiter. Das reduziert den Mental Load und alle fühlen sich verantwortlich dafür, dass eure Grundregeln an den entsprechenden Orten umgesetzt werden.

**WECHSELNDES SPIELZEUG**

Wenn du das Spielzeug durchwechselst, das heißt, immer mal wieder einen Teil wegräumst (in den Keller, auf den Dachboden, in die Abstellkammern, in die Garage ...) verringert sich zum einen die Menge. Zum anderen wird sich dein Kind freuen, wenn einige Wochen oder Monate später getauscht wird und die „alten" Dinge sich dann wie neu anfühlen. Denn meistens wird ja eh nur ein Bruchteil bespielt. So schlägst du zwei Fliegen mit einer Klappe.

Es sieht bei euch zu Hause auch mit diesen Regeln unordentlicher aus als im Katalog des Möbelhauses? Alles andere würde uns wundern! Häuser und Wohnungen sind mit Leben gefüllt und damit auch mit allen Dingen, die dazugehören. Findet euren Weg und macht euch keinen Kopf, wenn das ein anderer ist als der eurer Freund*innen oder Eltern. Unordnung ist kein Verbrechen, sondern ein vorübergehender Zustand! Auch wenn es phasenweise nicht so klappt, wie du dir das wünschst, heißt es nicht, dass es für immer so bleibt. Dein Kind wird älter, die Spielsachen verlagern sich wahrscheinlich irgendwann wieder vom Wohnzimmer ins Kinderzimmer und ihr findet gemeinsam immer neue Lösungen, euch euer Wohnumfeld angenehm zu gestalten. Gemeinsames Umräumen und Ausmisten kann auch Spaß machen – und regelmäßig im Kalender geplant werden, wenn ihr wollt.

## Von Putzteufeln und Dreckspatzen

Dreck ist in den meisten Fällen genauso wenig eine Gefahr wie Unordnung! Zumindest wenn wir unsere heutigen Maßstäbe für Sauberkeit heranziehen: 99,9 % der Keime um uns herum sind harmlos und machen uns nicht krank, sondern sind Teil unserer Umwelt. Bakterien und Mikroben sind sogar wichtig, zum Beispiel für ein funktionierendes Immunsystem. Trotzdem sind wir wahre Putzweltmeister. Allein in Deutschland haben wir 2017 1,095 Millionen Euro nur für Reinigungsmittel ausgegeben – von denen die meisten leere Versprechen sind. Schau mal in deinen Schrank: Wie viele Putzmittelchen stehen da? Welche nutzt du? Welche brauchst du? Die Werbung macht uns glauben, alles um uns herum müsste keimfrei sein. Was erstens nicht zu erreichen und zweitens auch nicht erstrebenswert ist.

### Oberflächlich sauber reicht aus

Wie häufig und intensiv du putzt, hat nicht zwingend etwas damit zu tun, wie keimfrei es bei dir ist: Mehrere TV-Experimente, in denen „Durchschnittsputzer*innen" mit Menschen verglichen wurden, die täglich oder mehrmals täglich putzen, ergaben, dass in allen Haushalten dieselben Bakterien überleben. So putzen, dass es optisch sauber ist, reicht also vollkommen aus. Klingt eklig für dich? Muss es nicht!

Bakterien gehören zum Leben dazu! In jedem Gramm Erde finden sich, so wissenschaftliche Schätzungen, mehr Mikroorganismen als es Menschen auf der Erde gibt. Bei jedem Zungenkuss tauschen wir innerhalb von zehn Sekunden 80 Millionen Bakterien aus – ohne dass wir hinterher alle tot umfallen oder krank werden. Es macht uns sogar richtig Spaß!

Woran liegt es also, dass wir so viel saugen, wischen und schrubben, oder auch nicht, und in beiden Fällen ein schlechtes Gewissen haben, dass es nicht genug ist? Warum ist einigen von uns der Hausputz so wichtig, während andere „Staub" und „Chaos" leichter aushalten können? Warum erzeugt manchmal schon der Anblick von Staubsauger und Wischer ein schlechtes Gewissen bei dir?

#### BEWUSST NICHTS TUN

Damit du siehst und spürst, dass wirklich nichts passiert, wenn du eben nichts tust, probiere das mal mit VERA an deiner Seite aus. Mache bewusst Fehler:

- vor dem nächsten Besuch nicht aufräumen
- das Bad einfach eine Woche später putzen als geplant
- am Abend mal nicht das Chaos der Kinder aufräumen

Wobei hast du das größte schlechte Gewissen, wenn es liegen bleibt? Dann lass genau das einmal mit Absicht liegen und beobachte was passiert. Aller Wahrscheinlichkeit nach: nichts.

### Tipps für weniger Putzfrust

- Eine App für weniger Mental Load
  Es gibt diverse Putz-Apps, die dir helfen, das Saubermachen zu organisieren. Zum Beispiel „Tody". Du kannst sehr kleinteilig einzelne Aufgaben definieren, Zimmern oder Bereichen zuordnen und mit einer individuellen Fälligkeit versehen. Die Vorteile: Du kannst die Aufgaben an dein Sauberkeitsverständnis anpassen, du musst nicht mehr im Kopf haben, was wann an der Reihe ist, sondern wirst daran erinnert und du kannst einzelne Aufgaben recht schnell abhaken, was sehr befriedigend ist. Außerdem toll: Bist du in Verzug, wird die Arbeit nicht mehr. Sie wartet einfach auf dich. Falls dich so ein Tool nicht zusätzlich stresst, kann es den Hausputz erleichtern.
- Putzroutine entwickeln
  Nimm „Putzen" in den Wochenplan mit auf. Entweder gibt es einen gemeinsamen Putztag, an dem alle Familienmitglieder gemeinsam die Basisreinigung durchführen oder es wird jedem Tag eine gewisse Reinigungstätigkeit zugeordnet.
- Was du heute kannst besorgen, ...
  ... das verschiebe nicht auf morgen. Das gilt zum Beispiel in puncto Abwasch. Wenn möglich, wird das Geschirr nach dem Essen sofort in den Geschirrspüler geräumt oder abgewaschen. Nach dem Duschen sofort die Edelstahlarmaturen abzuwischen, spart fieses Schrubben gegen Kalkflecken mit einem entsprechenden Reiniger und so weiter.
- Technische Helferchen
  Natürlich ist es eine Budgetfrage, ob man sich Saugroboter, Saugwischer & Co leisten kann. Wenn es geht, dann können sie wirklich viel Zeit sparen bei Tätigkeiten, die sehr regelmäßig anstehen. Diese Helfer werden auch immer günstiger und gleichzeitig besser.

- Professionelle Reinigungskraft
  Eine Putzhilfe einzustellen ist noch mehr von euren Finanzen abhängig. Hab aber kein schlechtes Gewissen, wenn du dir so Hilfe im Haushalt holst. Gerade wenn das Putzen vorwiegend ein Zeitproblem darstellt und du sehr darunter leidest, dass viel liegen bleibt, wenn also deine oder eure Schmerzgrenzen regelmäßig überschritten werden, ist das eine Entlastung. Niemand muss alles allein schaffen. Wenn diese Art der Hilfe möglich ist, nimm sie in Anspruch. Melde die Putzhilfe am besten an und achte auf eine faire Bezahlung.

#### Erlaubt ist, was gefällt

Zum Abschluss ein paar Worte zum Haushalt insgesamt: Mach dir auch dann kein schlechtes Gewissen, wenn du jede Woche eine dreistöckige Torte backst, weil es dein Hobby ist und du dich dabei kreativ ausleben kannst, wenn du gerne den Kopf beim Bügeln freibekommst oder Sauberkeit bei dir ganz oben auf der Prioritätenliste steht. Solange du dich nicht von InKrit dazu drängen lässt, sondern es gerne und ohne massiven Stress tun kannst: Go for it! Alles kann, ganz wenig muss.

## InKrit und VERA

**InKrit:** Hast du dich heute hier schon mal umgesehen? Es ist derart unordentlich hier!

**VERA:** Ja, ich weiß. Sie kam nicht zum Aufräumen. Ist nicht so wild. Alle fühlen sich auch so ganz wohl hier.

**InKrit:** In diesem Chaos und Dreck?

**VERA:** Das ist doch kein Dreck, das ist Unordnung. Das eine hat nicht zwingend was mit dem anderen zu tun. Ich würde es mir auch etwas ordentlicher wünschen, aber hier haben gerade andere Dinge Priorität.

**InKrit:** Putzen wäre aber schon mal wieder gut.

**VERA:** Sie putzt regelmäßig. Und selbst wenn es mal liegen bleibt: Davon wird niemand krank oder so. Es stört sie ja auch, aber es ist nicht gefährlich. Alle tun hier, was sie können, und das reicht locker.

**InKrit:** Ja, ja, rede dir das nur schön. Sie hat nichts im Griff hier. Was soll denn ihre Freundin denken, die nachher zu Besuch kommt? Bei der ist es immer so ordentlich.

**VERA:** Ja, weil ihr das wichtig ist. Und ihre Mama so kritisch, wenn die vorbeikommt. Sie kommt gerne und hat offenbar kein Problem mit der Unordnung hier. Wenn sie eines hätte, würde sie nicht kommen. Du wirst schon sehen: Es wird nichts passieren.

# DEINE PARTNERSCHAFT

*Du bist nicht nur Mutter, du bist auch Frau und Partnerin. Wird aus einem Paar eine Familie, kann das ziemlich belastend sein. Es ändert sich jede Menge: Aufgaben müssen neu verteilt werden, Paarzeit muss freigeschaufelt werden und auch sexuell müsst ihr erst wieder neu zusammenfinden. Wir helfen dir dabei, das ohne schlechtes Gewissen zu meistern.*

Die Geburt eines Kindes ist ein Ausnahmeereignis und der Wechsel zur Familie stellt auch die stabilste Beziehung von Zeit zu Zeit auf eine harte Probe. Der Alltag mit Kind genauso. Euer Leben hat sich um 180 Grad gedreht, so vieles ist anders, als ihr es als Paar gewohnt wart, oft über viele Jahre. Nicht nur du musst deine Mutterrolle erst kennenlernen, auch dein Partner seine Vaterrolle. Die herausfordernde Aufgabe, ein Kind großzuziehen, neue Zwänge und Konstellationen, Müdigkeit, Stress, neue Sorgen und Ängste, das alles befeuert Missverständnisse, Unzufriedenheit und Konflikte. Der Spagat zwischen Liebespaar und Elternpaar ist häufig schwierig. Kein Wunder, dass du auch deinem Partner gegenüber häufig ein schlechtes Gewissen hast. Und er umgekehrt wahrscheinlich ebenfalls.

Auch wenn ihr in Summe glücklich miteinander seid, gibt es wahrscheinlich Baustellen, die bei euch für Konflikte sorgen und damit auch für Schuldgefühle. Ihr seid als Paar einander immer noch die wichtigste Quelle emotionaler Unterstützung. Eure Bindung kann sogar zunehmen, sobald Kinder in die Beziehung geboren werden.

Damit das bei euch auch klappt, betrachten wir in den folgenden Kapiteln die drei Themenbereiche, in die InKrit besonders gerne reinfunkt.

## Hilfe, wir streiten uns dauernd!

Ihr befindet euch in einer ganz neuen Konstellation, sobald euer erstes Kind geboren wurde. Hat sich der Mutterschutz zuvor vielleicht noch ein bisschen wie Urlaub angefühlt, wenn du Glück hattest, bist du jetzt erstmal eine Vollzeit-Mama – und dein Partner plötzlich „der Ernährer". Egal wann du in den Job zurückkehrst, es ergibt sich eine ganz neue Dynamik und vor allem für dich eine Fülle neuer Aufgaben, auf die du mal mehr, mal weniger gut vorbereitet bist.

Du hast vielleicht das Gefühl, die Vereinbarkeit von Job und Mutterschaft sei nicht zu schaffen, was ja tatsächlich so ist. Oder dir wird es zu viel, dich permanent und ohne Pausen um die Care-Arbeit zu kümmern, das heißt das Kind zu versorgen, den Haushalt zu erledigen und alles rund um euer Familienleben am Laufen zu halten. In beiden Fällen forderst du vielleicht (und hoffentlich!) deinen Partner auf, dich mehr zu unterstützten. Mit einem riesigen schlechten Gewissen vermutlich. Denn: Du hast es dir doch so ausgesucht, du warst doch sicher, du würdest das hinbekommen. Wie kannst du jetzt deinem Partner noch mehr deiner Arbeit aufbürden? Es ergießt sich ein Redeschwall von InKrit auf dich: *„Er hilft doch schon, wo er kann, vielleicht sogar mehr als andere Väter aus eurem Umfeld. Ihr hattet das doch alles geplant und besprochen."* Oder ihr hattet es eigentlich gar nicht besprochen und du hast das Gefühl, jetzt plötzlich ein ganz neues Fass aufzumachen, wo ihr euch doch bisher einig wart?! Welches Recht hast du jetzt, dich über die Belastung zu beschweren?

## Die Krux mit dem Mental Load

Jedes Recht! Du kannst nicht voraussehen, wie sich das Familienleben tatsächlich gestaltet, welche Bedürfnisse alle Familienmitglieder haben werden und wie ihr alle mit euren neuen Rollen zurechtkommt. Selbst Paare, die vorher ausführlich und im Detail darüber gesprochen haben, werden von der Realität manchmal überrascht. Und zwar nicht nur kurz nach der Geburt, sondern immer wieder. Neue Herausforderungen tun sich ständig auf, zum Beispiel, wenn euer Kind in Kindergarten oder Schule kommt, wenn du in den Job zurückkehrst (→ „Hilfe, ich will (nicht) wieder arbeiten!") oder wenn eure Familie sich weiter vergrößert (→ „Hilfe, meine Kinder streiten sich!"). Gerade dann müsst ihr Aufgaben und Verantwortlichkeiten wieder neu verteilen. Was wir und VERA damit sagen wollen: Hab kein schlechtes Gewissen, wenn du mit der aktuellen Situation unzufrieden bist. Trau dich, das anzusprechen und ermutige auch deinen Partner, das zu tun. Gemeinsam könnt ihr immer wieder überprüfen, ob sich alle noch wohlfühlen. Es ist eure gemeinsame (!) Verantwortung.

Häufig liegt hinter deinem Gefühl von Überlastung auch ein Ungleichgewicht in der Arbeitsteilung. Dabei geht es nicht immer um konkrete Aufgaben, sondern vor allem um die gedankliche Last und Verantwortung, die häufig zu großen Teilen bei der Mutter liegen.

**MENTAL LOAD**

= die oft unsichtbaren Aufgaben rund um die Sorgearbeit (Kindererziehung und Hausarbeit), die Planungs-, Organisations- und Koordinierungsprozesse. Alles, woran „gedacht werden" muss. All das, was hinter einer Aufgabe steht, was im Vorfeld (und im Nachhinein) gemacht werden muss, um sie auszuführen. Dieser Teil der Care-Arbeit ist besonders belastend, weil er deutlich umfangreicher ist, als der sichtbare – und weil er aufgrund dessen oft nicht wertgeschätzt wird.

Wenn du es also bist, die alle Termine im Blick haben muss, sich um Geburtstage kümmert, um neue Kleidung, alles rund um die Kinderbetreuung und, und, und – dann kannst du davon ausgehen, dass der Mental Load (und nicht nur die konkreten Aufgaben!) bei euch ungleich verteilt ist. Ein Zeichen dafür ist auch der Neid auf den Partner: Darauf, dass er mehr Zeit für sich hat, aber auch für die Karriere, und dass er vermeintlich entspannter sein kann. Kommt dir das bekannt vor? Hast du dir auch schon mal gewünscht, morgens aus dem Haus gehen zu können und acht Stunden zu arbeiten, einfach so? Kein Grund also, dich schuldig zu fühlen, wenn dir das über den Kopf wächst.

Es braucht ein Dorf, um ein Kind zu erziehen, niemand kann das ohne Hilfe schaffen. Kein Wunder, dass du neidisch wirst, wenn ein solches Ungleichgewicht herrscht oder es sich zumindest so anfühlt. Den tatsächlichen Mental Load deines Partners kennst du genauso wenig wie er deinen, wenn ihr noch nie darüber gesprochen habt. Geht das Thema an, dann zeigt sich vielleicht, dass es gar nicht so gravierend ist. Wenn doch, dann könnt ihr das jetzt ändern. Gemeinsam!

### Den (Mental) Load umverteilen

Seid ihr als Paar an einem solchen Punkt angekommen, hilft vor allem: Über die Verteilung der Last reden und sie umverteilen. Das ist ein Prozess, an dem ihr dranbleiben müsst, der anfangs etwas Kraft kostet und dir gleichzeitig nach und nach Erleichterung verschaffen wird. Außerdem steigt die Zufriedenheit mit eurer Partnerschaft, wenn ihr weiterhin im Gespräch bleibt. Je weniger ihr miteinander redet, desto unzufriedener seid ihr und desto häufiger entstehen Konflikte.

1. Bestandsaufnahme
   Setzt euch zusammen und macht eine möglichst ausführliche Liste aller Aufgaben (inklusive des dahinterliegenden Mental Loads). Ob als Excel-Tabelle, auf Papier oder mithilfe einer App ist egal. Zentral ist, dass ihr ins Detail geht, jeden „Mist" aufschreibt. Nehmt euch dafür ruhig Zeit, ergänzt sie auch immer wieder. Es ist kaum machbar, auf einmal an alles zu denken, was rund um die Familienorganisation zu tun ist.
   In einem zweiten Schritt schreibt ihr daneben, wer aktuell für welche Aufgabe in der Regel (!) zuständig ist. Bei Punkten, die ihr gemeinsam erledigt, könnt ihr euch beide dazuschreiben. Arbeitet zum Beispiel mit drei verschiedenen Farben oder Symbolen.

2. Bedürfnisse und Wünsche klären
   Aufgrund dieser wahrscheinlich sehr langen Liste ergibt sich schon ein gutes Bild, wie die Aufgaben verteilt sind. Denkt daran: Es muss nicht 50:50 sein, aber keine oder keiner von euch sollte deutlich benachteiligt werden. **Wir alle haben unterschiedliche Ressourcen, auch in unterschiedlichen Lebensbereichen.** Die eine kommt vielleicht mit weniger Schlaf aus, der andere kann Lärm besser ertragen. Deshalb seid ehrlich miteinander, schaut, wo sind eure Stärken und Schwächen und vor allem wo zieht ihr für euch Grenzen.
   Vermeidet hier bitte einen häufigen Denkfehler. Oft wird argumentiert, dass wer mehr Erwerbsarbeit leistet, das ist in der Regel immer noch der Partner, damit die Mitarbeit an der Familienorganisation abgegolten hat. Die Frau, die vielleicht „nur" Teilzeit arbeitet, hat ja dann noch 20 Stunden für Haushalt & Co zur Verfügung. NEIN! Denn in diesen 20 Stunden leistet sie Care-Arbeit, kümmert sich also um die Kinder und so weiter. In der Zeit wird sie auch einige organisatorische Dinge erledigen können, vielleicht kochen, etwas Haushalt machen. Aber: Das entbindet den Vater nicht von seiner Pflicht, auch seinen Beitrag zu leisten. Care-Arbeit und Erwerbsarbeit zählen gleich viel!

Sprecht dann darüber: Wie fühlt ihr euch? Wo fühlt ihr euch benachteiligt? Bei welchen Aufgaben wünscht ihr euch mehr Hilfe? Welche Bedürfnisse habt ihr? Welche kommen zu kurz?

3. Verantwortung verteilen
   Erst dann geht es an die Neuverteilung von Aufgaben und Verantwortung. Bezieht eure Vorlieben mit ein, achtet aber darauf, dass nicht eine*r alle Zeitfresser bekommt, während der oder die andere die „entspannten" Punkte übernimmt. Achtet auch darauf, wer welche Punkte nicht übernehmen kann, weil er oder sie dazu nicht in der Lage ist oder eine große Abneigung dagegen hat. Der Mental Load soll dabei immer mitgedacht werden. **Es geht also nicht darum, die Anzahl der Aufgaben gerecht zu verteilen, sondern die Belastung.** Bei manchen Aufgaben könnt ihr euch auch abwechseln, vielleicht nach einer bestimmten Zeit tauschen. Oder ihr findet Dinge, die ihr gerne immer gemeinsam erledigen wollt, wie beispielsweise Geburtstagsvorbereitungen. Hier entstehen sicher längere Diskussionen, aber bleibt dran. Je zufriedener ihr beide seid, desto tragfähiger ist euer Konzept und desto zufriedener seid ihr in der Folge auch mit eurer Partnerschaft.

4. Am Ball bleiben
   Dann muss sich die Aufteilung in der Praxis bewähren. Deshalb solltet ihr regelmäßig prüfen, ob sie noch passt. Haben sich Rahmenbedingungen verändert? Sind neue Aufgaben dazugekommen, die automatisch von einem von euch übernommen wurden, die oder der jetzt deutlich mehr belastet ist? Seid ihr vielleicht doch noch nicht ganz zufrieden? Hat sich die Verantwortung in einem Bereich als fordernder und zeit- und kraftraubender herausgestellt als vermutet? Die Arbeit an der Aufgabenteilung ist nie ganz abgeschlossen, aber eure Vorarbeit liefert eine sehr gute Basis.

So harmonisch das alles klingt, gerade die Aufgabenverteilung führt sehr häufig zu Streit. Auch wenn ihr gut verteilt und geplant habt, fühlt sich oftmals ein Part benachteiligt oder nicht genügend wertgeschätzt, ausgenutzt oder übergangen. Überforderung wird häufig als fehlende Entlastung durch den Partner wahrgenommen. Das bleibt nicht aus.

Wer streitet, hat vorher, währenddessen und danach häufig ein schlechtes Gewissen. Deshalb schauen wir uns diesen Teil eurer Beziehung im folgenden Kapitel etwas genauer an.

## Wenn es (trotzdem) kracht

Auslöser für den Streit mag häufig die ungleiche Aufgabenverteilung sein, aber auch Missverständnisse oder besonders forderndes Verhalten eures Kindes. Das können konkrete Anlässe sein (dein Partner kam später nach Hause als vereinbart), unechte Konflikte (dein Partner hatte Ärger auf der Arbeit und lässt es an dir aus) oder auch Anlässe, in denen es um Grundsätzliches geht (ich habe Recht, du hast Unrecht). Letztere passieren in der Regel unbewusst und führen zu den größten Verletzungen. Dahinter liegt aber oft etwas ganz anderes: Du fühlst dich in deiner Persönlichkeit und deinem Einsatz für die Partnerschaft/die Familie nicht wertgeschätzt. Du hast das Gefühl, nicht die nötige Anerkennung und Aufmerksamkeit zu bekommen. (Deinem Partner kann es übrigens genauso gehen.)

Auch wenn ihr generell zufrieden mit eurer Beziehung seid, es gibt viele weitere **Gründe für Streit**:

- wenn ihr nicht aus voller Kraft schöpfen könnt
- wenn eure Batterien nicht aufgeladen sind
- wenn ihr gestresst, überfordert und müde seid
- wenn du unter PMS leidest
- wenn ihr sehr hungrig seid
- wenn euer Kind sehr fordernd ist
- wenn gesundheitliche oder finanzielle Belastungen an euch zerren

Aber auch ohne diese „Brandbeschleuniger“ seid ihr manchmal wütend aufeinander und fühlt euch ungerecht behandelt. Dann könnt ihr eure Emotionen aber meist viel besser zügeln, euch selbst regulieren und die Konfliktpunkte ruhig ansprechen und angemessen diskutieren. Dann treten Schuldgefühle auch nicht so häufig auf. Wir sprechen hier vor allem von der Art Streit, bei der es ungemütlich und laut wird, bei der ihr manchmal Worte aussprecht, die euch hinterher leidtun. Es geht um die Streite, die eurer Beziehung mehr schaden als nutzen, um zerstörerische Konflikte.

Wenn du beispielsweise mit deinem Partner streitest, weil er zu wenige Aufgaben übernimmt, kann:

- das **konstruktiv** sein, wenn ihr beide nach einer wirklichen Lösung sucht, euch zuhört und auch die Möglichkeit zulasst, dass ihr im Unrecht sein könntet.
- sich herausstellen, dass die Aufgabenverteilung gar nicht das Problem war, sondern du Stress auf der Arbeit hattest und ein **Ventil** gebraucht hast.
- das **destruktiv** laufen, wenn ihr euch nur gegenseitig Vorwürfe macht und die Diskussion „gewinnen“ wollt.
- das zu einem **Spiel** ausarten, wenn einer von beiden beweisen will, dass er der bessere Partner oder die bessere Partnerin ist. Vielleicht musste er als Kind schon immer zurückstecken und hat weniger Freiheiten bekommen, als er benötigt hätte. Oder sie wurde so geprägt, dass sie sich ungern etwas vorschreiben lässt.

Solche destruktiven Konflikte und Machtspielchen, in denen ihr euch gegenseitig als Mensch abwertet und beleidigt, sind die, die ihr euch lange übelnehmt und aus denen auch oft Schuldgefühle entstehen. In diesem Fall oft sogar zu Recht. Dann ist eine Entschuldigung und/oder Wiedergutmachung angebracht. Wie dir diese gelingen, kannst du im Kapitel → „Hilfe, ich schimpfe zu viel!“ nachlesen. Die Tipps für den Umgang mit Kindern funktionieren, bis auf die altersgerechte Sprache, auch für euch Erwachsene.

Ihr liebt euch und möchtet euch nicht wehtun. Dennoch passiert es manchmal. Weil ihr unter großem Stress steht, weil es euch nicht gut geht oder weil Verletzungen aus eurer eigenen Kindheit nach oben drängen und Aufmerksamkeit fordern. Tatsächlich leiden die Umgangsformen auch etwas, wenn aus einem Paar eine Familie wird, der Ton wird rauer, die Streite heftiger. VERA steht dir zur Seite und beruhigt dich. Mach dir keine großen Vorwürfe, denn es sind meist die Umstände, die dich dazu treiben.

### Sprachlosigkeit als Gefahr

Die beste Vorsorge, dass es nicht zu einem Streit kommt, nach dem ihr euch oft schlecht fühlt und bereut, was ihr gesagt habt, ist – du wirst es ahnen – Kommunikation.

Wenn ihr in eurer Beziehung nicht mehr miteinander redet, euch nicht von euren Gefühlen und Wünschen erzählt, aber auch davon, wie euer Tag eigentlich lief, wenn Sprachlosigkeit herrscht, wird es schwierig, Konflikte noch konstruktiv auszutragen. Deshalb: **Redet miteinander.** Über alles, was euch bewegt, was euch nervt, was euch freut, was ihr erlebt habt. Nicht nur über die Kinder, den Haushalt und die Stromrechnung. So wichtig diese Gespräche sind, um den Laden am Laufen zu halten, so relevant ist es auch, anderen Themen Raum zu geben.

#### ZUM GESPRÄCH EINLADEN

Euch ist die Sprache schon abhandengekommen? Dann versucht, wieder miteinander ins Gespräch zu kommen:

- Setzt euch tatsächlich feste Termine, um zu reden. Vielleicht hilft es euch dabei, die eigenen vier Wände dabei zu verlassen. Beim Spazierengehen redet es sich zum Beispiel meist leichter.

- Bemüht euch darum, aktiv zuzuhören, das heißt, euch ganz auf den anderen oder die andere einzulassen, ohne schon über Vorwürfe, Rechtfertigungen oder Gegenrede nachzudenken.
- Fragt bei Unklarheiten nach und wiederholt in eigenen Worten, was euer Gegenüber gesagt hat. Beides hilft, Missverständnisse zu vermeiden.
- Bestätigt euch gegenseitig, wenn ihr verstanden habt, was der oder die andere ausdrücken möchte und/oder was er oder sie fühlt.
- Wenn ihr die „schwierigen" Themen noch nicht angehen wollt oder könnt, schafft gemeinsame Erlebnisse, über die ihr sprechen könnt. Lasst eure Probleme fürs Erste außen vor und kommt erstmal ins Reden.

Wenn es doch manchmal knallt, ist das kein Beinbruch. **Konflikte gehören zu Beziehungen dazu.** Es ist in Ordnung, manchmal Dampf abzulassen, wenn man sich danach entschuldigt, und es ist gesund und wichtig, für seine eigenen Bedürfnisse einzustehen, auch wenn es dabei mal zum Streit kommt. Wenn du laut wirst, sogar unfair, dann bitte um Verzeihung. Es ist zum Glück möglich, das wieder gutzumachen, und es ist menschlich, auch in der Beziehung nicht immer perfekt zu sein.

Wenn du richtig unglücklich bist in eurer Beziehung, wenn die Rollenverteilung für dich überhaupt nicht funktioniert, wenn der Streit überhandnimmt und die Liebe auf der Strecke bleibt, dann überlegt, ob eine Paarberatung euch helfen könnte. Eine neutrale Person, die euch beiden zuhört, euch ernst nimmt und vermitteln kann, nimmt oftmals schon den Zündstoff aus der Situation, weil ihr beide wisst, dass euer Anliegen gehört wird.

Damit es nicht so weit kommt, braucht ihr unter anderem gemeinsame Zeit als Paar, über die wir im folgenden Kapitel sprechen.

## InKrit und VERA

**InKrit:** Sie ist ganz schön unzufrieden in ihrer Beziehung. Sie sollte mal etwas dankbarer sein. Ihr Mann hat gestern sogar den Müll rausgebracht und heute eine Stunde mit dem Kind auf dem Spielplatz gespielt.

**VERA:** Ja, er hilft mit, aber ganz ehrlich: Das ist ja auch sein Job. Und sie ist deshalb unzufrieden, weil nicht nur der Großteil der Arbeit bei ihr hängen bleibt, sondern auch ihr Kopf voll ist von all dem, was sie sich außenrum merken muss. Du siehst ja, was hier oben los ist ...

**InKrit:** Aber wirklich, im Vergleich zu den anderen Vätern ist er doch ein Traum-Mann.

**VERA:** Was soll der Vergleich mit anderen bringen? Sie müssen darauf achten, dass es IHNEN als Paar gut geht. Und ihr geht es eben momentan nicht immer so gut damit.

**InKrit:** Das wirft sie ihm ja auch oft genug vor. Immer sucht sie Streit.

**VERA:** Sie sucht den Streit nicht; manchmal kommt es eben zu Konflikten in einer Beziehung. Das ist doch normal. Sie möchte mit ihm über ihre Aufgabenverteilung reden. Nicht ihm Vorwürfe machen.

**InKrit:** Aber müssen sie das immer vor dem Kind diskutieren? Das ist doch nicht gut.

**VERA:** Für ausführlichere Gespräche suchen sie sich deshalb ja auch immer extra Zeit zu zweit. Aber man darf auch mal vor dem Kind diskutieren oder sogar streiten, wenn man fair bleibt und einander wertschätzend begegnet. Das Kind muss ja auch lernen, wie man richtig streitet und dass man sich danach wieder versöhnt.

## Hilfe, wir haben keine Zeit füreinander!

Vor dem ersten Kind war es ganz normal, dass du mit deinem Partner Zeit verbracht hast, nur ihr zwei. Essengehen, Kino, ein Abend auf der Couch oder Urlaube, Ausflüge, Spaziergänge. Das war vermutlich kein großes Thema, sondern ist einfach „passiert". Natürlich musstet ihr planen und darüber sprechen, WAS ihr gemeinsam unternehmen wollt. OB und WANN, war aber einfach klar. Dann kam das Baby.

Sobald ihr vom Paar zur Familie werdet, schrumpft die Zeit, die ihr nur für euch habt, massiv zusammen. Ihr müsst die Zeitfenster oft mit der Lupe suchen, in denen ihr zu zweit sein könnt. Habt ihr sie gefunden, heißt es oft Sofa statt Ausgehen. **Die Paarzeit geht im Alltagsstress unter.** Manchmal seid ihr auch beide froh, wenn ihr die ruhigeren Minuten für euch allein nutzen könnt. Oder aber ihr bedauert beide, dass euch die Zeit füreinander fehlt. Schuldgefühle entstehen hier aus den verschiedensten Gründen heraus:

- Dein Partner braucht mehr Zeit für sich, während du vielleicht den Eindruck hast, du kommst zu kurz.
- Oder du liegst mit schlechtem Gewissen in der Badewanne, weil du Zeit für dich brauchst und hast dabei InKrit im Ohr, weil du ach so egoistisch bist.
- Er wiederum versinkt in einem guten Buch, weil er eine gedankliche Pause von Job und Alltag braucht und hat gleichzeitig ein schlechtes Gewissen, weil er die Pause nicht mit dir verbringt.
- Und so weiter, und so fort.

Das Problem sind aber nicht eure Bedürfnisse! Dass manche von uns mehr Zeit für sich brauchen und andere die Paarzeit vorziehen, ist einfach eine Frage von Charakter, Vorlieben und Ressourcen. Manche Menschen laden ihre Akkus lieber allein auf, andere in Gesellschaft. Einigen reicht das Kuscheln vorm Einschlafen, andere wollen ausgiebig Zeit miteinander verbringen, auch wenn das Leben gerade sehr stressig ist. Das wirkliche Problem ist die Tatsache, dass Zeit zu zweit jetzt Mangelware ist. Wäre genug davon da, könntet ihr beide me-time und Paarzeit unterbringen, so wie vor dem Kind auch. Niemand muss sich dafür schuldig fühlen, dass er oder sie Ruhe braucht, um zu regenerieren. Es sind die Umstände, die das Paarsein so schwierig machen, sobald ein Kind da ist. VERA möchte euch beiden hierbei die Last von den Schultern nehmen, denn diese Umstände sind nur bedingt beeinflussbar und ändern sich auch wieder.

## Paarzeit „freischaufeln"

Das Elternwerden bringt ganz schön viel Stoff zum Streiten mit sich. Ihr streitet häufiger, ihr habt weniger Zeit füreinander. Genau deshalb ist es besonders wichtig, dass eure Partnerschaft nicht zu kurz kommt. Ihr seid dann zufriedener und auch euer Kind profitiert davon. Wichtig ist allerdings: Du sollst diese Zeit genießen können und nicht als Pflicht oder Belastung empfinden, als Zeit, die von deinem me-time-Konto (→ „Hilfe, ich will me-time ohne Reue!") abgeht.

### ME-TIME UND WE-TIME

Me-time und we-time sind beide grundlegend dafür, dass es dir und euch als Paar sowie eurer Familie gut geht. Deshalb ermutigen wir dich unbedingt, für beides Zeit zu finden. Das lohnt sich. Hast du zwar Zeit für dich, aber keine mit deinem Partner, fehlt euch etwas. Umgekehrt genauso. Es hängt ein bisschen von dir und euch ab, wie viel du von beidem brauchst. Sprecht unbedingt über eure Bedürfnisse diesbezüglich. Sicher lassen sich auch Kompromisse finden. Wichtig ist vor allem, dass ihr euch diese Zeiten bewusst schafft und nicht jedes Mal wieder darum ringen müsst. Je offener ihr darüber redet, desto weniger werden Schuldgefühle auftreten. Auch wenn nicht alle Wünsche erfüllt werden, wisst ihr doch beide, dass sie beachtet wurden.

Auch wenn es wenig romantisch klingt, empfehlen wir euch, mindestens einmal im Monat, eher wöchentlich einen Abgleich eurer Kalender zu machen. Das ist sowieso ratsam, nicht nur für die Paarzeit. In einer **Wochenbesprechung** könnt ihr alle Termine und Verantwortlichkeiten besprechen und verteilen. Dazu sollte auch **fest terminierte Paarzeit** gehören. Legt zum Beispiel fest, welche Abende unter der Woche jede*r für sich hat, und welche ihr gemeinsam verbringen wollt. Plant größere Date-Nights fest ein, am besten mit genug Vorlauf, um eine Kinderbetreuung organisieren zu können. Je nachdem, wie viel Unterstützung ihr habt, kann das einmal in der Woche, einmal im Monat oder einmal im Vierteljahr und so weiter sein. Denn es kommt zum einen auf eure Wünsche an, zum anderen aber eben auch auf eure Möglichkeiten.

Solltest du gerade (noch) in einer Phase sein, in der dein Baby oder Kind 24/7 auf oder an dir klebt, dann sei dir versichert: Es wird besser. Nicht sofort, aber die Zeit arbeitet für dich und euch. Hab kein schlechtes Gewissen, wenn phasenweise keine Luft und Energie mehr für Paarzeit übrig ist. Du musst dich nicht mit letzter Kraft wachhalten, um einen Film mit deinem Partner zu sehen oder gemeinsam eine Runde Karten zu spielen. Es gibt Tage, Wochen oder auch Monate, in denen das einfach zu kurz kommt. Gerade in der ersten Zeit mit Baby bleibt die Zweisamkeit auf der Strecke. Das wird eure Beziehung nicht gleich zerstören!

## We-time zu Hause

Redet darüber und versucht, auch kurze Momente zu nutzen, um eurer Liebe Aufmerksamkeit zu geben. Das rettet über solche Durststrecken hinweg. Dazu gehört es beispielsweise, sich ab und an einen Kuss zu geben oder kurz in den Arm zu nehmen, sich ein liebes Wort zu sagen oder tief in die Augen zu blicken. Das ist natürlich keine Paarzeit im eigentlichen Sinn, wenn eure Kinder dabei zwischen euren Beinen herumwuseln. Aber für einige Augenblicke zählt dann eure Verbundenheit. In solchen Momenten **gehen Paarsein und Elternsein wunderbar zusammen** und bereichern sich gegenseitig.

- Wünscht euch einen guten Morgen,
- fragt ehrlich interessiert nach, wie der Tag gelaufen ist,
- unterstützt euch gegenseitig bei euren Aufgaben, wenn es brennt

– all das trägt auch dazu bei, dass ihr euch als Team fühlt und eure Liebe feiert. Manchmal sind es diese kleinen Gesten, die einem den Tag retten. Ihr seid „partner in crime".

Wenn es (wieder) richtige Feierabende gibt, die Kinder also irgendwann verlässlich so lange allein schlafen, dass ihr wirklich ein oder mehrere Stunden am Abend (oder auch morgens? mittags?) für euch haben könnt, dann nutzt das. Lasst den Haushalt liegen, die Arbeit ruhen und verbringt bewusst Zeit miteinander.

Oftmals reicht die Energie gerade aus, um noch einen Film gemeinsam zu sehen. Dann kuschelt euch vor den Fernseher und genießt das. Wenn noch etwas mehr Energie da ist, dann überlegt euch, was ihr stattdessen zusammen tun könntet: Gesellschaftsspiele, Sport, Reden, Puzzeln, Kochen, Essen, Sex (auf das Thema Sexualität gehen wir im Kapitel → „Hilfe, es herrscht Flaute im Bett!" noch genauer ein). Ja, das meiste davon klingt wahrscheinlich langweiliger als vieles, was ihr vor den Kindern gemeinsam erlebt habt. Aber macht das Beste aus den Gegebenheiten und setzt euch nicht unter Druck, möglichst gut performen zu müssen. Es werden auch wieder andere Zeiten kommen. Bis dahin könnt ihr ruhig gemeinsam darüber lachen, dass ihr zu Couch-Potatos mutiert seid und wie ein „altes Ehepaar“ lebt.

## Gemeinsam ausgehen

Richtige „Außer-Haus-Dates“ stehen und fallen in der Regel mit der Kinderbetreuung. Ihr müsst euer soziales Netz aktivieren, um euch diesen Freiraum schaffen zu können. Habt kein schlechtes Gewissen dabei, wenn ihr andere um Hilfe bittet! Die meisten Menschen helfen gerne, denn helfen macht glücklich. Außerdem freuen sich sowohl die Babysitter*innen als auch eure Kinder über die gemeinsam verbrachte Zeit. Auch eurem Kind gegenüber müsst ihr keine Schuldgefühle haben, wenn es bei einer Person ist, der es vertrauen und bei der es sich wohlfühlen kann. Im Idealfall gewinnen alle: ihr als Paar, euer Kind und die Betreuungsperson – dramatische Resultate sind laut VERA nicht zu erwarten.

### DIE BETREUUNGS-CHAT-GRUPPE

Daniela Albert von „Eltern sein, Familie leben“ hat auf ihrem Blog https://eltern-familie.de einen besonders guten Tipp, wie ihr Babysitter*innen organisieren könnt: eine extra Babysitter*innen-Gruppe. Ob via Messenger-App oder als E-Mail-Liste organisiert ist egal, aber sammelt alle potenziellen Aufpasser*innen in einer Gruppe und plant dann mit viel Vorlaufzeit: Setzt euch zum Beispiel halbjährlich zusammen, schaut, wann in euren Kalendern Platz für eine Date-Night ist, legt Termine fest und schreibt diese in die Gruppe. Nach und nach findet sich dann für jeden Termin jemand und ihr könnt euch entspannt gemeinsam auf viele Paar-Termine freuen.

Gewöhnt euer Kind daran, auch mal allein bei einem anderen Menschen als Mama und Papa zu sein, wenn ihr das möchtet. Vielleicht ist es das sogar von klein auf gewohnt, dann fällt es leichter; zum Beispiel, wenn Oma oder Opa sowieso häufig bei euch sind und auch im Alltag mal stundenweise die Betreuung übernommen haben. Aber auch wenn ihr nicht in dieser glücklichen Situation seid, müsst ihr nicht aufs Ausgehen verzichten. Ihr könnt Babysitter*innen, ob Familienmitglieder, Freund*innen oder „professionelle" Sitter*innen, auch langsam eingewöhnen, wie in der Kinderbetreuung in Kita & Co. Das braucht etwas mehr Zeit und Geduld, vielleicht sogar Geld – aber die Investition lohnt sich, wenn ihr dafür einen freien Abend ohne schlechtes Gewissen verbringen könnt.

Wenn die Termine festgelegt sind und die Betreuung sichergestellt ist, dann kann es losgehen! Einmal Abstand von allem gewinnen, ohne das Babyphon daneben und ohne die „Angst", dass das Kind gleich wach wird.

### ES MUSS NICHT IMMER AM ABEND SEIN

Tut sich euer Kind besonders schwer, ohne Mama und/oder Papa ins Bett zu gehen und einzuschlafen, müsst ihr deshalb nicht auf eure Dates verzichten. Wie wäre es zum Beispiel mit einer gemeinsamen Mittagspause? Wenn ihr das beruflich einrichten könnt, nutzt es. Ist das Kind in der Zeit vielleicht sogar noch im Kindergarten oder in der Schule, müsst ihr dafür nicht einmal extra eine Betreuung organisieren. Eigentlich lassen sich fast alle gemeinsamen Aktivitäten auch auf den Tag legen – sogar ein gemeinsames Abendessen relativ zeitig, sodass ihr vor dem Zubettbringen wieder zu Hause seid.

### Die Königsdisziplin: Gemeinsamer (Wochenend-)Urlaub

Unser letzter Vorschlag ist zugegebenermaßen nicht für alle Paare etwas. Manchmal geben die Umstände es nicht her, manchmal möchte man auch nicht so lange vom Kind getrennt sein. Aber wenn ihr euch das vorstellen könnt und die Kinderbetreuung geregelt ist, dann überlegt, ob ihr nicht gemeinsam mal wieder ein paar Tage wegfahren wollt. Städtetrip, Wellness, Badeurlaub – hier gibt es unzählige Möglichkeiten. Viele Paare, die das regelmäßig machen, schwärmen davon. Richtig viel Zeit für euch, richtig viel Abstand von zu Hause. Das lädt eure Akkus wieder auf. Hier braucht ihr natürlich eine sehr verlässliche, vertrauensvolle Betreuungsperson, die der Sache auch gewachsen ist. Je älter euer Kind ist, desto einfacher werden solche längeren Auszeiten.

Aber drängt euch, dränge dich nicht zu etwas, was du nicht tun möchtest. Hab auf der anderen Seite auch kein schlechtes Gewissen, wenn es genau das ist, was du möchtest. **Lass dir nicht einreden, du wärst eine Rabenmutter** oder Ähnliches, weil du dein Kind „so lang allein lässt". Es ist nicht allein, es ist bei einer anderen zugewandten Bezugsperson, zu der du und dein Kind Vertrauen haben. Es spricht nichts dagegen, findet VERA. Dafür spricht hingegen, dass euer Tank danach wieder gut gefüllt ist und ihr neuen und alltäglichen Herausforderungen wieder gelassener begegnen könnt. Davon profitiert das Kind sehr – mal ganz abgesehen von seinem eigenen kleinen „Urlaub von Mama und Papa".

### WENN ETWAS DAZWISCHEN KOMMT – ENTTÄUSCHUNG IST OKAY!

Du hast dich seit Wochen auf das Konzert gefreut oder ihr habt gerade noch einen Tisch beim Lieblingsitaliener ergattert und kurz bevor ihr loswollt, merkst du: Das Kind glüht. Fieber, krank, das war's mit eurem Abend. Du bist sauer, traurig und wütend. Direkt danach kommt das schlechte Gewissen. *„Wie kannst du denn auf ein krankes Kind wütend sein, du egoistischer Unmensch, das ist doch wohl wirklich wichtiger als ein doofer Film oder die Pizza!"* InKrit steht immer schon bereit.

Mit Kind kommt so oft etwas dazwischen, es wird krank, die Betreuung fällt aus, es schafft es doch noch nicht ohne Mama und Papa und so weiter. Es ist nicht leicht, sich an diese Unplanbarkeit zu gewöhnen. Wenn du etwas Besonderes geplant hattest, ist die Enttäuschung verständlicherweise groß. Das ist in Ordnung so. Deine Gefühle haben ihre Berechtigung und bedeuten nicht, dass du dein Kind nicht lieb genug hast oder dir dein Vergnügen wichtiger ist. Sie zeigen dir nur, wie sehr du dich auf die Zeit mit deinem Partner gefreut hast und was dir diese Zeit bedeutet. Teile deine Enttäuschung mit deinem Partner, statt dich deswegen mit Selbstvorwürfen zu geißeln. Sprecht darüber, denn gleichzeitig beinhaltet sie die Botschaft, wie wichtig ihr beide einander seid. Und immer dran denken: aufgeschoben ist nicht aufgehoben.

## InKrit und VERA

**InKrit:** Hm, liegt sie heute Abend schon wieder lieber in der Badewanne, als mal was mit ihrem Mann zu machen?

**VERA:** Ja. Sie hat das heute gebraucht. Er hat doch auch nichts von einer missmutigen Frau, die sich dazu zwingt. Die beiden haben ihren nächsten Paarabend bereits geplant.

**InKrit:** Und schon wieder einen Babysitter engagiert. Muss das sein?

**VERA:** Ja was denn nun? Natürlich müssen sie dafür sorgen, dass ihr Kind betreut ist.

**InKrit:** Sie sollen halt tagsüber was machen, wenn es im Kindergarten ist.

**VERA:** Wenn das geht: gerne. Aber das ersetzt nicht ihre Date-Nights. Die sind ihnen nämlich wichtig.

**InKrit:** Und dafür bleiben wieder andere Dinge auf der Strecke.

**VERA:** Ja! Sie müssen eben Prioritäten setzen. Es ist wichtig, dass die beiden auch mal Zeit nur für sich haben. Du hast dich doch eben erst beschwert, dass sie sich zu wenig Zeit dafür nimmt!

**InKrit:** Aber können die zwei denn nicht auch im Alltag Paar sein?

**VERA:** Sind sie doch. Oder hast du nicht gesehen, wie er sie heute Morgen in den Arm genommen hat? Auch die kleinen Gesten zählen, es muss nicht immer das ganz große Ding sein. Aber manchmal eben schon – zumindest für die beiden.

## Hilfe, es herrscht Flaute im Bett!

Selbst wenn es mit der Paarzeit wieder klappt, gibt es da noch ein nicht ganz unwichtiges Detail, über das oft geschwiegen wird – obwohl es wie ein Elefant im Raum steht: das (veränderte) Sexleben. Studien zeigen klar, dass nach der Geburt eines Kindes bei den meisten Paaren erstmal Flaute im Bett herrscht. Du musst dich also weder schämen noch schuldig fühlen, wenn es bei euch genauso ist – das ist eher die Regel als die Ausnahme. Für viele Eltern ist es nicht leicht, da wieder herauszufinden und die oft unterschiedlichen Bedürfnisse beider Partner*innen zusammenzubringen. Weil vor allem die Frauen (vorübergehend) ihre Lust verlieren, haben sie oft starke Schuldgefühle gegenüber ihrem Partner oder auch sich selbst. Geht es dir auch so? Gemeinsam mit dir und VERA schauen wir uns deshalb die Gründe für sexuelle Probleme im elterlichen Bett an und geben dir einige Tipps, wie du in deinem Tempo und mit Blick auf deine Bedürfnisse zu einem erfüllteren Sexleben finden kannst.

### Elternsex ist anders, nicht schlechter

Vor der Schwangerschaft und Geburt hatte sich euer Sexleben im Laufe eurer Beziehung vermutlich in Häufigkeit und Qualität eingependelt. Vielleicht hattet ihr eure sexuelle Aktivität gerade sogar wieder gesteigert, weil ihr ein Kind zeugen wolltet. Danach, vielleicht schon in der Schwangerschaft, bei den meisten spätestens nach der Geburt des Babys, geht die sexuelle Aktivität gegen Null. Vor allem in den ersten drei Monaten, oft auch im ersten halben Jahr und bei vielen Paaren weit darüber hinaus, findet das Sexleben nicht mehr zum Vor-Eltern-Status zurück. Natürlich muss es das auch nicht. Haderst du damit, dass dieser Teil eurer Beziehung zu kurz kommt? Damit bist du nicht allein! Zwei Drittel der jungen Eltern geben an, dass sich ihr Sexleben verschlechtert hat. Interessant dabei: Eltern finden sich sogar attraktiver, sobald sie Kinder haben und die Beziehung wird emotional tiefer. Warum haben sie dann weniger Sex?

### Gelegenheit macht Libido

Der erste und offensichtlichste Punkt ist der Zeitmangel: Zwischen Füttern, Windelwechseln, Babyschaukeln und dem Versuch, selbst eine Mütze Schlaf abzubekommen, lässt sich ein Schäferstündchen oft gar nicht mehr unterbringen. Zumindest, wenn ihr es nicht aktiv darauf anlegt. Gelegenheitssex ist für Eltern, gerade wenn das Kind noch sehr klein ist, keine wirkliche Option. Diese Erklärung greift aber zu kurz, wenn man das komplexe Zusammenspiel all der Faktoren betrachtet, die die Libido von Eltern beeinflussen.

### Körperliche Gründe

Allem voran hast du mit diversen Veränderungen deines Körpers zu kämpfen, die deinen Sex zwangsläufig verändern.

- Direkt nach einer Geburt sind es meist Verletzungen wie Dammrisse oder die Naht eines Kaiserschnitts, die Geschlechtsverkehr zu einer schmerzhaften, wenn nicht gar unmöglichen Angelegenheit machen.
- Milcheinschuss, Wochenfluss und das Zusammenkrampfen der Gebärmutter (im Zuge der Rückbildung) sind ebenfalls sehr unangenehm und laden überhaupt nicht dazu ein, Matratzensport zu betreiben.

### SEX IM WOCHENBETT?

Solange der Wochenfluss noch läuft, im Schnitt etwa zwei bis sechs Wochen, besteht eine geringe Infektionsgefahr (für dich, nicht für deinen Partner!). Danach ist Geschlechtsverkehr rein körperlich betrachtet wieder erlaubt. (Wollt ihr schon vorher wieder loslegen, dann benutzt unbedingt ein Kondom!) In etwa so lange dauert es auch, bis ein Dammriss nicht mehr schmerzt oder die Kaiserschnittnarbe ausreichend verheilt ist. Wenn die Gebärmutter noch nicht vollständig zurückgebildet ist, kann es sein, dass der Penis bei der Penetration daran anstößt – das ist ein ungewohntes Gefühl.

Wichtig aus unserer Sicht ist: Wartet mit dem Sex so lange, bis ihr euch beide wieder bereit fühlt. Diese Zeitangaben sind Mindestwerte, die dein Körper zum Heilen braucht.

- Auch wenn du keine Schmerzen mehr hast, heißt das noch lange nicht, dass du schon wieder Lust verspürst. Schuld an diesem Dämpfer ist unter anderem das Hormon Prolaktin, das bei stillenden Müttern ansteigt und die Lust verringert, nicht du! Das kannst du nicht beeinflussen, so VERA.
- Der niedrige Östrogenspiegel sorgt außerdem bei einigen Frauen für Scheidentrockenheit. Zusätzlich schwanken die Hormone und damit auch deine Lust im Verlauf des Zyklus.
- Viele Frauen haben besonders um den Eisprung herum am meisten Lust, in den Tagen vor (und manchmal auch während) der Periode hingegen kaum. Andere haben während der Blutung mehr Lust. Auch das ist individuell.
- Dein ganzes Körpergefühl hat sich womöglich verändert. Oft möchten stillende Mütter auch nicht so gerne an den Brüsten berührt werden. Es kann dich verwirren, dass deine Brüste, die du bisher mit sexueller Lust verknüpft hast, jetzt eine neue Bedeu-

tung haben. Das kann auch während der körperlichen Begegnung mit deinem Partner zu komischen oder unangenehmen Momenten führen. Das ist nichts, wofür du dich schämen musst. Erkläre es deinem Partner und sucht gemeinsam neue erogene Zonen, wenn ihr das möchtet.

- Wenn du mit deinem Partner wieder Sex hast, kann es auch sein, dass deine Orgasmen weniger intensiv sind, weil dein Beckenboden durch Schwangerschaft und Geburt geschwächt ist.
- Sogar die Lage deines G-Punkts kann sich verschieben, dadurch dass sich die Form deiner Vagina etwas verändert.
- Ganz abgesehen davon bist du einfach sehr oft unglaublich müde. Studien belegen: Ausreichender Schlaf und vor allem guter Schlaf steigern die Libido – das Gegenteil senkt sie.

Das alles sind keine unumkehrbaren Änderungen. Der Hormonspiegel normalisiert sich mit der Zeit, Verletzungen heilen komplett aus, auch die Brüste werden in der Regel wieder weniger empfindlich, sobald du abgestillt hast, und ihr könnt gemeinsam deine erogenen Zonen neu entdecken. Beckenbodentraining gehört zur Rückbildung hinzu und hat neben der vorbeugenden Wirkung für eventuelle Folgeprobleme (Blasenschwäche usw.) auch einen luststeigernden und intensivierenden Effekt.

Dennoch sorgt dieser Zustand oft für Frust, besonders dann, wenn dein Partner mehr Lust verspürt als du. Vielleicht fühlst du dich unter Druck gesetzt, bist aber eigentlich noch dabei, dich selbst und deinen eigenen Körper neu kennenzulernen?! Ein Verpflichtungsgefühl dem Partner gegenüber, wieder genauso abliefern zu müssen wie vor dem Baby, führt oft zu großen Schuldgefühlen. Die Leistungsgesellschaft lässt grüßen. Dabei ist Druck, wie du dir sicher denken kannst, überhaupt nicht förderlich und sorgt oft dafür, dass sich der Zustand der Unlust eher noch mehr verfestigt.

### BLUTWERTE CHECKEN LASSEN

Sexuelle Lustlosigkeit hat in manchen Fällen auch noch andere körperlichere Ursachen: Ein zu niedriger Eisenspiegel, fehlende Schilddrüsenhormone oder ein zu niedriger Vitamin B- oder Vitamin D-Spiegel können deine Libido negativ beeinflussen. Falls du hier ein Problem vermutest, spricht mit deinem Arzt oder deiner Ärztin. Er oder sie ist auch die richtige Adresse, wenn du die Lustlosigkeit als Nebenwirkung eines Medikaments, zum Beispiel der Anti-Baby-Pille, vermutest.

### Psychische Gründe

Unsere Psyche spielt eine große Rolle für die Entstehung unserer Libido. Unter anderem können folgende Gründe dazu führen, dass du weniger oder keine Lust mehr empfindest:

- **Druck**, den du dir selbst machst, der vom Partner ausgehen kann oder auch durch die Medien entsteht: Wenn du ständig perfekt gestylte, blitzartig erschlankte (Neu-)Mütter siehst und darüber liest, wann man endlich wieder Sex haben DARF, dann fragst du dich sicher irgendwann, warum du nicht einmal Sex haben WILLST. Unsere Gesellschaft verlangt Leistung, in allen Bereichen. Deswegen denkst du vielleicht, du müsstest auch im Bett alles geben. Der Vergleich mit unrealistischen Bildern in den sozialen Medien und verdrehten Vorstellungen (wie die MILF) drücken deinen Selbstwert und damit deine Lust.
- **Scham** über den eigenen, veränderten Körper (→ „Hilfe, mein Körper verändert sich!“): Lust empfinden kannst du besonders gut, wenn du deinen eigenen Körper liebst und schätzt, wenn du mit dir im Reinen bist und dich, auch äußerlich, magst. Wir alle wissen, welche Herausforderung das sein kann. Wenn du deinen „neuen“ Körper nach Schwangerschaft und Geburt noch nicht ak-

zeptiert hast, wirst du dich auch schwer damit tun, dich beim Sex fallen zu lassen. Auch wenn es keinen Grund gibt, sich zu schämen, ist dieses Gefühl eben trotzdem oft vorhanden und muss gesehen werden.

- Das Gefühl, **„overtouched“** zu sein: Ständig hängt ein Kind an dir, vielleicht sogar an der Brust, womöglich mehrere Kinder. Die Beziehung von Mutter und Kind ist häufig sehr körperlich geprägt, Babys und Kinder brauchen viel Körper- und Hautkontakt und ziehen im wahrsten Sinne des Wortes oft an dir herum. So schön kuscheln ist, bei vielen Frauen ist am Ende eines Tages einfach das Maximum an Berührungen erreicht, die sie noch schön finden oder ertragen können. Wenn dir dein eigener Körper nicht mehr gehört, fühlt sich die Annäherung und das Streicheln deines Partners manchmal einfach „zu viel“ an.
- Mama zu sein ist **stressig** und anstrengend: In manchen Phasen mehr, in anderen weniger. Viele von uns können davon ganz schlecht abschalten. Gleichzeitig ist das nötig, um Sex zu genießen und Lust zu entwickeln. Wenn du im Kopf nicht entspannt bist, ist oft auch dein Becken verkrampft. Die Scheide bleibt trocken. Gerade bei Frauen entsteht Lust im Kopf. Die meisten müssen entspannt sein, um Sex haben zu können – während Männer eher Sex haben, um zu entspannen.
- Vielleicht kämpfst du auch mit **Versagensängsten**: Was, wenn du nicht mehr so kannst, wie du willst? Wenn du dich nicht mehr attraktiv genug fühlst, nicht mehr eng genug bist (totaler Unsinn übrigens!!), nicht mehr auf das stehst, worauf dein Partner steht? Was, wenn du dauerhaft weniger Lust hast oder auf andere Dinge stehst? Das ist Druck, den du dir selbst machst. Bleib nicht im Gedankenkarussell der Angst hängen, sondern denke darüber hinaus. Was, wenn sich euer Sexleben wirklich verändert? Dann entdeckt ihr es neu!

- Vor allem als Neumama musst du dich noch in die Mutterrolle einfinden: Vielleicht gerätst du sogar in eine Art **Identitätskrise**, wenn du „Partnerin“ und „Mutter“, vor allem „sexuell aktive Partnerin“ und „Mutter“ in deinem Kopf (noch) nicht zusammenbekommst. Manchmal muss man lange suchen, bis man diese Seite des „alten Ichs“ wiederfindet, es fühlt sich ungewohnt an und scheint nicht zum neuen Leben zu passen.
- Ein weiterer Lustkiller sind **Partnerschaftskonflikte:** Wenn ihr streitet oder wenn auch nur unterschwellig Unzufriedenheit in der Beziehung herrscht, wenn ihr emotional miteinander kämpft, leidet die Lust. Der Streit (→ „Hilfe, wir streiten uns dauernd!“) steigt mit ins Bett und sorgt auch hier für angespannte Stimmung.
- Darüber hinaus führen auch **psychische Erkrankungen**, wie (Wochenbett-)Depression, traumatische Belastungsstörung und Burnout, zu Lustlosigkeit.
- Auch Geburtstraumata können deine Libido beeinflussen: Genaueres dazu findest du im Kapitel → „Hilfe, die Geburt lief nicht wie geplant!“.

Du siehst, wie sehr unsere emotionale Verfassung unser Liebesleben beeinflussen kann. An keinem dieser möglichen Gründe bist du „schuld“! Mutterschaft ist ein Abschnitt in deinem Leben, in dem du emotional enorm gefordert und immer wieder auch überfordert bist. **Die Lustlosigkeit ist einfach oft eine Nebenwirkung des Mamaseins.** Das Leben als Familie und als Paar ändert sich, hat Höhen und Tiefen. Genauso verändert sich deine und eure Sexualität. Deine aktuelle Lustlosigkeit ist aller Wahrscheinlichkeit nach eine Phase, kein Symptom, nichts wofür du dich rechtfertigen musst. Nichts, worüber du dir ernsthaft Sorgen machen musst.

Gleichzeitig musst du diesen Zustand nicht klaglos und stoisch hinnehmen, wenn er dich stört und du oder ihr darunter leidet. Du kannst deiner Lust auch auf die Sprünge helfen. Aber es gibt definitiv keinen Grund, deshalb ein schlechtes Gewissen zu haben, da ist sich VERA sicher. Du kannst die Unlust nur schwer beeinflussen und bist nicht allein für die Bedürfnisbefriedigung deines Partners oder auch eure gemeinsame Sexualität verantwortlich. Wenn die Unlust jedoch nervt, helfen vielleicht folgende Tipps, wie du deine Lust wiederentdecken kannst.

## Zurück zu mehr Lust

Unser Fokus liegt dabei ganz klar auf dir. Auch Väter erleben zum Teil, dass ihre Lust nach der Geburt ihres Kindes nachlässt, teilweise sind auch sie von der Geburt erschüttert oder traumatisiert. Dennoch ist die deutlich häufigere Konstellation die, dass er mehr Lust hat als sie. Wenn DICH das stört, wenn DU zu mehr Lust zurückfinden möchtest, können dir unsere Tipps helfen. **Bist du vollkommen zufrieden damit, wie es gerade ist, musst du dich natürlich zu nichts zwingen.** Aber auch dann solltest du mit deinem Partner darüber reden, wie es ihm mit der Situation geht. Auch Väter haben oft ein schlechtes Gewissen, wenn sie mehr fordern, als ihre Partnerin geben kann oder will.

### Über Sex reden

Kommunikation ist der Schlüssel für viele Beziehungsprobleme, auch sexuelle. Viele von uns haben nicht gelernt, explizit über ihre sexuellen Wünsche zu sprechen. Fangt also an, über eure Lust und Unlust zu sprechen, darüber, was ihr euch wünscht, was sich verändert hat. Sex darf sich verändern, Vorlieben auch. Seht die Flaute als Chance, gemeinsam neu in eine noch erfülltere Sexualität zu starten. Wer schon immer viel darüber geredet hat, soll das gerne auch weiter tun. Manchmal reicht es schon, über bestimmte Details zu sprechen, das Kopfkino kurbelt die Libido dann ganz von allein an.

### Deinen Körper erkunden

Eine Voraussetzung, um darüber reden zu können, ist, dass du deine Wünsche kennst. Dass du weißt, was dir Spaß macht, dir Lust bereitet. Kannst du klar sagen, wo du gerne angefasst wirst und wie? Möglicherweise hat sich das ja geändert. Dein Körper hat eine hormonelle Achterbahnfahrt hinter sich, hat einen neuen Menschen zur Welt gebracht. Du hast ihn und seine Kraft ganz neu kennengelernt. Mit Glück auf eine sehr positive Art und Weise, vielleicht war der ganze Prozess für dich aber auch eher ängstigend und überwältigend im negativen Sinne. Trau dich, all das für dich zu erkunden und herauszufinden. Das macht zum einen Spaß, zum anderen kann es den Sex in der Partnerschaft bereichern.

**ENTDECKE DICH SELBST**

Frauen fangen häufig später damit an, sich selbst zu befriedigen als Männer. Sie tun es außerdem seltener. Für viele ist Masturbation deshalb mit Scham behaftet. Das ist aber ein gesellschaftliches Konstrukt! Selbstbefriedigung ist etwas Wunderbares. Wenn du dich danach fühlst, leg los! Finde deine Lust für dich wieder. Das kann dir auch dabei helfen, deinen veränderten Körper mehr wertzuschätzen. Zudem ist Lust wie ein Muskel, den man trainieren kann. Vielleicht kommst du so ja wieder auf den Geschmack. Apropos Muskel: Selbstbefriedigung ist gleichzeitig ein wundervolles Beckenbodentraining.

### Nähe im Alltag

Im Alltag mit Kind ist wenig Zeit für Sex, das kann man nicht schönreden. Aber: Es bleibt die Zeit für Berührungen und Zärtlichkeiten. Ein Kuss, eine Umarmung, einmal Händchenhalten. Ein tiefer Blick, eine sanfte Berührung. Versuche aktiv, mit deinem Partner in Körperkontakt zu kommen. Die Lust kommt ja bekanntlich beim Essen.

### Sex Dates vereinbaren

Es klingt noch spießiger, als Dates zu vereinbaren, ist aber ebenso wirkungsvoll: Verabredet euch zu Sex Dates. Ob schon Tage vorher, oder am Mittag für den Abend. Plant Sex fest ein, ohne den Druck, dass in diesem Zeitfenster etwas passieren MUSS. Aber indem ihr euch Zeit und Gelegenheit schafft, ist schon der erste Schritt getan. Allein Berührung wieder zuzulassen und sich Zeit füreinander und für das gemeinsame Sexleben zu nehmen, wird euch guttun. Auch wenn es holprig startet oder ihr darüber lachen müsst.

### Die Komfortzone verlassen

Überlegt euch doch, welche Orte, abgesehen vom Bett, bei euch zu Hause noch infrage kämen. Die Couch? Ist der Küchentisch stabil genug? Unter der Dusche? Der Reiz des Neuen kann sehr erregend sein. Wenn ihr soweit seid, traut euch auch, beim Sex etwas zu experimentieren. Alles kann, nichts muss.

### KUSCHELN OHNE DRUCK

Der Druck, den viele Mütter verspüren, lähmt sie oft im Bett, auch wenn sie eigentlich Lust hätten. Vielleicht nur auf etwas Kuscheln und Streicheln, darauf, sich gegenseitig im Arm zu halten. Wenn es dir so geht, dass du das Gefühl hast, jegliche Zweisamkeit müsse auf „das Eine“ hinauslaufen, sprich das an. Teile deinem Partner mit, dass du gerne ohne eine bestimmte Absicht intim werden möchtest. Wir wissen, dass das nicht immer leicht umzusetzen ist, wenn die Lust bei einem Partner sehr viel größer ist als beim anderen. Eventuell kann dein Partner vor- oder hinterher selbst für Erleichterung sorgen, sodass ihr beide etwas lockerer an die Sache herangehen könnt. Stellt sich bei deinem Partner Enttäuschung ein, dann vermutlich, weil er sich als Person abgelehnt fühlt. Lass ihn wissen, dass du die Zweisamkeit gerade sehr genießt.

Ganz wichtig bei alldem ist, dass du dir nicht noch mehr Druck machen sollst.

- Sieh unsere Ideen als Möglichkeiten, geh nur so weit, wie du möchtest und in deinem Tempo. Wie so vieles im Leben ist auch hier Geduld gefragt. Euer Kind wird größer, die Zeit zu zweit wird wieder mehr, dein Körper gehört Stück für Stück wieder dir und du findest dich in deine neuen Rollen ein.
- Sei gnädig mit dir selbst, bleib neugierig und beschränke dich nicht aufgrund fremder Erwartungen und Vorstellungen. Sex kann sehr erfüllend sein, er ist aber auch nicht kriegsentscheidend.
- Geh, wenn es dir möglich ist, auch mit etwas Humor an die Sache heran.
- Bleib mit deinem Partner im Gespräch und begebt euch gemeinsam auf die Reise zu eurem neuen Sexleben. Wenn es wieder in Schwung kommt, ist es bei vielen Paaren deutlich erfüllter als zuvor.
- Und vergiss nicht: Auch in diesem Bereich kannst du dir professionelle Hilfe holen, wenn nötig.

## InKrit und VERA

**InKrit:** Hat sie ihn schon wieder zurückgewiesen? Ernsthaft? Er wollte sie doch nur in den Arm nehmen.

**VERA:** Ja, aber das Kind hing heute wirklich den ganzen Tag an ihr. Sie erträgt keine Berührungen mehr. Das darf sie sagen. Außerdem verspürt sie einen riesigen Druck, dass es dann doch wieder auf Sex rauslaufen soll.

**InKrit:** Ja und, was wäre daran so schlimm? Es läuft ja eh kaum noch was bei den beiden. Das ist doch nicht normal.

**VERA:** So selten ist das gar nicht. Was soll sie denn tun, wenn sie keine Lust hat? Es über sich ergehen lassen? Die beiden müssen eben erst wieder zu einer Sexualität zurückfinden, die beiden Spaß macht.

**InKrit:** Aber sie muss ihn doch mal befriedigen.

**VERA:** So ein Unsinn. Das ist doch keine Pflicht. Er hat mehr Lust, sie weniger. Zumindest im Moment. Das müssen beide akzeptieren. Und sie reden ja darüber, was sie ändern können.

**InKrit:** Ja, reden, reden. Dann befriedigt sie sich wieder selbst und er schaut in die Röhre.

**VERA:** Selbstbefriedigung schließt doch Sex nicht aus. Sie muss eben erstmal selbst herausfinden, was ihr Spaß macht.

**InKrit:** Kuscheln, oder was?

**VERA:** Ja, manchmal ist es eben „nur" Kuscheln. Die Zeit darf sie sich nehmen.

# SELBSTMITGEFÜHL ALS SCHLÜSSEL

Etwas, das uns alle eint, ist unsere Menschlichkeit. Und wenn wir eines wissen, dann, dass Irren menschlich ist. Menschen sind nicht perfekt. Keiner. Nicht ein einziger. Auch du nicht. Du bist keine Maschine. Nicht mal die sind perfekt! Wir hatten das Manuskript für dieses Buch zeitweise dreifach gesichert, damit es nicht durch irgendeinen technischen Fehler verloren geht. Weil man eben schützt, was einem wichtig ist. So wie du versuchst, alles richtig zu machen, um dein Kind zu schützen.

Das ehrt dich, das tut es wirklich. Und wir wollen mit diesem Buch auch nicht erreichen, dass du dir weniger Mühe gibst und jetzt alles schleifen lässt. Sondern dir sagen, dass deine Ansprüche, wenn du sie auf ein umsetzbares Level herunterschraubst, immer noch hoch genug sind. Dass du **freundlich und gnädig mit dir umgehen** darfst, wenn mal etwas anders läuft als erwartet und geplant. Dass wir Mamas alle im selben Boot sitzen und du dir selbst das gleiche Mitgefühl entgegenbringen darfst wie den anderen Müttern in deinem Umfeld. Das könnte ein Selbstläufer sein.

Wenn wir Mütter offen und authentisch über unsere Gefühle rund um Schwangerschaft, Geburt und das Leben mit Kindern sprechen, erfahren wir Mitgefühl und ein „Wir-Gefühl" entsteht. Wir erkennen, dass wir alle eine ähnliche Last tragen. In jeder von uns wohnt eine innere Kritikerin, die sich andauernd ungefragt einmischt. Jede von uns kennt diese Menschen, die uns mit hochgezogener Augenbraue abschätzig beurteilen.

Du wirst kein besserer Mensch und keine bessere Mutter, wenn du ständig innerlich auf dich einprügelst. Du wirst nur immer unzufriedener mit dir. Wenn du achtsam mit dir umgehst, wirst du spüren, dass du dich nicht nur kritisierst, sondern dass du auch unter deiner eigenen Kritik leidest. Mach mal einen Schritt zurück und beobachte deine Gefühlswelt von außen. In der Regel ist es doch so: Du stößt dir den Zeh an und spürst Schmerz. Als achtsame Beobachterin spürst du den Schmerz und nimmst gleichzeitig wahr, dass du jetzt Schmerzen hast. Das ist ein kleiner, aber feiner Unterschied, der wesentlich ist. Statt dich zu ärgern, weil du dir den Zeh angestoßen hast, kannst du nun den Schmerz wahrnehmen und dir selbst dafür Mitgefühl entgegenbringen. Und zwar nicht im Sinne von *„Mimimi, ich Arme!“* – das wäre Selbstmitleid. Nein, Selbstmitgefühl klingt so: *„Ach Mensch, das tut weh. Es ist okay, dass ich jetzt weine oder mich ärgere.“*

Dieses achtsame Registrieren der eigenen Gefühle kannst du üben. Das lohnt sich wirklich! Es reduziert Stress und schenkt dir ein paar Sekunden mehr Reaktionszeit. Während du beispielsweise deine Wut als solche wahrnimmst, lebst du sie erstmal nicht direkt aus. Achtsames Beobachten deiner selbst hilft dir, dir selbst eine gute Freundin zu sein. Gib VERA viel Raum und lass InKrit nur den kleinen Platz, an dem sie auf angebrachte Schuldgefühle hinweisen darf.

## Das mitfühlende Selbstgespräch

Bisher waren deine Selbstgespräche von deiner inneren Kritikerin bestimmt. Egal ob sich diese Gespräche in deinem Kopf, als nagendes Schuldgefühl oder tatsächliches lautes Selbstgespräch geäußert haben, sie haben dich stets begleitet. Diese ständige Kritik zehrt an deinem Selbstwert, gibt dir das Gefühl nicht gut genug zu sein.

Damit ist jetzt Schluss. Du hast jetzt nicht nur sehr viele Antworten, Fakten und Tipps, um InKrit in Schach zu halten, du hast auch eine Freundin an deiner Seite, die dich vor Selbstgeißelung bewahrt und dich mitfühlend begleitet: VERA, deine innere Freundin, die ein Teil von dir ist. Nimm dir ein Beispiel an ihr. Du darfst dich selbst trösten, wenn InKrit dich verletzt. Nimm dich selbst in den Arm, wie du es bei deinem Kind machen würdest, und erinnere dich daran, dass du ein Mensch bist, der nicht perfekt sein muss. **Verzeih dir selbst deine Fehler. Sprich freundlich und tröstend mit dir selbst.** Du hast es verdient.

Selbstmitgefühl bedeutet nicht mehr und nicht weniger, als dass du dir selbst die gleiche Freundlichkeit entgegenbringst, wie du sie anderen Menschen entgegenbringst. Wirf die Perfektion über Bord, von anderen erwartest du sie auch nicht. Unperfekt lebt es sich viel entspannter und glücklicher, du wirst sehen.

# DANKSAGUNG

Danke an die Expertinnen:

**Fabiola M.** erzählt auf Instagram, Facebook und YouTube als „MamamitCröhnchen“ von ihrem Alltag als chronisch kranke Mama. Danke Fabiola, dass du so offen damit umgehst und vielen Müttern ein Vorbild bist! **Hanna Drechsler** ist Kulturwissenschaftlerin, systemischer Coach und systemische Beraterin und unterstützt vor allem Frauen und Mütter zum Thema Vereinbarkeit und in herausfordernden beruflichen und privaten Phasen. Danke Hanna, dass du so vielen Mamas Mut machst! **Barbara Weber-Eisenmann** ist Dipl.-Sozialpädagogin und Kita-Leiterin und Autorinnenkollegin. Danke Barbara, dass du Eltern und Kindern den Start in eine neue Lebensphase so viel einfacher machst!

Wir danken außerdem **Daniela Albert** von „Eltern sein, Familie leben“ (https://eltern-familie.de), dass wir ihren genialen Tipp zur Koordination potenzieller Babysitter*innen mit ins Buch aufnehmen durften. Und **@propofolium** für ihre Wortschöpfung „großlieben“.

Wir danken unseren Männern, **Matthias und Martin**, und unseren Söhnen, **Adam, Alexander und Paul**, die uns in der Schreibzeit phasenweise oft entbehren mussten und uns trotzdem immer unterstützen. Danke an **Mark Wachsmann**, unseren persönlichen Cheerleader, der auch dann noch stolz auf uns ist, wenn wir das Manuskript vor lauter Buchstaben nicht mehr sehen. Danke an **Melanie Asche**, die, während wir im Schreibmodus waren, unser erstes Buch mit viel Einsatz in die Welt begleitet hat. Danke an unsere Lektorin **Petra Nitsche**, die sich in jedes Detail hineingedacht hat und mit der wir am besten brainstormen. Danke an das **#teamhumboldt** für den gegenseitigen Support in allen Lebens- und Schreiblagen. Und nicht zuletzt danke an **alle Mütter da draußen**, die mit ihrer Ehrlichkeit und ihrem Vertrauen dieses Buch möglich gemacht haben.

# WEITERFÜHRENDE LITERATUR

Ahnert, Lieselotte: Wie viel Mutter braucht ein Kind? Über Bindung, Bildung und Betreuung in den ersten Lebensjahren. Beltz, 2020

Blaffer Hrdy, Sarah: Mütter und Andere. Wie die Evolution uns zu sozialen Wesen gemacht hat. Berlin Verlag, 2010

Cammarata, Patricia: Dreißig Minuten, dann ist aber Schluss! Mit Kindern tiefenentspannt durch den Mediendschungel. Eichborn, 2020

Cammarata, Patricia: Raus aus der Mental Load-Falle. Wie gerechte Arbeitsteilung in der Familie gelingt. Beltz, 2020

Davis, KC: Kopf über Wasser im Alltagschaos. Wie du mit deinem Haushalt und dir selbst Frieden schließt. dtv, 2022

Fantl, Katharina / Litschko, Julia: Dein Kind isst besser, als du denkst! Das Confidimus-Prinzip. Warum Eltern dem inneren Ernährungskompass vertrauen können. Kösel, 2021

Graf, Danielle / Seide, Katja: Das gewünschteste Wunschkind aller Zeiten treibt mich in den Wahnsinn. Das Geschwisterbuch. Beltz, 2020

Gonzáles, Carlos Dr. med.: Mein Kind will nicht essen. La Leche Liga Deutschland e. V., 2018 (überarbeitete 8. Auflage)

Heinke, Sabrina: Ziemlich beste Geschwister. Weniger Streit, weniger Chaos, weniger Stress. Geschwister gelassen erziehen. humboldt, 2020

Hofner, Gerald Dr. med./Schwarz, Stefan Dr. med./Fernández Rodríguez, Silvia Dr. med./Zwenzner, Kristin Dr. med./Zeising, Maria Dr. med.: Was DIE KINDERÄRZTE raten. Gesunde Entwicklung, typische Krankheiten, richtiges Verhalten in Notfällen. Alles, was du wissen musst – verständlich erklärt. humboldt, 2022

Hummel, Inke: Nicht zu streng, nicht zu eng. Dein sicherer Weg zwischen Schimpfen und falschem Verwöhnen. humboldt, 2022

Imlau, Nora: Mein Familienkompass. Ullstein, 2020

Kollbrunner, Jürgen: Gespräch über Schuld und Schuldgefühle. In der therapeutischen Beratung. Schulz-Kirchner Verlag, 2018

Mierau, Susanne: Frei & unverbogen. Kinder unter Druck begleiten und bedingungslos annehmen. Beltz, 2021

Molin, Tina: Endlich wieder Lust auf Sex. Wie ich mit Mitte Vierzig mein Liebesleben neu entdeckte. Goldmann, 2021

Neff, Kristin: Selbstmitgefühl. Wie wir uns mit unseren Schwächen versöhnen und uns selbst der beste Freund werden. Kaliash, 2012

Schmidt, Nicola: Der Elternkompass. Was ist wirklich gut für mein Kind? Alle wissenschaftlichen Studien ausgewertet. GU, 2020

Schmidt, Sascha. Wieder Paar sein. Erfüllte Zweisamkeit trotz Kind und Arbeit. humboldt, 2020

Solter, Althea: Spielen schafft Nähe – Nähe löst Konflikte. Kösel, 2013

Stamm, Margrit: Du musst nicht perfekt sein, Mama! Schluss mit dem Supermama-Mythos – Wie wir uns von überhöhten Ansprüchen befreien. Piper, 2020

Storch, Maria / Roth, Gerhard: Das schlechte Gewissen – Quälgeist oder Ressource? Neurobiologische Grundlagen und praktische Abhilfe. hogrefe, 2021

Tügel, Hanne: Sind wir noch ganz sauber? Klüger mit Schmutz umgehen, gesünder leben, der Umwelt helfen. Edel Books, 2019

Weber-Eisenmann, Barbara / Wurzbach, Lisa: Liebevoll durch die Trotzphase. Wie du dein Kind beim Entdecken des eigenen Ichs unterstützt. Stressige Alltagssituationen bindungsorientiert lösen. humboldt, 2022

**Studien:**

Bauer, A., Stevens, M., Purtscheller, D., Knapp, M., Fonagy, P., Evans-Lacko, S. & Paul, J. (2021). Mobilising social support to improve mental health for children and adolescents: A systematic review using principles of realist synthesis. https://doi.org/10.1371/journal.pone.0251750

Belsky, J., Randell, D.L., Burchinal, M., Clarke-Steward, K.A., et al. (2007). NICHD Early Child Care Research Network. Are there long-term effects of early child care? Child Development, 78, 681–701. In: Ahnert, Lieselotte: Wie viel Mutter braucht ein Kind.

Bertelsmann Stiftung (Hrsg.), Würzen, von B. (2020). Rollen und Aufgabenverteilung bei Frauen und Männern in Corona-Zeiten. https://www.bertelsmann-stiftung.de/de/publikationen/publikation/did/rollen-und-aufgabenverteilung-bei-frauen-und-maennern-in-corona-zeiten

Berufsverband der Kinder- und Jugendärzte e.V. (2019). Entwicklung als kinder- und jugendmedizinische Besonderheit. BVKJ-Schwerpunktbroschüre

Borg, M. (2012). Die Befriedigung psychischer Grundbedürfnisse als Weg und Ziel der Kinder- und Jugendpsychotherapie. Forum für Kinder- und Jugendpsychiatrie, Psychosomatik und Psychotherapie (1/2012)

Brooks-Gunn, J., Han, W.-J. & Waldfogel, J. (2002). Maternal employment and child cognitive outcome in the first three years of life: the NICHD study of early child care. Child Development, 73, 1052–1072. In: Ahnert, Lieselotte: Wie viel Mutter braucht ein Kind.

Büsching, U., & Riedel, R. (2017). BLIKK-Medien: Kinder und Jugendliche im Umgang mit elektronischen Medien. https://www.bundesgesundheitsministerium.de/fileadmin/Dateien/5_Publikationen/Praevention/Berichte/Abschlussbericht_BLIKK_Medien.pdf

Cesar, V. et al. (2015). Association between breastfeeding and intelligence, educational attainment, and income at 30 years of age: a prospective birth cohort study from Brazil. DOI: https://doi.org/10.1016/S2214-109X(15)70002-1

Colen, C.G., Ramey, D.M. (2014). Is Breast Truly Best? Estimating the Effects of Breastfeeding on Longterm Child Health and Wellbeing in the United States Using Sibling Comparisons, Social Science & Medicine, doi: 10.1016/j.socscimed.2014.01.027.

DeMaria, A.L., Delay, C., Sundstrom, B., Wakefield, A.L., Avina A. & Meier, S. (2019). Understanding women's postpartum sexual experiences. DOI: https://doi.org/10.1080/13691058.2018.1543802

Dobener, L-M., Fahrer, J., Purtscheller, D., Bauer, A., Paul, J.L. & Christiansen, H. (2022). How Do Children of Parents With Mental Illness Experience Stigma? A Systematic Mixed Studies Review. DOI: 10.3389/fpsyt.2022.813519

Dunn, J. (1983). Sibling relationship in early childhood. Child Development, 54, 787–811

Faubion, S.S., et al. (2018). Data Registry on Experiences of Aging, Menopause, and Sexuality (DREAMS): A cohort profile. Maturitas. DOI: 10.1016/j.maturitas.2017.09.013. Epub 2017 Oct 5. PMID: 29169579

Galler, A., Lindau, M., Friedrich, P., Thalemann, R. & Raile, K. (2010). Medienkonsum als unabhängiger Risikofaktor für erhöhte HbA1c-Werte bei Kindern, Jugendlichen und jungen Erwachsenen mit Diabetes mellitus Typ 1. https://www.yumpu.com/de/document/read/4494416/download-abstractbuch-freie-vortrage-und-poster

Hilbig, A., Alexy, U., Drossard, C. & Kersting, M. (2008). GRETA: Ernährung von Kleinkindern in Deutschland. DOI: 10.1055/s-0031-1276869

Hobler, D., Klenner, C., Pfahl, S., Sopp, P. & Wagner, A. (2017). Wer leistet unbezahlte Arbeit? Hausarbeit, Kindererziehung und Pflege im Geschlechtervergleich. Aktuelle Auswertung aus dem WSI GenderDaten-Portal. https://www.boeckler.de/pdf/p_wsi_report_35_2017.pdf

Kort, R., Caspers, M., van de Graaf, A. et al. Shaping the oral microbiota through intimate kissing. Microbiome 2, 41 (2014). https://doi.org/10.1186/2049-2618-2-41

Jackson, D. B., Testa, A. & Fox, B. (2020). Adverse Childhood Experiences and Digital Media Use Among U.S. Children. DOI: 10.1016/j.amepre.2020.09.018

Jawed-Wessel, S. & Sevick, E. (2017). The Impact of Pregnancy and Childbirth on Sexual Behaviors: A Systematic Review, The Journal of Sex Research, 54:4-5, 411–423, DOI: 10.1080/00224499.2016.1274715

Mensink, G. et al. (2007). EsKiMo – das Ernährungsmodul im Kinder- und Jugendgesundheitssurvey (KiGGS). DOI: 10.1007/s00103-007-0254-2

Omer, H. (2013). Die elterliche Ankerfunktion als Mittler zwischen Autorität, Autonomie und Bindung. In: Grabbe, M., Borke, J. & Tsirigotis, C. (2013). Autorität, Autonomie und Bindung. Vandenhoeck & Ruprecht, Göttingen

Osborn, D.A. & Sinn, J.K. (2013). Prebiotics in infants for prevention of allergy. https://doi.org/10.1002/14651858.CD006474.pub3

Pau, S. (2010). Postpartale Sexualität – Korrelation zwischen dem Zeitpunkt des ersten postpartalen Coitus, dessen subjektiver Beurteilung durch die Frau und der Coitusfrequenz, mit prä-, peri- und postnatalen Faktoren. Dissertation Friedrich-Alexander Universität Erlangen-Nürnberg.

Stiftung Lesen. Vorlesestudie 2019 & 2020. https://www.stiftunglesen.de/ueber-uns/forschung/studien/vorlesestudie#jmIndex2

The Royal Children's Hospital Melbourne (2017). RCH National Child Health Poll. https://www.rchpoll.org.au/academic-papers/

**Bibliografische Information der Deutschen Nationalbibliothek**
Die Deutsche Nationalbibliothek verzeichnet diese Publikation in der deutschen Nationalbibliografie; detaillierte bibliografische Daten sind im Internet über https://dnb.de abrufbar.

**ISBN 978-3-8426-1693-6** (Print)
**ISBN 978-3-8426-1694-3** (PDF)
**ISBN 978-3-8426-1695-0** (EPUB)

Originalausgabe


Die Ratgebermarke der Schlütersche Fachmedien GmbH
Hans-Böckler-Allee 7, 30173 Hannover
www.humboldt.de
www.schluetersche.de



**Lektorat:** Petra Nitsche, Bremen
**Covergestaltung:** ZERO, München
**Coverfoto:** Covermotiv: Shutterstock / Mary Long, alexkar08
**Satz:** PER MEDIEN & MARKETING GmbH, Braunschweig
**Druck und Bindung:** gutenberg beuys feindruckerei GmbH, Langenhagen